청소년을 위한 학교국어문법

청소년을 위한 학교국어문법

류대곤

(현) 인천하늘고등학교 근무
(전) 진성고등학교 근무
고려대학교 문과대학 국어국문학과
고려대학교 교육대학원 국어교육과

저서 : 청소년을 위한 한국고전문학사
　　　 패턴국어 고등문법 심화편 외 다수

청소년을 위한 학교국어문법

초판 1쇄 2025년 12월 15일
지은이 류대곤
편집장 박경원
펴낸이 이상기
펴낸곳 도서출판 알앤비
등록 2022년 12월 11일 제 2022-000368호
주소 서울특별시 강남구 남부순환로2909, 201-1호
전자주소 rnbbooks@daum.net

ⓒ 류대곤 2025, Printed in Korea.

ISBN 979-11-979891-6-2 53700

값 19,000원

청소년을 위한
학교 국어 문법

저자 류대곤

수능 국어와 내신,
그리고 교원 임용 시험까지

국어문법의 모든 것을
한 권으로 해결!

알앤비
RNB

● 《청소년을 위한 학교국어문법》

국어문법이론서는 대학의 국어학 전공자를 위한 개론서만 존재하는 것이 현실입니다. 따라서 청소년들이 어려워하는 국어문법을 체계적이고 쉽게 살펴볼 수 있는, 청소년 눈높이에 맞춘 국어문법 이론서는 사실상 없습니다. 학교에서 배우는 국어문법 내용은 서술의 깊이가 충분하지 않고, 예시 또한 쉽게 이해할 만큼 풍부하지 않습니다. 시중에 나와 있는 학습서들 역시 대부분 시험 대비용으로 정리된 문법 이론서에 불과해 시험이 끝나면 이런 학습서들은 버려지는 경우가 많습니다.

이러한 상황을 개선하고자 필자는 《청소년을 위한 학교국어문법》을 집필하게 되었습니다. 이 책은 국어문법을 단편적으로만 접해 온 청소년들이 체계적인 학습을 시도할 엄두를 내지 못하는 현실을 고려하여, 그들의 눈높이에 맞춰 부담 없이 읽고 이해할 수 있도록 구성했습니다. 대부분의 책이 그렇듯, 이 책에도 필자가 담고자 한 몇 가지 의도가 있습니다. 청소년들이 이 책을 읽으며 그 의도에 자연스럽게 공감하도록 하는 것도 중요한 목표였습니다.

첫 번째 집필 의도는 청소년들이 스스로 문법 내용을 이해하고, 문제를 탐구하며 해결해 갈 수 있도록 돕는 것입니다. 이를 위해 시중에 나와 있는 모든 학교 국어 교과서와 문법 교과서의 내용을 폭넓게 담았습니다. 같은 문법 개념이라도 교과서마다 견해를 다르게 서술하는 경우가 있는데, 이러한 차이는 학생들에게 혼란을 줄 수 있습니다. 그래서 왜 서로 다른 견해가 등장했는지 스스로 파악할 수 있도록 다양한 관점을 비교하여 제시했습니다.

청소년을 위한 학교국어문법

프롤로그

사실 현장의 선생님들 역시 학교마다 채택된 교과서를 중심으로 수업을 진행하다 보니, 다른 교과서에 실린 최신 이론을 간과하기 쉽습니다. 이런 측면에서 이 책은 선생님과 학생이 함께 활용할 때 학습 효과를 더욱 높일 수 있으리라 생각합니다.

두 번째 집필 의도는 국어학의 '연속성(連續性)'에 근거하여, 고전 문법과 현대 문법이 독립된 별개의 체계가 아니라는 관점을 책에 반영하는 것입니다. 특히 훈민정음 창제 이후 국어가 어떻게 변화하여 현대 국어로 이어져 왔는지 이해할 수 있도록, 고전 문법도 부담되지 않는 범위 안에서 체계적으로 정리했습니다.

잘 알려져 있듯 한글의 과학적 우수성은 전 세계적으로 인정받고 있습니다. 오늘날 대한민국 IT 기술의 놀라운 발전이 한글의 구조적 우수성에 기반하고 있다는 점도 널리 알려진 사실입니다. 따라서 우리가 사용하는 한글이 어떤 원리에 따라 만들어졌는지를 이해하는 일은 매우 의미 있는 일이라고 생각합니다.

세 번째 집필 의도는 청소년들이 국어문법을 올바로 이해하여, 우리말을 아름답게 사용하는 품격 있는 교양인이 되도록 돕는 것입니다. 학생들이 재미를 목적으로 한글을 의도적으로 훼손하거나 비속어를 사용하는 모습을 볼 때면, 국어를 가르치는 사람으로서 큰 책임감을 느끼게 됩니다. 문법은 처음 접할 때 어렵고 재미없게 느껴질 수 있으나, 학습을 할수록 오히려 흥미가 생기고 우리말에 대한 자부심이 자연스럽게 커지는 분야가 바로 국어문법입니다.

　마지막으로, 이 책을 학습할 때 유의해야 할 점을 말씀드립니다. '핵심체크'는 문법 이론을 이해하는 과정에서 놓쳐서는 안 되는 핵심 내용을 정리한 부분입니다. (그렇다고 본문의 다른 내용이 덜 중요하다는 뜻은 전혀 아닙니다.) '심화학습'은 교육과정의 내용을 좀 더 깊이 있게 살펴볼 수 있도록 마련한 보충 학습 영역입니다.

　이 책의 모든 내용은 수많은 국어학자들의 끊임없는 연구 성과입니다. 필자는 그 결과들을 청소년의 눈높이에 맞게 정리했을 뿐입니다. 이 자리를 빌려 많은 국어학자들의 노고에 깊이 감사드립니다. 아울러 이 책을 세상에 내는 데 힘써 도와주신, 학생 중심 국어교육에 진심을 다하는 윤진성 형께도 감사의 마음을 전합니다.

"청소년을 위한 학교 국어 문법"

중고등학교 청소년들을 위한 학교 문법 책이 나왔다. 그것도 30년 현장에서 학생들에게 문법을 가르쳐 온 교사가 지은 생생한 책이다. 학교에서 가르치는 문법은 흔히 학교 문법이라고 칭하는데, 주로 고등학교 문법 교과서에 나오는 문법 내용을 가리키는 게 일반적이다. 최근 들어 고등학교 문법 교과서가 통합 교과서로 등장함으로 해서 청소년들은 문법 내용을 명확히 확인하기에 어려움이 있었다. 이런 상황에서 현장 국어 교사가 수십 년의 경험을 바탕으로 해서 학교 문법 내용을 정리해서 출판하게 되었으니 그 의미가 무척 크다.

주지의 사실이다시피 최근 학교 문법 교과서에서는 정확한 정답을 제시하는 게 아니라 학습자 스스로 탐구하여 결론을 찾아가는 과정 중심의 활동들이 많이 들어가 있다. 정답이 없는 교과서를 지향하고 있는 이 시점에서, 관습적으로 학교 현장에서 문법 내용으로 인정되어 온 것들을 깔끔하게 정리한 '청소년을 위한 학교국어문법'이라는 이 책은 학생들에게는 물론이고 교사들에게도 도움이 되리라 생각한다. 30년 동안 국어 교사로서 문법을 가르쳐 온 뿌리 깊은 경험이 이 책에 잘 스며 들어가 있기 때문이다.

전통적으로 국어, 특히 문법을 연구하고 가르치는 사람들은 나라 사랑이라는 의식이 기저에 깔려 있다. 우리말 우리글이라는 차원에서 국어를 연구하고 가르침으로 해서 민족 사랑 나라 사랑 의식은 저절로 형성되곤 한다. 마찬가지로 국어 수업, 특히 문법 수업을 통해서 학생들은 우리 말글 의식이 고양되며, 결국 국어와 국가와 민족의 동질 의식이 형성되게 된다. 한 나라의 언어가 번성한다는 것은 그 나라가, 그 민족이 번성한다는 것을 뜻한다. 전 세계가 한류의 물결로 넘실거리고 있는 21세기 지금 우리 말글의 규칙과 원리를 담고 있는 이 책은 청소년에게뿐만이 아니라 교사들은 물론이고 일반인에게도 필요한 책이라고 믿는다.

1950~60년대에 국어 교사들이 문법책을 저술하는 경우가 많이 있었으나 지금은 그런 경우가 거의 없다. '청소년을 위한 학교국어문법'이라는 제목을 달고 나온 이 책은 현장의 생생한 목소리를 담았다는 점에서 의의가 있으며 다양한 의견이 나올 수밖에 없는 탐구 학습의 혼란상을 정리해 줄 수 있다는 점에서 의의를 또한 부여해 볼 수 있다. 이 책의 출간을 마음 깊이 축하한다.

2025년 11월 18일
이관규 (고려대학교 국어교육과 교수)

● 목 차

제1강 언어와 국어

1. 언어와 인간 ···································· 20
  (1) 언어와 사고 ······························ 20
  (2) 언어와 사회 ······························ 21
  (3) 언어와 문화 ······························ 21

2. 언어의 일반성 ································ 22
  (1) 자의성 ·································· 22
  (2) 사회성 ·································· 23
  (3) 역사성 ·································· 25
  (4) 창조성 ·································· 26
  (5) 기호성 ·································· 27
  (6) 분절성 ·································· 28
  (7) 체계성 ·································· 28
  (8) 추상성 ·································· 30

3. 국어의 특성 ···································· 31
  (1) 국어 음운의 특성 ························ 31
  (2) 국어 어휘의 특성 ························ 32
  (3) 국어 문장의 특성 ························ 32
  (4) 국어 담화의 특성 ························ 33

제1강 언어와 국어

제2강 음운론(음운)

1. 음성과 음운 ··· 36

2. 음운 체계 ··· 37
   (1) 분절 음운 ····································· 37
   (2) 비분절 음운 ································· 41

3. 음절 ··· 43
   (1) 음절의 의미 및 특징 ··············· 43
   (2) 음절의 구조 ····························· 43

4. 음운의 변동 ··· 44
   (1) 교체 ··· 44
   (2) 탈락 ··· 63
   (3) 첨가 ··· 66
   (4) 축약 ··· 71

제3강 형태론(단어)

1. 단어의 짜임 ··· 76
   (1) 형태소 ······································· 76
   (2) 단어 ··· 78
   (3) 단어의 형성 ····························· 79

● 목 차

　　(4) 새말의 형성 …………………………………………… 85

2. 품사 ………………………………………………………… 86
　　(1) 품사의 개념과 분류 ………………………………… 86
　　(2) 품사의 종류와 특성 ………………………………… 88
　　(3) 품사의 통용 ………………………………………… 103

제4강 문장론(문장)

1. 문장론의 문법 단위 …………………………………… 106
　　(1) 어절, 구, 절, 문장 ………………………………… 106
　　(2) 문장의 종류 ………………………………………… 108

2. 문장 성분의 종류와 특성 ……………………………… 116
　　(1) 주성분 ………………………………………………… 116
　　(2) 부속 성분 …………………………………………… 121
　　(3) 독립 성분 …………………………………………… 126

3. 문법 요소의 기능과 의미 ……………………………… 127
　　(1) 종결 표현 …………………………………………… 127
　　(2) 높임 표현 …………………………………………… 130
　　(3) 시간 표현 …………………………………………… 133
　　(4) 피동 표현 …………………………………………… 138

⑸ 사동 표현 ··· 140

⑹ 부정 표현 ··· 143

⑺ 인용 표현 ··· 146

⑻ 기본 문형과 어순 ··· 147

제5강 의미론(의미)

1. 어휘 의미론 ··· 150

⑴ 언어와 의미 ··· 150

⑵ 동음이의어와 다의어 ··· 153

⑶ 단어의 의미 관계 ··· 156

2. 문장 의미론 ··· 161

⑴ 문장 의미의 성격 ··· 161

⑵ 문장 간의 의미 관계 ··· 162

3. 의미 변화의 원인과 유형 ··· 167

⑴ 의미 변화의 원인 ··· 167

⑵ 의미 변화의 유형 ··· 169

제6강 화용론(담화)

1. 담화의 개념과 구성 요소 ··· 172

⑴ 담화의 개념 ··· 172

목 차

(2) 담화의 구성 요소 ···································· 173

2. 담화의 맥락 ··· 174
(1) 언어적 맥락 ··· 174
(2) 비언어적 맥락 ······································ 174

3. 담화의 응집성과 응결성 ························· 176
(1) 응집성 ··· 176
(2) 응결성 ··· 176

4. 담화의 유형과 기능 ································· 178

제7강 국어 어문 규정

1. 한글 맞춤법 ··· 180
(1) 개념 ·· 180
(2) 한글 맞춤법의 내용 ······························ 180

2. 표준어 규정 ··· 188
(1) 개념 ·· 188
(2) 표준어 규정의 내용 ······························ 188

3. 외래어 표기법 ······ 196

  (1) 개념 ······ 196

  (2) 외래어 표기법의 필요성 ······ 196

  (3) 외래어 표기법의 내용 ······ 197

4. 국어의 로마자 표기법 ······ 202

  (1) 개념 ······ 202

  (2) 로마자 표기법의 필요성 ······ 203

  (3) 로마자 표기법의 내용 ······ 203

제8강 바른 국어 생활

1. 발음 ······ 208

  (1) 음운의 발음 ······ 208

  (2) 소리의 길이 ······ 212

  (3) 외래어의 발음 ······ 213

2. 단어 ······ 214

  (1) 맞춤법에 맞는 단어 ······ 214

  (2) 단어의 바른 사용 ······ 218

3. 문장 ······ 222

  (1) 문법에 맞는 문장 ······ 222

● 목 차

  ⑵ 명확한 문장 ··· 224

제9강 국어의 형성과 훈민정음

1. 국어의 형성과 역사 ·· 228

  ⑴ 국어의 계통과 형성 ··· 228

  ⑵ 국어사의 시대 구분 ··· 229

2. 훈민정음의 제자 원리 ·· 230

  ⑴ 제자 원리 ·· 230

  ⑵ 자음 체계 ·· 231

  ⑶ 모음 체계 ·· 232

제10강 국어의 변천

1. 고대 국어 ·· 234

  ⑴ 표기 ··· 234

  ⑵ 음운 ··· 236

  ⑶ 문법 ··· 236

  ⑷ 어휘 ··· 236

2. 중세 국어 ·· 237

  ⑴ 표기 ··· 237

  ⑵ 음운 ··· 239

(3) 문법 ·· 240

(4) 어휘 ·· 242

3. 근대 국어 ······································ 244

(1) 표기 ·· 244

(2) 음운 ·· 244

(3) 문법 ·· 245

(4) 어휘 ·· 246

[부록1] 한글 맞춤법 ···························· 248
[부록2] 표준어 규정 ···························· 290

문법을 알아야 세상이 보인다!

제1강
언어와 국어

1. 언어와 인간

　언어는 인간을 인간답게 만드는 필수 조건이자 인류의 문화유산을 계승하고 발전하게 만드는 원동력입니다. 우리는 언어를 통해 사회 구성원들과 의사소통을 하며 지식과 문화를 공유하고 발전시키기 때문입니다. 따라서 언어는 인간의 사고, 사회, 문화와 깊은 관계를 맺고 있습니다.

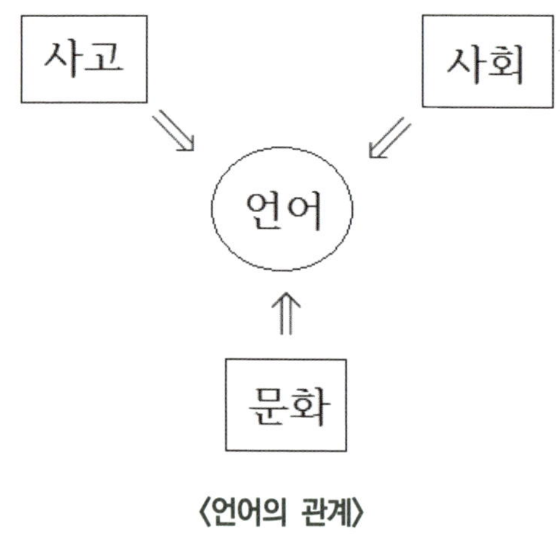

〈언어의 관계〉

(1) 언어와 사고

　의사소통 매개체로서의 언어는 사고와 밀접한 관계에 있습니다. 사고력이 높아지면 언어 능력 수준도 높아지고 언어 능력 수준이 높아지면 사고력도 높아집니다. 이렇듯 언어와 사고는 끊임없이 상호 작용이 이루어집니다.

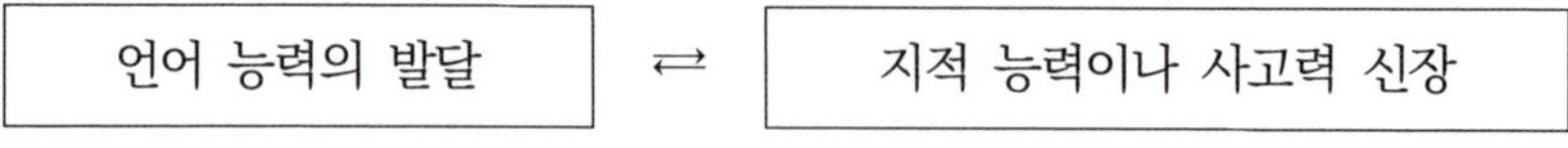

(2) 언어와 사회

사회 구성원들은 언어를 사용하여 의사소통을 하고 공동체의 유지 및 발전을 이룹니다. 언어는 사회 구조와 밀접한 관계에 있습니다. 지역, 계층, 연령, 성별, 직업 등에 따라 다르게 나타나는 언어를 통해 그 사회의 특성을 알 수 있습니다. 아래의 발화를 통해 우리는 언어를 사용한 사람의 연령이 노년층임을 추측할 수 있습니다.

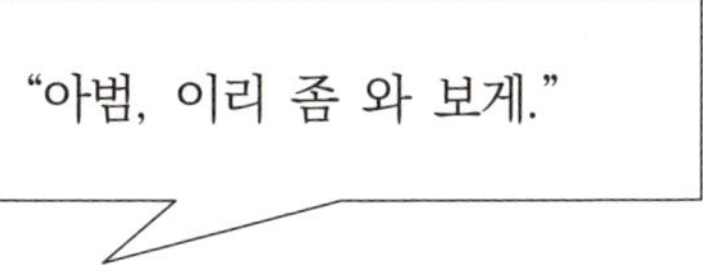

(3) 언어와 문화

언어는 그 언어를 사용하는 민족의 독특하고 고유한 문화를 반영합니다. 각 나라의 언어에는 그 나라의 문화가 반영되어 있으므로, 한 나라의 언어를 학습하는 것은 언어적 지식뿐만 아니라 그 언어에 담긴 문화까지 배우는 것이라 할 수 있습니다. 따라서 우리는 언어 자체가 소중한 문화유산이므로 국어를 아끼고 가꾸어야 합니다.

언어	문화	예	비고
우리말	농경 문화	모, 벼, 쌀, 밥	영어(rice)
이누아트의 언어	눈이 많이 오는 지역	가루 눈, 적은 눈, 큰 눈	영어 (snow)
호주의 원주민어	바다로 둘러싸인 환경	모래 관련 어휘가 많음	영어 (sand)

2. 언어의 일반성

(1) 자의성

언어의 말소리(형식)와 의미 사이에는 필연적인 관계가 없는데 이러한 언어의 일반적 특성을 자의성이라고 합니다. 언어의 의미와 형식은 절대적인 관계를 갖고 있는 것이 아닙니다.

말소리(형식)	의미
어머니(우리말)	· 자기를 낳은 여성 · 자식을 가진 여자를 자식에 대한 관계로 이르는 말
mother[마더](영어)	
Mutter[무터](독일어)	
母親[무친](중국어)	

말소리(형식)	의미
배	주(舟): 사람이나 짐 따위를 싣고 물 위로 떠다니도록 나무나 쇠 따위로 만든 물건
	복(腹): 사람이나 동물의 몸에서 위장, 창자, 콩팥 따위의 내장이 들어 있는 곳으로 가슴과 엉덩이 사이의 부위
	이(梨): 배나무의 열매

☞ 주(舟), 복(腹), 이(梨)와 같은 각각 다른 의미를 뜻하는 형식이 '배'라고 하는 하나의 형식으로 표현되는 것처럼 여러 가지 의미를 하나의 형식으로 나타낼 수도 있습니다.

의성어는 말소리와 의미가 밀접한 관계가 있어 보입니다. 그러나 이런 어휘는 극소수에 불과하며, 그것도 엄밀히 말해서 일대일의 관계라고 말하기는 어렵습니다.

(2) 사회성

언어는 그 언어를 사용하는 사람들 사이의 사회적 약속이기 때문에 개인이 마음대로 바꿀 수 없습니다. 언어에서, 소리와 의미의 관계가 사회적으로 약속된 후에는 개인이 이것을 마음대로 바꿀 수 없는데 이러한 언어의 일반적 특성이 사회성입니다.

언어는 일단 사회적 약속이 성립되면 그 언어를 사용하는 사람들이 약속을 지켜야만 원활한 의사소통이 가능합니다. 따라서 개인은 언어의 내용과 형식의 관계를 자의적으로 바꾸어 쓸 수 없습니다.

◆ '페터 빅셀'의 소설, '책상은 책상이다'

주인공인 남자는 일상이 너무나 지루해서 자신의 생활에 변화를 주기 위해, 사물의 이름을 자신이 정한 다른 단어로 바꿔 부르기로 결심하게 됩니다. 이 사람은 '침대'를 '사진'이라고 부르기로 결심합니다. 그래서 "침대에 누울거야."가 아닌, "사진 속으로 누울 거야."라고 말을 합니다. 그런데 남자는 여기서 그치지 않고, 의자를 '괘종시계'라고 부르고, 책상을 '양탄자'라고 부르기 시작합니다. 그러니까 이 남자는 아침에 '사진'을 떠나 옷을 입고, '괘종시계'에 앉아 일을 하는 것입니다.

그리고 이 이야기는 다음과 같이 끝납니다.

이 이야기는 슬프게 시작되어 슬프게 끝났다. 회색 외투를 걸친 이 늙은 남자가 이제는 사람들을 이해할 수 없게 되었다는 것은 그렇게 나쁘지 않았다. 이보다 훨씬 더 나쁘게 된 것은 사람들이 이제는 그를 이해할 수 없게 된 것이었다.

그래서 그는 이제 말을 하지 않았다. 그는 침묵했고, 자기 자신하고만 이야기했고, 인사조차 하지 않게 되어 버렸다.

이것은 단순한 소설의 결말이 아니라, 언어의 사회성이 지켜지지 않았을 경우 가져올 결과에 대해서 말해 주고 있는 것입니다. 그 결과는 바로 언어의 가장 큰 목적인 사람과 사람 사이의 의사소통이 불가능해진다는 것입니다.

(3) **역사성**

　언어는 시간의 흐름에 따라 있던 말이 사라지거나, 새로운 말이 생기거나, 소리나 의미가 변하기도 하는데 이러한 언어의 일반적 특성을 역사성이라고 합니다. 언어는 시간이 흐름에 따라 음운이나 어휘 등의 측면에서 생성, 성장, 소멸하며 변화하는 특성이 있습니다.

〈용비어천가〉 제2장 원문	현대어 풀이
불휘 기픈 남ᄀ 부ᄅ매 아니 뮐씨 곶 됴코 여름 하ᄂ니 시미 기픔 므른 ᄀ모래 아니 그츨씨 내히 이러 바ᄅ래 가ᄂ니	뿌리 깊은 나무는 바람에 흔들리지 아니하므로, 꽃이 좋고 열매가 많으니. 샘이 깊은 물은 가뭄에 그치지 아니하므로, 내가 이루어져 바다에 가느니.
오늘날에 오면서 달라진 단어	불휘➜뿌리　부롬➜바람 뮈다➜흔들리다　곶➜꽃 됴타➜좋다　여름➜열매 하다➜많다　믈➜물 ᄀ물➜가뭄　부롤➜바다

(4) 창조성

　언어는 상황에 따라 무한하게 많은 말을 새로이 만들어 낼 수 있는데 이러한 언어의 일반적 특성을 창조성이라고 합니다. 우리 인간은 새로운 낱말이나 문장을 끊임없이 만들어 낼 수 있습니다.

단어 수준으로 말하는 단계　　**다양한 문장 표현이 가능한 단계**

- 장미꽃이 피었다.
- 장미꽃이 활짝 피었다.
- 빨간 장미꽃이 활짝 피었다.
- 빨간 장미꽃이 활짝 피었고, 주변에 비눗방울이 날고 있다.

　동물은 의미와 말소리의 표현은 가능하지만, 언어를 사용하거나 문장을 만들어내지 못합니다. 침팬지나 원숭이에게 아무리 훈련을 시켜도 그들은 기호로써 인간의 언어와 비슷하게 의사를 전달할 수는 있지만 복잡하고 추상적인 의사를 전달하는 것은 불가능한데, 동물의 의사 전달은 단순한 모방에 의해서이고 인간은 창조력을 가지고 만들어 사용하기 때문입니다. 인간은 이미 알고 있는 언어를 바탕으로 새로운 단어를 만들 수도 있고, 단어들을 결합해 무수히 많은 문장을 만들 수도 있습니다. <u>언어의 창조성은 동물과 인간의 언어가 다름을 보여주는 언어의 특성입니다.</u>

(5) 기호성

　언어는 인간이 의사소통을 하는데 쓰이는 기호이며 일정한 말소리(또는 문자)와 의미의 결합으로 이루어집니다. 이러한 언어의 일반적 특성을 언어의 기호성이라고 합니다.

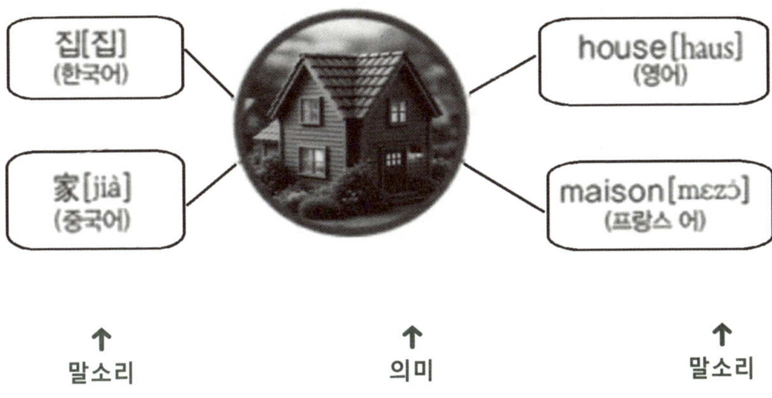

비바람과 추위, 더위 따위를 막고
사람이 살기 위해 지은 건물.

〈언어의 기호성〉

　예를 들어, '집'이라는 말은 [집]이라는 말소리와 이 소리가 나타내는 뜻이 결합하여 이루어진 언어 기호인 것입니다. 이때 언어의 말소리와 의미는 필연적인 관련성이 없이 자의적으로 결합하게 됩니다. 한국어로 [집]이라고 하는 말은 중국어로는 '家[jià]', 영어로는 'house [haus]' 등으로 각각 다르게 표현됩니다. 따라서 언어의 기호성은 언어의 자의성과 관계가 깊다고 할 수 있습니다.

2. 언어의 일반성

(6) 분절성

언어는 연속적으로 이루어져 있는 자연의 세계를 불연속적인 것으로 끊어서 표현하는데 이러한 언어의 일반적 특성을 분절성이라고 합니다.

언어는 객관적으로 끊어짐이 없는 연속적인 현상을 언어적으로 분절(分節)하고 있음을 알 수 있습니다. 이와 같이 언어는 연속적으로 이루어져 있는 객관적인 세계를 불연속적인 것으로 끊어서 표현하는 성질(분절성)을 가집니다. 이러한 언어의 분절성은 언어의 기호성과 밀접한 관련을 맺고 있다고 할 수 있습니다.

> - 무지개: 빨-주-노-초-파-남-보
> - 4계절: 봄-여름-가을-겨울
> - 얼굴: 이마-뺨-턱

(7) 체계성

언어는 각 요소가 무질서하게 존재하지 않고 일정한 원리에 따라 조직되어 있는데 이러한 언어의 일반적 특성을 체계성이라고 합니다. 언어의 각 요소는 다른 요소들과 관련성을 맺으면서 일정한 체계를 이루고 있습니다.

> - 언어의 체계적 단위들: 음운 조직, 어휘 체계, 문법 체계
> - 의미와 관련하여: 형태소 ➜ 단어 ➜ 어절 ➜ 문장
> - 음성과 관련하여: 음운 ➜ 음절

어휘의 의미 측면에서 우리는 언어를 기억할 때 우리도 인식하지 못하는 체계적인 인지 구조를 통해 언어를 보다 효율적으로 구사하고 이해할 수 있습니다.

아버지	어머니	부모
아들	딸	자식
남성	여성	인간

· 아버지, 어머니, 아들, 딸
➔ 가족 관계를 나타내는 말로서 하나의 체계를 이룹니다.

【심화학습】

언어에서 발견되는 규칙을 종합해 보면 언어에 체계가 있음을 알 수 있습니다. 예를 들어, '국물, 곡면, 막내, 국난'와 같은 단어의 발음을 관찰해 보면 첫 음절의 'ㄱ'이 항상 [ㅇ]으로 변하고, 여기에는 두 번째 음절 'ㅁ'과 'ㄴ'이 영향을 끼칩니다. 그렇다면 이들 네 자음은 다른 자음들보다 서로 영향을 더 쉽게 끼칠 수 있는 가까운 관계에 놓여 있으리라 추정할 수 있습니다. 즉, 자음들이 어떠한 '체계'를 이루고 있음을 짐작할 수 있는 것입니다.

(8) 추상성

 서로 다른 개별적이고 구체적인 대상들 사이에서, 공통되는 속성을 추출하는 과정을 통해 어떠한 개념이 언어로 형성되는데 이러한 언어의 일반적 특성을 추상성이라고 합니다.

벚꽃, 무궁화꽃, 장미꽃	·····→·····→····→···→···→	꽃
구체적인 대상	공통되는 속성을 추출	개념

 추상화 과정에서 대상을 한 번만 묶어 표현하고 끝내는 것만이 아니라 묶인 것을 다시 묶기도 합니다. 처음부터 추상적인 것에서 다시 추상해 낸 '진실, 허위, 지배, 복종, 함축, 내포, 포괄 등'과 같은 개념들은 그 단어가 가리키는 형상이 얼른 떠오르지 않습니다.

제1강 언어와 국어

3. 국어의 특성

(1) 국어 음운의 특성

국어의 음운에는 다른 언어에는 없는 독특한 음운 대립이 있습니다. 국어의 자음은 예사소리[1], 된소리[2], 거센 소리[3]가 서로 대립합니다.

예사소리	된소리	거센소리
ㄱ	ㄲ	ㅋ
ㄷ	ㄸ	ㅌ
ㅂ	ㅃ	ㅍ
ㅈ	ㅉ	ㅊ

국어에는 다른 언어에 비해 마찰음[4]이 많지 않습니다. 국어의 마찰음에는 /ㅅ, ㅆ, ㅎ/밖에 없는데, 영어에는 /f, v, θ, ð/ 등이 더 있습니다. 그리고 국어에서는 첫소리에 둘 이상의 자음이 오지 못합니다.

국어	영어
스프링	spring
· 세 음절로 나누어 발음합니다.	· 음절 하나에 여러 개의 자음이 첫소리에 올 수 있습니다.

---

1) **예사소리**: 구강 내부의 기압 및 발음 기관의 긴장도가 낮아 약하게 파열되는 자음. 평음.
2) **된소리**: 후두 근육을 긴장하면서 숨을 쉬는 일이 거의 없이 내는 자음. 경음.
3) **거센소리**: 숨이 거세게 나오는 자음. 격음.
4) **마찰음**: 입 안이나 목청 따위의 조음 기관이 좁혀진 사이로 공기가 비집고 나오면서 마찰하여 나는 소리.

⑵ 국어 어휘의 특성

국어의 어휘는 크게 고유어, 한자어, 외래어로 나뉩니다. 고유어에는 감각어와 상징어가 크게 발달되어 있습니다. 아래의 감각어들 사이에는 미묘한 어감의 차이가 드러납니다.

'퐁당퐁당, 풍덩풍덩 / 아장아장, 어정어정' 등과 같이 의성어와 의태어의 발달 또한 두드러지게 나타납니다.

한자어와 외래어의 경우 전문적인 지식이나 새로운 개념을 표현하는 데 흔히 이용됩니다.

⑶ 국어 문장의 특성

국어에는 첨가어5)적 특성인 조사와 어미가 발달하여 대부분의 문법적 기능을 담당합니다.

영어 문장이 '주어-서술어-목적어'의 어순으로 나타나는 것과 달리 국어 문장은 대체로 <u>주어-목적어-서술어</u>'의 어순으로 나타납니다. 그런데 국어의 어순은 비교적 자유로워서, 서술어가 주로 문장의 맨 뒤에 오지만, 다른 성분들은 다소 자유롭게 위치를 바꿀 수 있습니다.

---

5) **첨가어**: 실질적인 의미를 가진 단어 또는 어간에 문법적인 기능을 가진 요소가 차례로 결합함으로써 문장 속에서의 문법적인 역할이나 관계의 차이를 나타내는 언어로, 한국어·터키어·일본어·핀란드어 따위가 여기에 속합니다.

국어의 문장에서는 영어 문장과 달리 꾸미는 말이 대개 꾸밈을 받는 말 앞에 옵니다.

국어	영어
예쁜 꽃이 핀 나무	A tree with beautiful flowers

(4) 국어 담화의 특성

국어 담화에는 높임 표현이 발달되어 있습니다. 국어의 높임 표현에는 상대높임법, 주체높임법, 객체높임법이 있습니다. 그리고 화자의 심리를 나타내는 보조사가 발달되어 있습니다. 한편 일정한 맥락에서는 주어의 생략이 가능합니다.

과일도 먹는다. / 과일은 먹는다.

문법을 알아야 세상이 보인다!

제2강
음운론(음운)

1. 음성과 음운

음성은 사람의 발음 기관을 통해 내는 구체적이고 물리적인 소리로 발화자와 발화시에 따라 다르게 나는 소리(≒말소리)입니다. 자음과 모음으로 나뉘는 성질이 있으며 같은 음운이라도 환경에 따라서 다른 음성으로 발음될 수 있습니다.

【심화학습】

음성은 음향과 다릅니다. 음향이 자연의 소리로 비분절적임에 비해서 음성은 인간이 내는 분절적인 소리입니다. 그러나 음성과 음향은 둘 다 소리라는 점과 의미와는 전혀 관련이 없다는 점에서 공통점을 지닙니다.

음운은 말의 뜻을 구별하여 주는 소리의 가장 작은 단위로 의미와 관련이 있으며 의미의 차이를 나타내는 최소 문법 단위입니다.

- '님'과 '남'이 다른 뜻의 말이 되게 하는 'ㅣ'와 'ㅏ'
- '물'과 '불'이 다른 뜻의 말이 되게 하는 'ㅁ'과 'ㅂ'

음운은 공통적인 요소만을 뽑아 머릿속에서 같은 소리로 인식하는 추상적이고 관념적인 말소리로 사람들의 관념에 따라 그 수가 달라질 수 있습니다. 우리말의 'ㄹ'을 영어에서는 'l'과 'r'의 두 개의 음운으로 인식합니다.

제2강 음운론(음운)

2. 음운 체계

(1) 분절 음운

음운은 분절 음운과 비분절 음운으로 나뉘는데, 분절 음운은 소리마디의 경계를 나눌 수 있는 음운으로 자음과 모음처럼 다른 소리와 잘 나누어지는 음운입니다.

① 자음 체계

자음은 목, 입, 혀 따위의 발음 기관에 의해 구강 통로가 좁아지거나 완전히 막히는 따위의 장애를 받으며 나는 소리입니다. 자음은 조음 위치와 조음 방법에 따라 다음과 같이 분류할 수 있습니다.

조음 방법		조음 위치	두 입술	윗잇몸 혀끝	센입천장 혓바닥	여린입천장 혀 뒤	목청 사이
			입술소리	혀끝소리	센입천장 소리	여린입천장 소리	목청 소리
안울림 소리	파열음	예사소리	ㅂ	ㄷ		ㄱ	
		된소리	ㅃ	ㄸ		ㄲ	
		거센소리	ㅍ	ㅌ		ㅋ	
	파찰음	예사소리			ㅈ		
		된소리			ㅉ		
		거센소리			ㅊ		
	마찰음	예사소리		ㅅ			ㅎ
		된소리		ㅆ			
울림 소리	비음		ㅁ	ㄴ		ㅇ	
	유음			ㄹ			

〈자음 체계표〉

- **울림소리**: 발음할 때, 목청이 떨려 울리는 소리. 국어의 모든 모음이 이에 속하며, 자음 가운데에는 'ㄴ', 'ㄹ', 'ㅁ', 'ㅇ'이 여기에 속함. 유성음(有聲音)

- **안울림소리**: 성대(聲帶)를 진동시키지 않고 내는 소리. 무성음(無聲音)

- **파열음**: 폐에서 나오는 공기를 일단 막았다가 그 막은 자리를 터뜨리면서 내는 소리. 'ㅂ', 'ㅃ', 'ㅍ', 'ㄷ', 'ㄸ', 'ㅌ', 'ㄱ', 'ㄲ', 'ㅋ'이 여기에 속함.

- **마찰음**: 입 안이나 목청 따위의 조음 기관이 좁혀진 사이로 공기가 비집고 나오면서 마찰하여 나는 소리. 'ㅅ', 'ㅆ', 'ㅎ'이 여기에 속함.

- **파찰음**: 막았다가 서서히 터뜨리면서 마찰을 일으켜 내는 소리. 파열음과 마찰음의 두 가지 성질을 다 가지는 소리. 'ㅈ', 'ㅉ', 'ㅊ'이 여기에 속함.

- **비음**: 입 안의 통로를 막고 코로 공기를 내보내면서 내는 소리. 'ㄴ', 'ㅁ', 'ㅇ'이 여기에 속함.

- **유음**: 혀끝을 잇몸에 가볍게 대었다가 떼거나, 잇몸에 댄 채 공기를 그 양옆으로 흘려보내면서 내는 소리. 국어의 자음 'ㄹ'이 여기에 속함.

  - **탄설음**: 'ㄹ'이 음절 초성에 올 때 나는 소리. 혀끝과 잇몸 사이가 한 번 닫혔다가 열리는 동안 혀 옆으로는 공기가 새어 나가면서 나는 소리. '라면'의 'ㄹ'이 여기에 속함.

  - **설측음**: 'ㄹ'이 종성에 올 때 나는 소리. 혀끝을 윗잇몸에 아주 붙이고, 혀 양쪽의 트인 데로 날숨을 흘려 내는 소리. '쌀', '길' 따위의 'ㄹ'이 여기에 속함.

- **입술소리**: 두 입술 사이에서 나는 소리. 양순음.

- **혀끝소리**: 혀 끝과 윗잇몸이 맞닿아 나는 소리. 설단음, 설첨음.

- **센입천장소리**: 혓바닥과 경구개, 즉 굳은 입천장 사이에서 나는 소리. 경구개음, 구개음.

- **여린입천장소리**: 혀의 뒷부분과 연구개 사이에서 나는 소리. 연구개음.

- **목청소리**: 목청 사이에서 나오는 소리. 후음.

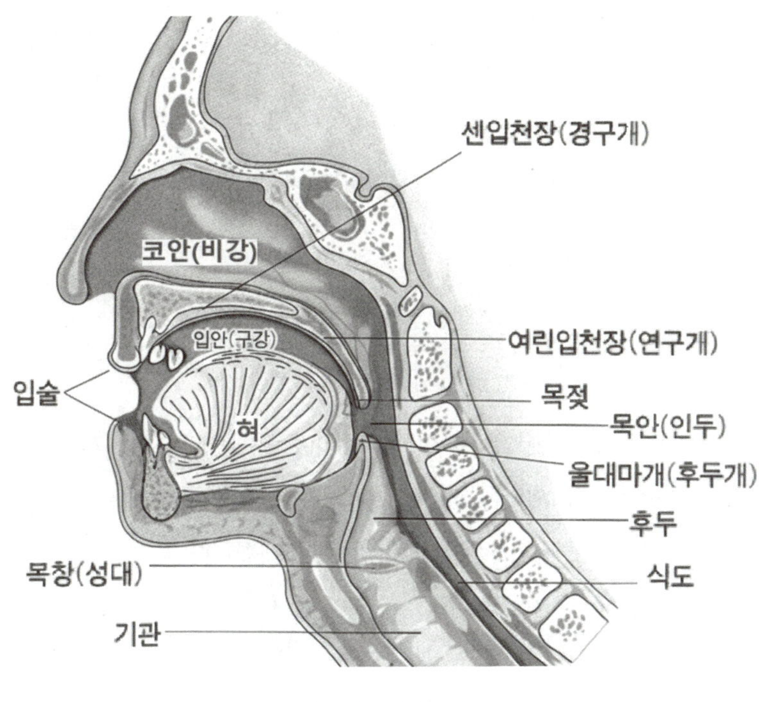

〈조음 기관 단면도〉

② 모음 체계

모음은 성대의 진동을 받은 소리가 목, 입, 코를 거쳐 나오면서, 그 통로가 좁아지거나 완전히 막히거나 하는 따위의 장애를 받지 않고 나는 소리입니다. 모음에는 단모음, 이중 모음, 반모음이 있습니다.

단모음은 소리를 내는 도중에 입술 모양이나 혀의 위치가 달라지지 않는 모음입니다. 이 중에 'ㅚ'와 'ㅟ'는 단모음으로 발음하는 것이 원칙이지만, 이중 모음으로 발음하는 것도 허용합니다.

이중 모음은 단모음과 반모음이 결합한 것으로, 입술 모양이나 혀의 위치를 처음과 나중이 서로 달라지게 하여 내는 모음입니다.

반모음은 모음과 같이 발음하지만 음절을 이루지 못하는 아주 짧은 모음입니다.

단모음	'ㅏ', 'ㅐ', 'ㅓ', 'ㅔ', 'ㅗ', 'ㅚ', 'ㅜ', 'ㅟ', 'ㅡ', 'ㅣ'
이중 모음	'ㅑ', 'ㅒ', 'ㅕ', 'ㅖ', 'ㅘ', 'ㅙ', 'ㅛ', 'ㅝ', 'ㅞ', 'ㅠ', 'ㅢ'
반모음	'ㅑ', 'ㅒ', 'ㅕ', 'ㅖ', 'ㅘ', 'ㅙ', 'ㅛ', 'ㅝ', 'ㅞ', 'ㅠ', 'ㅢ' 따위의 이중 모음에서 나는 'j', 'w'가 여기에 속함.

【심화학습】 반모음의 특징

반모음은 음성의 성질로 보면 모음과 비슷하지만, 반드시 다른 모음에 붙어야 발음될 수 있다는 점에서 자음과 비슷합니다. 반모음은 스스로 음절을 이루지 못하므로 온전한 모음이 되지 못합니다. 따라서 반모음은 온전한 모음이 아니므로 'ㅗ/ㅜ, ㅣ' 위에 반달표(˘)를 하여 나타냅니다.

모음 사각도와 모음 체계표는 혀의 위치, 혀의 높낮이, 입술의 모양 등에 따라 아래와 같이 분류할 수 있습니다.

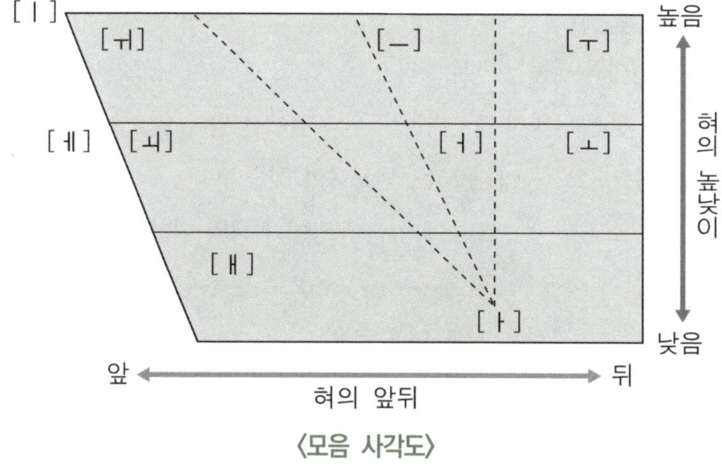

〈모음 사각도〉

	혀의 앞뒤	전설 모음		후설 모음	
혀의 높이	입술의 모양	평순	원순	평순	원순
고모음		ㅣ	ㅟ	ㅡ	ㅜ
중모음		ㅔ	ㅚ	ㅓ	ㅗ
저모음		ㅐ		ㅏ	

〈모음 체계표〉

(2) 비분절 음운

비분절 음운은 정확히 소리마디의 경계를 그을 수 없으나 음성과 달리 의미의 변별성을 가지는 음운입니다. 비분절 음운에는 소리의 길이, 억양, 성조, 강세 등과 같이 다른 소리와 잘 나누어지지 않는 것들이 있습니다.

① 소리의 길이

소리의 길이는 뜻을 구별하여 준다는 점에서 자음이나 모음과 같은 자격을 가집니다. 소리의 길이가 길고 짧음에 따라 뜻이 달라지는 단어들에는 다음과 같은 것들이 있습니다.

> 말:[言]-말[馬], 눈:[雪]-눈[眼], 손:[孫]-손[手], 밤:[栗]-밤[夜]
> 성:인[聖人]-성인[成人], 무:력[武力]-무력[無力], 가:정[假定]-가정[家庭]

긴소리는 일반적으로 단어의 첫째 음절에서 나타나는데, 특이하게도 본래 길게 발음되던 것도 둘째 음절 이하에 오면 짧은소리로 발음되는 경향이 있습니다.

② **억양**

억양은 여러 음절에 걸쳐 실현되는 음의 높낮이로서 문장의 의미를 구별해줍니다. 말하는 이의 감정이나 태도에 따라 억양이 달라지기도 합니다.

청자에게 말하는 이가 자신의 행동에 대한 의지를 표시하는 평서문일 때, 청자에게 어떻게 행동할 것인지 몰라서 묻는 의문문일 때, 화자가 청자에게 명령하는 명령문일 때 모두 억양이 다르게 나타납니다.

평서문	이제 집에 가.(⌒)
의문문	이제 집에 가?(⌣)
명령문	이제 집에 가!(→)

그런데 위 표에서 명령문의 경우는 명령문 외에도 상황에 따라 다른 뜻이 나올 수 있습니다. 현재 화자는 상대방의 말대로 행동하고 싶지 않은데 상대방의 재촉에 짜증을 내며 말할 때에도 해당됩니다.

3. 음절

(1) 음절의 의미 및 특징

① 음절의 의미

음절은 한 뭉치로 이루어진 소리의 덩어리로 하나의 종합된 음의 느낌을 주는 말소리의 단위이며 한 번에 낼 수 있는 소리 마디를 나타내는 문법 단위입니다.

② 음절의 특징

모든 말은 음절 단위로 마디를 이루어서 발음됩니다. 국어에서 음절이 만들어지려면 반드시 모음이 있어야 하는데, 음절의 숫자는 모음의 숫자와 일치합니다. 음절은 의미와 전혀 관계가 없는 음성학적 문법 단위일 뿐입니다.

(2) 음절의 구조

국어에서 음절이 이루어지는 방법은 아래의 네 가지가 있습니다.

음절 구조	용례
모음 단독	아, 에, 예, 와
자음+모음	가, 게, 녜, 과
모음+자음	악, 엑, 엘, 왈
자음+모음+자음	각, 겍, 넬, 괄, 값

4. 음운의 변동

한 음운이 일정한 환경에서 변하는 현상을 음운의 변동이라고 합니다. 음운의 변동에는 크게 교체, 탈락, 첨가, 축약의 네 가지가 있습니다.

한 음운이 다른 음운으로 바뀌는 현상에 해당하는 교체에는 음절의 끝소리 규칙, 비음화, 유음화, 구개음화, 된소리되기 등이 있고, 두 음운 중 한 음운이 없어지는 현상에 해당하는 탈락에는 자음군 단순화, 'ㄹ'탈락, 'ㅎ'탈락, 모음 탈락 등이 있습니다. 없던 음운이 새로 생기는 현상에 해당하는 첨가에는 'ㄴ'첨가와 반모음 첨가가 있고, 두 음운이 하나의 음운으로 줄어드는 현상에 해당하는 축약에는 거센소리되기와 모음 축약이 있습니다.

음운의 변동은 [부록]에 있는 '표준 발음법' 규정과 함께 보면 이해하기 쉽습니다.

(1) 교체

① 음절의 끝소리 규칙

음절의 끝소리 규칙은 받침이 되는 자음이 'ㄱ, ㄴ, ㄷ, ㄹ, ㅁ, ㅂ, ㅇ'의 일곱 가지만 올 수 있다는 규칙입니다. 국어에서 음절의 끝에서 발음되는 자음은 7개뿐입니다. 음절 끝에 일곱 소리 이외의 자음이 오면 이 일곱 자음 중의 하나로 바꾸어 발음하는 음운의 교체 현상이며, 겹받침의 발음도 이 원칙을 따릅니다.

> **'음절의 끝소리 규칙'과 관련된 〈표준 발음법〉 규정**
>
> **제8항** 받침소리로는 'ㄱ, ㄴ, ㄷ, ㄹ, ㅁ, ㅂ, ㅇ'의 7개 자음만 발음한다.

제9항 받침 'ㄲ, ㅋ', 'ㅅ, ㅆ, ㅈ, ㅊ, ㅌ', 'ㅍ'은 어말 또는 자음 앞에서 각각 대표음 [ㄱ, ㄷ, ㅂ]으로 발음한다.

제10항 겹받침 'ㄳ', 'ㄵ', 'ㄼ, ㄽ, ㄾ', 'ㅄ'은 어말 또는 자음 앞에서 각각 [ㄱ, ㄴ, ㄹ, ㅂ]으로 발음한다.

다만, '밟-'은 자음 앞에서 [밥]으로 발음하고, '넓-'은 다음과 같은 경우(파생어나 합성어)에 [넙]으로 발음한다.

제11항 겹받침 'ㄺ, ㄻ, ㄿ'은 어말 또는 자음 앞에서 각각 [ㄱ, ㅁ, ㅂ]으로 발음한다.

다만, 용언의 어간 말음 'ㄺ'은 'ㄱ' 앞에서 [ㄹ]로 발음한다.

규칙	받침		조건	발음
	ㄲ, ㅋ	→	어말 또는 자음 앞 (음절의 끝소리에서)	[ㄱ]
	ㅅ, ㅆ, ㅈ, ㅊ, ㅌ			[ㄷ]
	ㅍ			[ㅂ]

발음	예시
[ㄱ]	밖→[박], 밖도→[박또]
[ㄷ]	옷→[옫], 옷도→[옫또], 옷 안→[오단], 있(고)→[읻(꼬)], 낮→[낟], 꽃→[꼳], 바깥→[바깓]
[ㅂ]	잎→[입], 잎도→[입또], 잎 위→[이뷔]

어말 위치에서 또는 자음으로 시작된 조사나 어미 앞에서 'ㄲ, ㅋ', 'ㅅ, ㅆ, ㅈ, ㅊ, ㅌ' 및 'ㅍ'이 각각 [ㄱ, ㄷ, ㅂ]으로 발음되는 것을 규정한 것입니다. 구체적으로 말하면, 받침 'ㄲ, ㅋ'은 받침 'ㄱ'과 같이 [ㄱ]으로 발음하고, 받침 'ㅅ, ㅆ, ㅈ, ㅊ, ㅌ'은 받침 'ㄷ'과 같이 [ㄷ]으로 발음하며, 받침 'ㅍ'은 받침 'ㅂ'과 같이 [ㅂ]으로 발음합니다.

단, 'ㅎ'의 경우는 위의 규칙으로 일반화할 수 없습니다. '히읗'은 '[히읃]'

으로 발음되지만, '낳다'의 경우는 받침의 'ㅎ'이 [ㄷ]으로 발음되지 않고 'ㅎ' 다음에 오는 'ㄷ'과 합쳐져서 축약이 일어나기 때문에 [나타]로 발음합니다.

겹받침과 관련된 음운 현상은 자음군 단순화로 교체가 아니라 **탈락**에 해당합니다.

【심화학습】음절의 끝소리 규칙과 중화(中和)

중화는 서로 다른 요소가 특정한 조건에서 변별 기능을 잃고 구별되지 않거나 또는 그런 현상입니다. 음절의 끝소리 규칙이 대표음으로 실현된다는 점에서는 음절의 끝소리 규칙을 음운의 중화(中和)로도 볼 수 있습니다. 예를 들어, '낟', '낫', '낮', '낱' 따위에 쓰인 받침소리는 모두 'ㄷ'으로 발음됩니다.

【핵심체크】평파열음화

- 국어의 음절말 위치에서 파열음·파찰음·마찰음이 평음인 파열음 'ㄱ, ㄷ, ㅂ' 중의 하나로 바뀌는 음운 현상.
- 음절의 끝소리 규칙을 '평파열음화' 현상이라고도 합니다. 평파열음은 파열음의 예사소리, 즉 평음인 'ㄱ, ㄷ, ㅂ'을 말합니다.

② 자음 동화

자음 동화는 자음과 자음이 만날 때 서로 닮게 되는 현상입니다. 음절 끝 자음이 그 뒤에 오는 자음과 만날 때, 어느 한쪽이 다른 쪽을 닮아서 그와 비슷하거나 같은 소리로 바뀌기도 하고, 양쪽이 서로 닮아서 두 소리가 다 바뀌기도 하는 현상입니다.

동화는 한쪽의 음운이 다른 쪽 음운의 성질을 닮는 현상인데, 말소리가 서로 이어질 때, 어느 한쪽 또는 양쪽이 영향을 받아 비슷하거나 같은 소리로 바뀌는 소리의 변화를 이르는 말입니다. 비음화, 유음화, 구개음화는 모두 자음이 앞이나 뒤에 오는 음운의 성질을 닮아 변동하므로 동화에 속합니다.

㉠ 비음화

비음화는 비음이 아닌 자음이 비음의 영향을 받아 비음으로 바뀌는 현상으로, 어떤 음의 조음(調音)에 코 안의 울림이 수반되는 현상입니다.

비음화'와 관련된 〈표준 발음법〉 규정

제18항 받침 'ㄱ(ㄲ, ㅋ, ㄳ, ㄺ), ㄷ(ㅅ, ㅆ, ㅈ, ㅊ, ㅌ, ㅎ), ㅂ(ㅍ, ㄼ, ㄿ, ㅄ)'은 'ㄴ, ㅁ' 앞에서 [ㅇ, ㄴ, ㅁ]으로 발음한다.

[붙임] 두 단어를 이어서 한 마디로 발음하는 경우에도 이와 같다.

제19항 받침 'ㅁ, ㅇ' 뒤에 연결되는 'ㄹ'은 [ㄴ]으로 발음한다.

[붙임] 받침 'ㄱ, ㅂ' 뒤에 연결되는 'ㄹ'도 [ㄴ]으로 발음한다.

	받침		뒤 자음		받침		뒤 자음	예시
규칙 1	ㅂ				ㅁ			밥물→[밤물]
	ㄷ	+	ㅁ ㄴ	→	ㄴ	+	ㅁ ㄴ	받는다→[반는다]
	ㄱ				ㅇ			국물→[궁물]

규칙1은 'ㄴ, ㅁ' 등의 비음 앞에서 받침의 소리 [ㄱ, ㄷ, ㅂ]이 각각 [ㅇ, ㄴ, ㅁ]으로 동화되어 발음됨을 규정한 것입니다. 예컨대 '값만, 없는'은 우선 'ㅅ'을 탈락시키고서 'ㅁ, ㄴ'에 의하여 'ㅂ'이 [ㅁ]으로 역행 동화되어 [감만], [엄ː는]으로 발음됩니다. [ㄷ]으로 발음되는 'ㅅ, ㅆ, ㅈ, ㅊ, ㄷ, ㅌ' 받침은 'ㄴ, ㅁ' 앞에서 모두 [ㄴ]으로 발음됩니다.

'표준 발음법' 규정 제18항 [붙임] 규정과 같은 환경만 주어지면 '국 마시다[궁마시다], 옷 마르다[온마르다], 입 놀리다[임놀리다]'와 같이 단어와 단어 사이에서도 비음으로 바뀝니다.

규칙 2	받침		뒤 자음		받침		뒤 자음	예시
	ㅁ	+	ㄹ	→	ㅁ	+	ㄴ	남루→[남누]
	ㅇ				ㅇ			종로→[종노]

규칙2는 한자어에서 받침 'ㅁ, ㅇ' 뒤에 결합되는 'ㄹ'을 [ㄴ]으로 발음하는 규정입니다. 본래 'ㄹ'을 첫소리로 가진 한자는 'ㄴ, ㄹ' 이외의 받침 뒤에서는 언제나 'ㄹ'이 [ㄴ]으로 발음됩니다.

'표준 발음법' 규정 제19항 [붙임] 규정에 의하면 받침 'ㄱ, ㅂ' 뒤에서 'ㄹ'은 [ㄴ]으로 발음되는데, 그 [ㄴ] 때문에 'ㄱ, ㅂ'은 다시 [ㅇ, ㅁ]으로 역행 동화되어 발음됩니다. '막론(莫論)→[막논]→[망논]'을 보면 쉽게 이해할 수 있습니다.

규칙 3	받침		뒤 자음		받침		뒤 자음	예시
	ㅂ				ㅁ			섭리→[섭니]→[섬니]
	ㄷ	+	ㄹ	→	ㄴ	+	ㄴ	몇 리(→[멷리])→[멷니]→[면니]
	ㄱ				ㅇ			백로→[백노]→[뱅노]

비음화 '규칙 3'은 '규칙 1'과 '규칙 2'가 합쳐진 형태로, 음운의 변화 과정은 먼저 뒤 자음인 'ㄹ'이 비음인 'ㄴ'으로 바뀌고, 그런 다음 'ㄴ'의 영향을 받아 받침 'ㅂ, ㄷ, ㄱ'이 비음인 'ㅁ, ㄴ, ㅇ'으로 바뀌는 것입니다.

ⓛ 유음화

유음화는 'ㄴ'이 'ㄹ'의 영향을 받아 유음 'ㄹ'로 바뀌어 발음되는 현상입니다. 'ㄴ'은 'ㄹ'의 앞 또는 뒤에서 'ㄹ'의 영향을 받아 'ㄹ'로 바뀌어 발음됩니다.

'유음화'와 관련된 〈표준 발음법〉 규정

제20항 'ㄴ'은 'ㄹ'의 앞이나 뒤에서 [ㄹ]로 발음한다.
[붙임] 첫소리 'ㄴ'이 'ㄶ', 'ㄾ'뒤에 연결되는 경우에도 이에 준한다.
다만, 다음과 같은 단어들은 'ㄹ'을 [ㄴ]으로 발음한다.

규칙 1	받침		뒤 자음		받침		뒤 자음	예시
	ㄴ	+	ㄹ	→	ㄹ	+	ㄹ	신라→[실라]
	ㄹ		ㄴ		ㄹ		ㄹ	칼날→[칼랄]

유음화 규칙1에서 '신라'의 경우 받침 'ㄴ'이 뒤에 오는 자음 'ㄹ'에 의해서 'ㄹ'로 변한 것이고, '칼날'은 받침 'ㄹ'로 인해 뒤에 온 자음 'ㄴ'이 앞이나 뒤에 온 자음 'ㄹ'로 인해 유음 'ㄹ'로 바뀌었습니다.

규칙 2	받침		뒤 자음		받침		뒤 자음	예시
	ㄶ	+	ㄴ	→	ㄹ	+	ㄹ	닳는→[달른]
	ㄾ				ㄹ		ㄹ	핥네→[할레]

유음화 규칙2에서 겹받침 'ㅀ, ㄾ'과 같이 자음 앞에서 [ㄹ]이 발음되는 용언 어간 다음에 'ㄴ'으로 시작되는 어미가 결합되면 그 'ㄴ'을 'ㄹ'로 동화시켜 발음합니다. 즉 '앓는[알른], 앓나[알라], 앓네[알레]'와 같이 발음합니다.

단, 〈표준 발음법 제20항〉의 '다만' 규정에 따라 '의견란[의ː견난], 생산량[생산냥], 결단력[결딴녁], 공권력[공꿘녁], 이원론[이ː원논]'과 같은 단어들은 'ㄹ'을 [ㄴ]으로 발음합니다. 이는 한자어에서 'ㄴ'과 'ㄹ'이 결합하면서도 [ㄹㄹ]로 발음되지 않고 [ㄴㄴ]으로 발음되는 예에 해당합니다.

【핵심체크】 동화의 종류

동화는 방향에 따라 역행 동화, 순행 동화, 상호 동화로 나뉘고, 정도에 따라 완전 동화와 부분 동화(불완전동화)로 나뉜다.

ⓐ 방향에 따라

- **역행 동화**: 어떤 음운이 뒤에 오는 음운의 영향을 받아서 그와 비슷하거나 같은 소리로 바뀌는 현상. 앞 발음이 변함.

  ⑩ 곤란[골란], 국물[궁물], 끝내[끈내], 잎눈[임눈], 밭머리[반머리], 입모양[임모양]

- **순행 동화**: 어떤 음운이 앞에 오는 음운의 영향을 받아서 그와 비슷하거나 같은 소리로 바뀌는 현상. 뒷 발음이 변함.

  ⑩ 찰나[찰라], 남루[남누], 왕릉[낭능], 땔 나무[땔라무], 선릉[선능]

- **상호 동화**: 인접하는 두 개의 음이 서로 영향을 주고받아 닮게 되는 현상. 둘 다 변함.

  ⑩ 십 리[심리], 국력[궁녁], 독립[동닙], 나뭇잎[나문닙]

③ 구개음화

구개음화는 구개음이 아닌 'ㄷ', 'ㅌ'이 구개음 'ㅈ', 'ㅊ'으로 발음되는 현
상입니다. 끝소리가 'ㄷ', 'ㅌ'인 형태소가 모음 'ㅣ'나 반모음 'ㅣ[j]'로 시작
되는 형식 형태소와 만나면 그것이 구개음 'ㅈ', 'ㅊ'이 되거나, 'ㄷ' 뒤에 형
식 형태소 '히'가 올 때 'ㅎ'과 결합하여 이루어진 'ㅌ'이 'ㅊ'이 되는 현상입
니다. 구개음화는 **조사나 접미사에 의해서만** 일어날 수 있습니다.

"밭이랑[반니랑], 홑이불[혼니불]" 등과 같은 합성어에서는 받침 'ㄷ, ㅌ'
다음에 '이'로 시작되는 단어가 결합되어 있더라도 구개음화가 일어날 수 없
습니다.

규칙 1	받침	모음		받침	예시
	ㄷ	+	ㅣ	→	[ㅈ]	굳이→[구지]
	ㅌ			[ㅊ]	같이→[가치]

규칙 2	받침	접미사	받침	예시
	ㄷ	+ 히	→ [치]	굳히다→[구치다] 닫히다→[다치다]

구개음화 규칙1에서 '굳이'의 받침 'ㄷ'과 '같이'의 받침 'ㅌ'이 뒤에 오는 모음 'ㅣ'에 의해 각각 'ㅈ'과 'ㅊ'으로 변합니다. 규칙2에서는 받침의 'ㄷ'이 다음에 오는 'ㅎ'과 만나 [ㅌ]이 된 후, 'ㅌ'이 'ㅣ'와 결합할 때 구개음화가 일어나는 것입니다.

【심화학습】 한 음절 안에서 일어난 구개음화

현대 국어에서는 한 형태소 내에서나 합성어 안에서는 구개음화가 일어나지 않지만, '디다 → 지다'과 같이 근대 국어에는 한 형태소 안에서도 구개음화가 일어났던 것으로 보입니다. 근대 국어 시기에 구개음화를 겪은 것들은 표기까지 구개음화된 형태로 굳어졌으나 현대 국어의 표준 발음법에서는 구개음화된 소리를 표준 발음으로 인정하되, 표기는 원형을 밝혀 적는 것을 원칙으로 하고 있습니다.

【심화학습】 〈표준 발음법〉 제21항

제21항 위에서 지적한 이외의 자음 동화는 인정하지 않는다.

감기[감ː기](×[강ː기])　　옷감[옫깜](×[옥깜])　　있고[읻꼬](×[익꼬])

4. 음운의 변동

꽃길[꼳낄](×[꼭낄]) 젖먹이[전머기](×[점머기]) 문법[문뻡](×[뭄뻡])

꽃밭[꼳빧](×[꼽빧])

현행 표준어 규정에서는 비음화, 유음화, 구개음화 등을 제외한 다른 자음 동화는 인정하지 않고 있습니다.

④ 된소리되기(경음화)

된소리되기는 특정한 환경에서 예사소리가 된소리로 바뀌어 발음되는 현상입니다. 안울림 예사소리인 'ㄱ, ㄷ, ㅂ, ㅅ, ㅈ'이 된소리 'ㄲ, ㄸ, ㅃ, ㅆ, ㅉ'으로 발음되는 현상입니다. 된소리는 한자어로 경음(瓊音)이므로 경음화(瓊音化)라고도 합니다.

㉠ 파열음 뒤에서

'된소리되기'와 관련된 〈표준 발음법〉 규정–ⓐ

제23항 받침 'ㄱ(ㄲ, ㅋ, ㄳ, ㄺ), ㄷ(ㅅ, ㅆ, ㅈ, ㅊ, ㅌ), ㅂ(ㅍ, ㄼ, ㄿ, ㅄ)' 뒤에 연결되는 'ㄱ, ㄷ, ㅂ, ㅅ, ㅈ'은 된소리로 발음한다.

한 단어 안에서나 체언의 곡용 및 용언의 활용에서나 위의 제23항 환경에서는 예외 없이 된소리로 발음합니다.

받침	예시
ㄱ	국밥[국빱], 깎다[깍따], 넋받이[넉빠지], 삯돈[삭똔], 닭장[닥짱], 칡범[칙뻠]
ㄷ	뻗대다[뻗때다], 옷고름[옫꼬름], 있던[읻떤], 꽂고[꼳꼬], 꽃다발[꼳따발], 낯설다[낟썰다], 밭갈이[받까리], 솥전[솓쩐]
ㅂ	곱돌[곱똘], 덮개[덥깨], 옆집[엽찝], 넓죽하다[넙쭈카다], 읊조리다[읍쪼리다] 값지다[갑찌다]

ⓛ 어간 말 자음 'ㄴ(ㄵ), ㅁ(ㄻ)' 뒤에서

위의 제24항은 용언 어간에만 적용되는 규정입니다. 체언의 경우에는 '신도[신도], 신과[신과]'라든가 '바람도[바람도], 바람과[바람과]' 등과 같이 된소리로 바꾸어 발음하지 않습니다.

받침	예시
ㄴ	신고[신ː꼬], 껴안다[껴안따], 앉고[안꼬], 없다[언따]
ㅁ	삼고[삼ː꼬], 더듬지[더듬찌], 닮고[담ː꼬], 젊지[점ː찌]

〈표준 발음법〉 제24항 '다만' 규정에 따라 '안기다, 감기다, 굶기다, 옮기다' 등과 같이 피동, 사동의 접미사 '-기-'는 된소리로 발음하지 않습니다. 하지만, 일종의 활용 형식인 용언의 명사형의 경우에는 '안기[안ː끼], 남기[남ː끼], 굶기[굼끼]'와 같이 된소리로 발음합니다.

ⓒ 어간 말 자음 'ㄼ, ㄾ' 뒤에서

제25항은 용언 어간에 한정되는 규정인데, 체언의 경우에는 '여덟도[여덜

도], 여덟과[여덜과], 여덟보다[여덜보다]'처럼 된소리로 발음되지 않기 때문입니다. 이 규정을 겹받침에 한정시킨 것은 홑받침 'ㄹ' 다음에서는 '알고, 알더니, 알지'와 같이 된소리로 발음되지 않기 때문입니다.

받침	예시
ㄼ	넓게[널께], 떫지[떨찌]
ㄾ	핥다[할따], 훑소[훌쏘]

㉣ 한자어 'ㄹ' 받침 뒤에서

위의 제26항은 한자어에서 받침 'ㄹ' 다음에 된소리로 발음되는 것을 규정한 것입니다. 그러나 '결과, 물건, 불복, 설계, 열기, 절기, 출고, 팔경, 활보' 등 된소리로 발음되지 않는 예들이 많습니다. 된소리로 발음되는 경우에는 사전에서 그 발음을 표시하여야 합니다.

받침	예시
ㄹ	갈등[갈뜽], 발동[발똥], 말살[말쌀], 일시[일씨], 갈증[갈쯩], 물질[물찔], 발전[발쩐]

〈표준 발음법〉 제26항 '다만' 규정에 따라 같은 한자가 겹쳐진 '허허실실[허허실실](虛虛實實) 절절-하다[절절하다](切切-)'와 같은 단어의 경우에는 된소리로 발음하지 않습니다.

ⓜ 관형사형 '-(으)ㄹ' 뒤에서

제27항 규정은 관형사형 '-ㄹ, -을' 다음에서는 'ㄱ, ㄷ, ㅂ, ㅅ, ㅈ'을 각각 예외 없이 된소리로 발음해야 한다는 것입니다. '-(으)ㄹ' 다음에 오는 것이 명사가 아니라 보조 용언일 경우에도 역시 그 다음 자음을 된소리로 발음합니다.

받침	예시
-(으)ㄹ	할 것을[할꺼슬], 갈 데가[갈떼가], 할 바를[할빠를], 할 수는[할쑤는]

〈표준 발음법〉 제27항 '붙임' 규정에 따라 '할걸[할껄], 할수록[할쑤록]' 등과 같이 '-(으)ㄹ'로 시작되는 어미의 경우에도 뒤에 연결되는 'ㄱ, ㄷ, ㅂ, ㅅ, ㅈ'은 된소리로 발음합니다.

【심화학습】

'간 사람[간사(ː)람]　가는 사람[가는사(ː)람]　가 사람[가던사(ː)람]' 등과 같이 관형사형 어미 '-(으)ㄴ, -는, -던' 등 'ㄴ' 받침을 가진 어미 뒤에서는 된소리로 발음하지 않습니다.

【심화학습】 '된소리되기'와 〈표준 발음법 제28항〉

다음의 경우는 〈표준발음법 제28항〉 된소리되기에서 다루고 있는데, 합성어에 해당되는 경우이기 때문에 사잇소리 현상에서도 다룹니다.

〈표준 발음법〉 제28항

제28항 표기상으로는 사이시옷이 없더라도, 관형격 기능을 지니는 사이시옷이 있어야 할(휴지가 성립되는) 합성어의 경우에는, 뒤 단어의 첫소리 'ㄱ, ㄷ, ㅂ, ㅅ, ㅈ'을 된소리로 발음한다.

제28항 규정은 '문-고리[문꼬리], 길-가[길까], 바람-결[바람껼], 등-불[등뿔]' 등처럼 표기상으로는 사이시옷이 드러나지 않더라도, 기능상 사이시옷이 있을 만한 합성어의 경우에 된소리로 발음되는 예들입니다.

【심화학습】 사이시옷

사이시옷은 15세기의 경우에 기본적으로는 관형격의 기능을 나타냈던 것이나, 현대 국어로 내려오면서 많은 변화를 겪어서 사이시옷에 의한 된소리의 실현도 일정치가 않습니다. '나뭇집(나무를 파는 집)'과 '나무집(나무로 만든 집)'은 그런대로 관형격의 기능을 보여 주지만, '돌집[돌:찝](돌로 지은 집)'은 관형격의 기능이 있을 수 없음에도 된소리로 발음합니다. 그리하여 사이시옷이 드러나지 않으면서 된소리로 발음되는

⑤ 모음 동화

모음 동화는 모음과 모음이 서로 닮게 되는 음운 변화입니다. 모음 동화가 일어나는 단어들 중 일부 예를 제외하고, 모음 동화에 대해서는 표기는 물론 발음까지도 표준어와 표준발음으로 인정하지 않습니다.

㉠ 전설 모음화('ㅣ'모음 역행동화)

전설 모음화는 앞 음절의 'ㅏ, ㅓ, ㅗ, ㅜ'가 뒤 음절의 전설 모음 'ㅣ'에 동화되어 전설 모음 'ㅐ, ㅔ ㅚ, ㅟ'로 변하는 현상입니다.

규칙	앞모음		뒤모음		앞모름		뒤모음
	ㅏ, ㅓ, ㅗ, ㅜ	+	ㅣ	→	ㅐ, ㅔ, ㅚ, ㅟ	+	ㅣ
예시							
아비→[애비], 어미→[에미], 고기→[괴기], 죽이다→[주기다]→[쥐기다]							

전설 모음화는 뒤에 오는 'ㅣ'모음 때문에 앞에 오는 모음이 변하기 때문에 역행 동화에 해당합니다. 그리하여 전설 모음화를 'ㅣ'모음 역행 동화라고도 합니다. 전설 모음화는 필수적으로 일어나는 현상이 아니라 발화자의 편의에 따라 수의적으로 발생하는 현상이므로 표준 발음으로 인정되지 않습니다.

【심화학습】모음 충돌에 대한 발음 규정

모음 충돌에 대한 〈표준 발음법〉 규정

제22항 다음과 같은 용언의 어미는 [어]로 발음함을 원칙으로 하되, [여]
로 발음함도 허용한다.

[붙임] '이오, 아니오'도 이에 준하여 [이요, 아니요]로 발음함을 허용
한다.

제22항 규정은 모음으로 끝난 용언 어간에 모음으로 시작된 어미가
결합될 때에 나타나는 모음 충돌에 대한 발음 규정입니다. '되+어→되
어'는 [되어]로, '피+어→피어'는 [피어]로 발음함이 원칙이지만, 때로 모
음 충돌을 피한 발음인 [되여]나 [피여]가 쓰이기도 하여 이를 현실적으
로 허용한다는 규정입니다. '이오[이오/이요], 아니오[아니오/아니요]'의
경우에도 마찬가지입니다.

ⓒ 모음 조화

모음 조화는 양성 모음은 양성 모음끼리 음성 모음은 음성 모음끼리 어울
리는 현상입니다. 두 음절 이상의 단어에서, 뒤의 모음이 앞 모음의 영향으
로 그와 가깝거나 같은 소리로 되는 언어 현상으로 'ㅏ', 'ㅗ' 따위의 양성

모음은 양성 모음끼리, 'ㅓ', 'ㅜ' 따위의 음성 모음은 음성 모음끼리 어울리는 현상입니다.

현대 국어에서 모음조화는 '(파랗다/퍼렇다), (되어, 놓아, 죽어, 고와), (사각사각/서걱서걱, 소곤소곤/수군수군, 종알종알/중얼중얼), (반들반들/번들번들, 알록달록/얼룩덜룩)'의 예에서 알 수 있듯이 대개 용언의 어간, 용언의 어미, 의성 부사, 의태 부사에서 나타납니다.

'고맙+어 〉 고마워(고마와(×)), 가깝+어 〉 가까워(가까와(×))' 등은 모음 조화가 지켜지지 않는 예들입니다.

모음 조화는 엄밀한 의미에서 모음 동화라고 하기는 어렵습니다. 앞서 언급된 동화 규칙들은 기본형이 전제되어 있고, 그 이후 다른 음운과 같거나 비슷한 성질을 띠는 것들입니다. 그런데, 이 모음 조화 현상을 보이는 예들은 처음부터 짝지어 만난 것이지 기본형이 주위 환경 때문에 동화되었다고 말할 수가 없다는 것입니다.

⑥ 이화 현상

이화 현상은 인접하는 두 음운이 서로 달라지려는 현상인데, 이 현상의 대표적인 것이 모음 조화 파괴 현상입니다.

모음 조화 파괴 현상은 표현 효과를 위해서 일부러 상이한 모음 계열을 택하는 현상입니다. 대개 모음 조화 파괴는 공시적 현상에서보다는 통시적 현상에서 나타납니다. '남아→[나머], 작아→[자거], 소곰→[소금], 처섬→처

4. 음운의 변동

엄→[처음]'의 예에서 알 수 있듯이 모음 조화 파괴는 규칙적이기보다는 불규칙적으로 나타나기 때문에 '규칙'이라고 말하기도 어렵습니다.

(2) 탈락

① 자음군 단순화

자음군 단순화는 음절 말의 두 자음 중 하나가 탈락하고 하나만 소리 나는 현상입니다. 두 자음 중 하나가 탈락할 때, 앞엣것이 탈락(넓죽하다[넙쭈카다], 넓둥글다[넙뚱글다])하기도 하고, 뒤엣것이 탈락(넋[넉], 넋과[넉꽈], 앉다[안따], 여덟[여덜], 핥다[할따])하기도 합니다.

> **'자음군 단순화'와 관련된 〈표준 발음법〉 규정**
>
> **제10항** 겹받침 'ㄳ', 'ㄵ', 'ㄼ, ㄽ, ㄾ', 'ㅄ'은 어말 또는 자음 앞에서 각각 [ㄱ, ㄴ, ㄹ, ㅂ]으로 발음한다.
>
> 다만, '밟-'은 자음 앞에서 [밥]으로 발음하고, '넓-'은 다음과 같은 경우(파생어나 합성어)에 [넙]으로 발음한다.
>
> 넓죽하다[넙쭈카다], 넓둥글다[넙뚱글다]
>
> **제11항** 겹받침 'ㄺ, ㄻ, ㄿ'은 어말 또는 자음 앞에서 각각 [ㄱ, ㅁ, ㅂ]으로 발음한다.
>
> 다만, 용언의 어간 말음 'ㄺ'은 'ㄱ' 앞에서 [ㄹ]로 발음한다.

② 자음탈락

자음탈락은 둘 이상의 형태소가 서로 만날 때에 하나의 음운이 없어지는 현상입니다.

㉠ 'ㄹ' 탈락

'ㄹ' 탈락은 실질 형태소의 끝소리 'ㄹ'이 'ㄴ, ㄷ, ㅅ, ㅈ' 등의 자음 앞에서 탈락하는 현상입니다.

4. 음운의 변동

합성과 파생 과정에서 '다달이(달-달-이), 따님(딸-님), 우짖다(울-짖다), 화살(활-살)'처럼 'ㄹ'이 'ㄴ, ㄷ, ㅅ, ㅈ' 앞에서 탈락합니다. 합성어나 파생어가 만들어질 때 'ㄹ'이 탈락하는 경우에는 탈락한 발음을 표준어로 삼습니다. 'ㄹ' 탈락은 '활시위(활-시위)', '돌도끼(돌-도끼)'와 같이 동일한 환경에서 'ㄹ' 탈락이 일어나지 않는 경우가 많아 규칙화하기 어렵습니다.

활용 과정에서 '갈다: 가니 / 간 / 갑니다 / 가시다 / 가오 등, 둥글다: 둥그니 / 둥근 / 둥급니다 / 둥그시다 / 둥그오 등'처럼 용언 어간의 끝소리 'ㄹ'이 'ㄴ, ㄹ, ㅂ, ㅅ'로 시작하는 어미와 연결될 때 탈락합니다.

   ⓛ 'ㅎ' 탈락

'ㅎ' 탈락은 '낳은[나은], 놓아[노아], 쌓이다[싸이다] 등'처럼 'ㅎ'을 끝소리로 가지는 어간이 모음으로 시작하는 어미나 접미사 앞에서 'ㅎ'이 탈락하는 현상입니다.

   ③ 모음탈락

모음탈락은 둘 이상의 음절이 서로 만날 때 하나의 음절이 없어지는 현상입니다.

   ㉠ 'ㅡ' 탈락

'ㅡ' 탈락은 '뜨- + -어 → 떠, 잠그- + -아 → 잠가, 담그- + -아서 →

담가서, 쓰- + -어라 → 써라'처럼 '_'로 끝나는 어간이 모음 'ㅏ/ㅓ'로 시작하는 어미와 결합할 때 '_'가 탈락하는 현상입니다. 자음으로 시작하는 어미가 붙으면 '_'는 탈락하지 않습니다.

'_' 탈락 용언은 어간이 '_'로 끝나는 용언인데, 어간이 '_'로 끝나는 용언이라 하여 모두 '_' 탈락은 아닙니다. '_' 탈락 용언은 어간 말음 '_'가 모음으로 연결된 연결어미 '-아-/-어-'와 과거시제 선어말어미 '-았-/-었-' 앞에서 규칙적으로 탈락합니다. 어간의 '_'가 탈락하는 것은 규칙적인 변화이기 때문에 '불규칙'이라고 하지 않습니다.

ⓒ 'ㅏ/ㅓ' 탈락(동음 탈락)

'ㅏ/ㅓ' 탈락은 '가- + -아 → 가, 삼가- + -아 → 삼가, 건너- + -었- + -다 → 건넜다'처럼 'ㅏ/ㅓ'로 끝나는 어간이 모음 'ㅏ/ㅓ'로 시작하는 어미와 결합할 때 'ㅏ/ㅓ'가 탈락하는 현상입니다.

⑶ 첨가

첨가는 표현 명료화의 원리에 따라 일어나는 음운 변동 현상입니다. 첨가
에는 'ㄴ' 첨가, 사잇소리 현상으로서의 'ㄴ' 첨가, 반모음 첨가가 있습니다.

① 'ㄴ' 첨가

'ㄴ' 첨가는 합성어 및 파생어에서 자음으로 끝나는 형태소 뒤에 단모음
'ㅣ'나 반모음 'ㅣ'로 시작하는 형태소가 올 때 'ㄴ'이 첨가되는 현상입니다.

'ㄴ' 첨가와 관련된 〈표준 발음법〉 규정

제29항 합성어 및 파생어에서, 앞 단어나 접두사의 끝이 자음이고 뒤
단어나 접미사의 첫 음절이 '이, 야, 여, 요, 유'인 경우에는, 'ㄴ'소리
를 첨가하여 [니, 냐, 녀, 뇨, 뉴]로 발음한다.
다만, 다음과 같은 말들은 'ㄴ' 음을 첨가하여 발음하되, 표기대로 발
음할 수 있다.

이죽-이죽[이중니죽/이주기죽]
야금-야금[야금냐금/야그먀금]
검열[검ː녈/거ː멸]
욜랑-욜랑[욜랑놀랑/욜랑욜랑]
금융[금늉/그뮹]

[붙임 1] 'ㄹ' 받침 뒤에 첨가되는 'ㄴ' 음은 [ㄹ]로 발음한다.
들-일→[들ː릴],   솔-잎→[솔립],   설-익다→[설릭따]

[붙임 2] 두 단어를 이어서 한 마디로 발음하는 경우에도 이에 준한다.

한 일→[한닐],   옷 입다→[온닙따],   서른 여섯→[서른녀섣]

다만, 다음과 같은 단어에서는 'ㄴ(ㄹ)' 음을 첨가하여 발음하지 않는다.

6·25→[유기오],   3·1절→[사밀쩔]

규칙	앞 단어, 접두사의 끝		뒤 단어, 접미사의 첫 음절		앞 단어, 접두사의 끝		뒤 단어, 접미사의 첫 음절
규칙	자음	+	이 야 여 요 유	→	자음	+	니 냐 녀 뇨 뉴

예시
솜-이불→[솜니불] 내복-약→[내:봉냑] 한-여름→[한녀름] 담-요→[담:뇨] 식용-유→[시공뉴]

한자어, 합성어 및 접두 파생어에서 앞 단어나 접두사가 자음으로 끝나고 뒤 단어의 첫 음절이 '이, 야, 여, 요, 유'인 경우에 'ㄴ'을 첨가시켜 발음합니다. 앞 요소의 받침은 첨가된 'ㄴ' 때문에 비음으로 발음됩니다.

② 사잇소리 현상으로서의 'ㄴ' 첨가

사잇소리 현상은 두 개의 형태소 또는 단어가 어울려 합성 명사를 이룰 때, 그 사이에 사잇소리를 삽입시키는(소리가 덧나는) 현상입니다. 사잇소리 현상은 반드시 **합성 명사**에서 나타나며, 사이시옷 표기와 관련됩니다.

앞말의 끝소리가 울림소리이고 뒷말의 첫소리가 안울림 예사소리이면 뒤의 예사소리가 된소리로 변하는 현상은 첨가가 아니라 교체입니다.(된소리되기 참조)

앞말이 모음으로 끝나고 뒷말이 'ㅁ, ㄴ'으로 시작되면 앞말의 끝소리에 'ㄴ' 소리가 하나 덧나는 현상과 앞말이 모음으로 끝나고 뒷말이 모음 'ㅣ'나 반모음 'ㅣ'로 시작되면 앞말의 끝소리와 뒷말의 첫소리에 'ㄴ'이 둘 덧나는 현상도 사잇소리 현상에 해당합니다.

사잇소리 현상은 결정적 변동이 아니라, 수의적 변동에 해당하므로, '규칙'이 아니라 '현상'이라고 부릅니다.

제30항 사이시옷이 붙은 단어는 다음과 같이 발음한다.

1. 'ㄱ, ㄷ, ㅂ, ㅅ, ㅈ'으로 시작하는 단어 앞에 사이시옷이 올 때는 이들 자음만을 된소리로 발음하는 것을 원칙으로 하되, 사이시옷을 [ㄷ]으로 발음하는 것도 허용한다.

   예 냇가[내ː까/낻ː까], 콧등[코뜽/콛뜽], 대팻밥[대ː패빱/대ː팯빱], 햇살[해쌀/핻쌀], 뱃전[배쩐/밷쩐]

2. 사이시옷 뒤에 'ㄴ, ㅁ'이 결합되는 경우에는 [ㄴ]으로 발음한다.

   예 콧날[콛날→콘날], 뱃머리[밷머리→밴머리]

3. 사이시옷 뒤에 '이' 음이 결합되는 경우에는 [ㄴㄴ]으로 발음한다.

   예 깻잎[깯닙→깬닙], 나뭇잎[나묻닙→나문닙]

제30항 사이시옷은 다음과 같은 경우에 받치어 적는다.

1. 순 우리말로 된 합성어로서 앞말이 모음으로 끝난 경우

(1) 뒷말의 첫소리가 된소리로 나는 것

   나룻배→[나루빼/나룯빼], 나뭇가지→[나무까지/나묻까지]

(2) 뒷말의 첫소리 'ㄴ, ㅁ' 앞에서 'ㄴ' 소리가 덧나는 것

   멧나물→[멘나물], 아랫니→[아랜니]

(3) 뒷말의 첫소리 모음 앞에서 'ㄴㄴ' 소리가 덧나는 것

   도리깻열→[도리깬녈], 뒷윷→[뒨눝], 두렛일→[두렌닐]

2. 순 우리말과 한자어로 된 합성어로서 앞말이 모음으로 끝난 경우

(1) 뒷말의 첫소리가 된소리로 나는 것

4. 음운의 변동

        귓병, 머릿방, 뱃병, 봇둑, 사잣밥

  (2) 뒷말의 첫소리 'ㄴ, ㅁ' 앞에서 'ㄴ' 소리가 덧나는 것

        곗날, 제삿날, 훗날, 툇마루, 양칫물

  (3) 뒷말의 첫소리 모음 앞에서 'ㄴㄴ' 소리가 덧나는 것

        가욋일, 사삿일, 예삿일, 훗일

  3. 두 음절로 된 다음 한자어

    곳간(庫間), 셋방(貰房), 숫자(數字), 찻간(車間), 툇간(退間), 횟수(回數)

【심화학습】 '사잇소리 규칙'이 아니라 '사잇소리 현상'인 이유

    사잇소리 현상은 동화나 구개음화, 축약, 탈락 등과는 달리 '표현 효과
의 확대' 때문에 일어난 것으로 볼 수 있습니다. 따라서 같은 조건인데도
사잇소리 현상이 나타나기도 하고 그렇지 않기도 한 예가 많아, 이에 대
한 뚜렷한 규칙을 세우기란 쉽지 않습니다.

  ③ 반모음 첨가

  반모음 첨가는 주로 모음으로 끝나는 용언 어간 뒤에 '-아/-어'로 시작하
는 어미가 결합할 때 반모음 'ㅣ' 또는 'ㅗ/ㅜ'가 덧붙는 현상입니다. '피어도
→ [피여도], 좋아도 → [조와도]'와 같은 반모음 첨가는 표준발음으로 인정되
지 않는 수의적 발음 현상입니다.

(4) 축약

① 자음축약(거센소리되기)

자음축약(거센소리되기)은 두 형태소가 서로 만날 때에 앞뒤 두 음운이 합쳐져서 하나의 음운이 되는 현상입니다. 'ㅂ, ㄷ, ㅈ, ㄱ'이 인접한 음운 'ㅎ'과 서로 만나면 거센소리인 'ㅍ, ㅌ, ㅊ, ㅋ'이 됩니다.

규칙	받침		뒤 자음		합쳐진 음운		예시
	ㅂ				ㅍ		잡히다→[자피다]
	ㄷ	+	ㅎ	→	ㅌ	+	많다→[만타]
	ㅈ				ㅊ		좋고→[조코]
	ㄱ				ㅋ		먹히다→[머키다]

② 모음축약

모음축약은 두 형태소가 서로 만날 때에 앞뒤 형태소의 두 음절이 한 음절로 줄어드는 현상입니다.

규칙	두 음절		한 음절
	아이[ai]	→	애[æ]

4. 음운의 변동

〈한글 맞춤법〉 제38항

제38항 'ㅏ, ㅗ, ㅜ, ㅡ' 뒤에 '-이어'가 어울려 줄어질 적에는 준 대로 적는다.

(본말)	(준말)	(본말)	(준말)
싸이어	쌔어 싸여	뜨이어	띄어
보이어	뵈어 보여	쓰이어	씌어 쓰여
쏘이어	쐬어 쏘여	트이어	틔어 트여
누이어	뉘어 누여		

어간 끝 모음 'ㅏ,ㅗ,ㅜ,ㅡ' 뒤에 '-이어'가 결합할 때 '이'가 앞(어간) 음절에 올라붙으면서 줄어들거나 뒤(어미) 음절에 내리 이어지면서 줄어들게 됩니다. 다만, '띄어쓰기, 띄어 쓰다, 띄어 놓다' 따위는 관용상 '뜨여 쓰기, 뜨여 쓰다, 뜨여 놓다' 같은 형태가 사용되지 않습니다.

'가시어→가셔'는 축약인가? 교체인가?

반모음은 발음할 때 공기의 흐름이 방해를 받지 않는다는 점에서는 모음과 비슷하고, 홀로 발음될 수 없다는 점에서는 자음과 비슷합니다. 이처럼 모음과 자음의 중간적인 위치를 지닌다고 해서 반모음이라고 부릅니다.

　문제는 '가시어→가셔', '쏘아→쏴'와 같이 한 음절을 줄여서 발음하는 현상을 어떻게 볼 것인가 하는 데 있습니다. 대부분의 문법 교과서들에서는 이 현상에 대해 모음이 '축약'되는 현상이라고 기술을 합니다. 축약은 두 음운이 합쳐져 하나의 음운이 되는 현상입니다. 그런데 '가시어→가셔', '쏘아→쏴'를 실제 발음해 모습을 보면 [gasiə]가 [gasyə]가 되었고, [soa]가 [swa]가 되었다는 것을 알 수 있습니다. 축약이 일어났다면 음운 개수가 줄어야 정상인데, 'i'가 'y'로, 'o'가 'w'로 교체되는 현상만 일어났을 뿐 음운 개수는 같습니다.

　현행 고등학교 문법 교과서들에서는 모두 반모음을 자음, 모음과 같은 음운으로 설정을 하고 있습니다. 반모음을 음운으로 인정한다면 '가시어→가셔'가 되는 것은 음운 개수는 그대로이므로 축약이라고 하기는 어렵습니다. 그럼에도 'i'가 'y'로, 'o'가 'w'로 교체되는 것을 음운의 축약으로 기술하는 모순을 보이고 있습니다.

　한 음절에는 반드시 모음이 있어야 하므로 모음의 수가 줄면 자동적으로 음절의 수도 줄어들게 됩니다. 모음의 수가 줄어드는 방식은 ⓐ'가아서[gaasə]→가서[gasə]'가 되는 것처럼 모음 하나가 탈락되는 경우, ⓑ '아이[ai]→애[æ]'처럼 하나의 음운으로 축약되는 경우, 그리고 ⓒ앞에서 설명한 반모음으로 교체되는 경우로 설명할 수 있습니다.

표현 명료화의 원리	경제성의 원리
• 뜻을 좀 더 분명하게 전달하려는 원리 • 경음화, 'ㄴ' 첨가	• 발음을 쉽고 빠르게 하기 위한 원리 • 동화, 축약, 탈락

표준 발음법과 음운의 변동

표준 발음법은 음운과 음운이 결합하는 과정에서 변화가 일어날 수 있음을 알고 이러한 경우에 어떻게 발음해야 하는지를 규정해 놓은 것입니다. 따라서 표준 발음법에 맞는 정확한 발음을 하려면 국어의 음운 변동에 대한 이해가 바탕이 되어야 합니다

음운의 변동	표준 발음법 조항	음운의 변동	표준 발음법 조항
음절의 끝소리규칙	제8~16항	된소리되기	제12항
비음화, 유음화	제18~20항	축약과 탈락	제23~28, 30항
구개음화	제17항	음의 첨가	제29~30항

제3강
형태론(단어)

1. 단어의 짜임

(1) 형태소

① 형태소의 뜻

형태소는 뜻을 가진 가장 작은 말의 단위이며 일정한 뜻을 가지고 있으면서 더 이상 나눌 수 없는 말의 단위입니다.

'그 꽃이 매우 예쁘다.'라는 문장은 '그', '꽃', '이', '매우', '예쁘-', '-다'와 같이 분석할 수 있는데 이때 '그', '꽃', '이', '매우', '예쁘-', '-다' 각각은 일정한 의미를 가지는 가장 작은 말의 단위로서 형태소에 해당합니다.

그 꽃이 매우 예쁘다.					
그	꽃	이	매우	예쁘-	-다
관형사	명사	조사	부사	형용사 어간	종결어미

【핵심체크】 한자어의 형태소 구분

한자어의 경우는 각각의 한자가 독립된 의미를 가지고 있으므로 이들을 하나의 형태소로 처리합니다. 예를 들어, '동요(童謠)를 부르다.'라는 문장에서 '동요'는 한자어이므로 '동(童)'과 '요(謠)'가 각각 하나의 형태소입니다.

음운론적 이형태	형태론적 이형태

앞, 뒤의 음운 환경에 따라 그 이형태가 결정되는 유형
예 자음+'이' / 모음+'가'
  자음+'을' / 모음+'를'
	하나의 형태소가 다른 환경에서 다른 모습을 띠는 변이 형태
	예 먹었다 / 하였다
	  먹어라 / 오너라

이형태는 하나의 형태소이지만, 다른 형태를 가진 형태소입니다. 이형태에는 음운론적 이형태와 형태론적 이형태가 있는데, 형태론적 이형태는 음운론적으로 설명될 수 없는 것들입니다.

② 형태소의 종류

형태소는 자립성의 유무에 따라 '그', '꽃', '매우'와 같이 혼자 쓰일 수 있는 **자립 형태소**와 '이', '예쁘-', '-다'처럼 혼자 쓰일 수 없는 **의존 형태소**(반드시 다른 말에 기대어 쓰이는 형태소)로 나뉘고, 의미의 유형에 따라 '그', '꽃', '매우', '예쁘-'처럼 구체적인 대상이나 상태를 나타내는 실질적인 의미를 지닌 **실질 형태소**와 '이', '-다'와 같이 형식적인 의미, 즉 문법적인 의미만을 나타내는 **형식 형태소**로 나뉩니다.

【핵심체크】 접사 ➡ 형식 형태소

접사는 일반적으로 문법적 의미를 가지고 있다고 봅니다.. 접사는 단독으로 쓰이지 아니하고 항상 다른 어근(語根)이나 단어에 붙어 새로운 단어를 구성하는 부분으로 보조적 역할을 합니다. 따라서 접사는 문법적 의미를 가지고 있는 형식 형태소로 봅니다.

(2) 단어

　단어는 자립할 수 있는 말이나 자립할 수 있는 형태소에 붙어서 쉽게 분리할 수 있는 말들로 최소 자립 단위로서 혼자서 쓰일 수 있는 말입니다. '집(명사), 우리(대명사), 하나(수사), 어느(관형사), 아주(부사)' 등과 같은 자립 형태소는 그대로 하나의 단어가 됩니다.

　하지만 의존 형태소는 서로 어울려야 (비로소 자립할 수 있으므로) 하나의 단어가 됩니다. '가- + -다 → 가다'에서 '가-'와 '-다'는 의존 형태소이므로 단어가 될 수 없고, 서로 어울린 형태인 '가다'가 하나의 단어가 됩니다.

【심화학습】 조사의 단어 인정 여부에 대한 두 가지 입장

조사를 단어로 인정할 수 있다는 입장	조사를 단어로 인정할 수 없다는 입장
단어의 정의에 따르면, 조사는 '자립할 수 있는 형태소에 붙어서 쉽게 분리될 수 있는 말'에 해당합니다. 조사 자체는 자립성이 없지만, 준자립 형식으로 어느 정도 분리성이 인정되므로 단어로 간주할 수 있습니다.	단어에 비해 조사는 자립성이 없습니다. 체언이 자립 형식이기 때문에 조사도 자립성을 가질 수 있다고 하는 이론은 성립되지 않습니다. 또한 조사는 어미의 경우처럼 문법적 관계를 표시할 뿐 실질적 의미를 지니지 못하므로 단어로 인정하기 어렵습니다.

제3장 형태론(단어)

(3) 단어의 형성

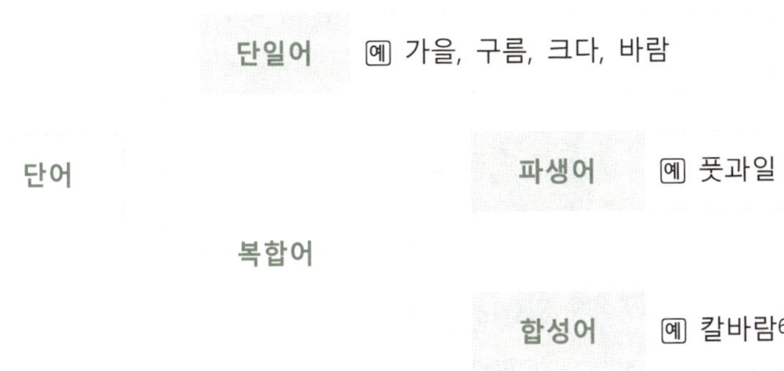

<단어의 분류>

① 단일어

단일어는 하나의 어근[7]으로 이루어져 있으며 더 쪼개면 뜻을 알 수 없게 되거나 뜻이 달라지는 단어입니다. 예를 들어 '자국'은 '자'와 '국'으로 나누면 각각 원래의 뜻이 사라지게 되기 때문에 단일어에 해당합니다.

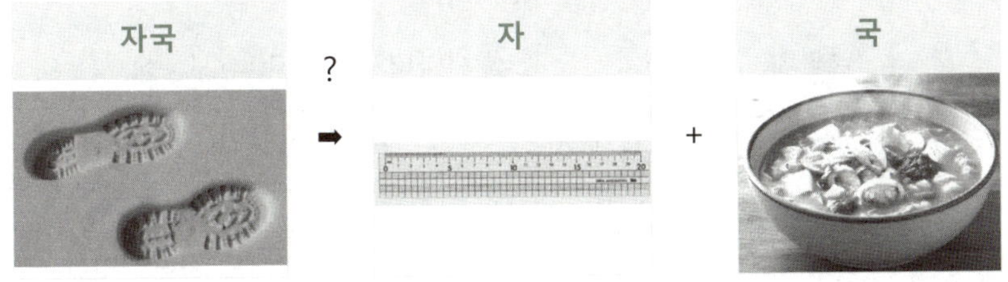

---

6) 칼바람: 「1」몹시 매섭고 독한 바람. / 「2」아주 혹독한 박해를 비유적으로 이르는 말.
7) 어근: 단어에서 실질적인 의미를 나타내며 변하지 않는 부분. '접사'와 짝을 이룸. 조사를 제외한 모든 품사

1. 단어의 짜임

② 복합어

복합어는 둘 이상의 어근이나, 어근과 파생 접사로 이루어진 단어로 파생어와 합성어가 여기에 해당합니다.

㉠ 파생어

파생어는 어근의 앞이나 뒤에 파생 접사가 붙어서 만들어진 단어로 접두파생어와 접미 파생어가 있습니다.

접두 파생어는 접사가 어근 '앞'에 붙어서 이루어진 단어입니다. 어근의 앞에 붙는 파생 접사인 접두사는 뜻을 한정하는 의미적 기능을 하는데 일반적으로 어근의 품사를 바꿀 수 없습니다.

접두사	의미/기능	접두 파생어
군-	'쓸데없는', '가외로 더한'	군것/군말/군살/군침/군불/군사람/군식구
돌-	'품질이 떨어지는', '야생의'	돌배/돌미역/돌조개.
홀-	'짝이 없이 혼자뿐인'	홀몸/홀시아버지/홀시어머니/홀아비/홀어미
시-	'남편의'	시아버지/시어머니/시동생/시누이
양-	'서양의', '외국에서 들어온'	양변기/양약/양송이/양담배/양배추/양말
헛-	'이유 없는', '보람 없는', '잘못'	헛기침/헛수고/헛돌다/헛디디다
맨-	'다른 것이 없는'	맨발/맨손/맨땅/맨주먹/맨입
풋-	㉠ '처음 나온', 또는 '덜 익은' ㉡ '미숙한', '깊지 않은'	풋감/풋고추/풋과실/풋김치/풋나물/풋콩 풋사랑/풋잠/*풋내기

제3장 형태론(단어)

접미 파생어는 접사가 어근 '뒤'에 붙어서 이루어진 단어입니다. 어근의 뒤에 붙는 파생 접사인 접미사는 뜻을 더하는 의미적 기능을 하며, 접두사와 달리 일반적으로 어근의 품사를 바꾸기도 합니다.

접미사	의미/기능	접미 파생어
-(으)ㅁ	명사를 만드는 접미사	걸음/믿음/싸움/기쁨/슬픔/꿈/삶/앎
-거리-	'동작이 반복적으로 이루어짐'	꿈틀거리다/머뭇거리다/반짝거리다
-롭-	'어근의 속성이 풍부한 상태'	평화롭다/자유롭다/신비롭다/풍요롭다
-이	㉠ 명사를 만드는 접미사 ㉡ '사람', '사물', '일'의 뜻을 더함	길이/높이/먹이/벌이/많이 때밀이/젖먹이/재떨이/옷걸이/목걸이
-기	명사를 만드는 접미사	굵기/달리기/모내기/줄넘기/크기
-개	㉠ '그러한 행위를 하는 간단한 도구' ㉡ '그러한 행위를 특성으로 지닌 사람'	날개/덮개/지우개 오줌싸개/코흘리개
-이	부사성 어근 + 명사화 접미사	개구리/매미/기러기/뜸부기/부엉이
-하다	㉠ 동사를 만드는 접미사 ㉡ 형용사를 만드는 접미사	공부하다/생각하다/사랑하다/빨래하다 건강하다/순수하다/정직하다/행복하다

파생 접사	굴절 접사
· 파생 접사는 단어를 파생하는 접사로서, 일반적으로 어근에 붙어 새로운 단어를 만들어 냅니다. · 접미사가 결합된 '먹이'는 명사로 품사가 바뀝니다. · 파생어를 만드는 것은 파생 접사입니다.	· 굴절 접사는 일반적으로 용언의 어간 뒤에 붙는 어미를 말합니다. · 어미가 결합된 '먹고'는 여전히 동사임.('먹다'의 '-다' 또한 굴절 접사입니다.) · 용언을 활용하게 만드는 것은 굴절 접사입니다.

ⓛ 합성어

합성어는 접사 없이 둘 이상의 어근이 결합하여 이루어진 단어입니다. 합성어는 어근과 어근의 연결 방식에 따라 통사적 합성어와 비통사적 합성어로 나뉘고, 어근과 어근의 의미 관계에 따라 병렬 합성어, 종속 합성어, 융합 합성어로 나뉩니다.

통사적 합성어는 우리말의 일반적인 어순이나 단어 배열법과 일치하는 합성어로 두 어근 또는 단어가 연결된 방식이 문장에서의 구나 어절의 구성방식과 일치하는 합성어를 말합니다.

예시	분석	구성
작은집	작은(용언의 관형사형) + 집(명사) → 작은집(명사)	관형어 + 체언
들어가다	들-(어간) + -어(어미) + 가-(어간) + -다(어미) → 들어가다(동사)	어간+어미(연결어미)+어간+어미
새해	새(관형사) + 해(명사) → 새해(명사)	관형사 + 체언
밤낮	밤(명사) + 낮(명사) → 밤낮(부사)	명사 + 명사
멍들다	멍(명사) + 들다(동사) → 멍들다(동사)	주어 + 서술어
힘쓰다	힘(명사) + 쓰다(동사) → 힘쓰다(동사)	목적어 + 서술어
잘되다	잘(부사) + 되다(동사) → 잘되다(동사)	부사 + 용언
배부르다	배(명사) + 부르다(형용사) → 배부르다(형용사)	주어 + 서술어
다시없다	다시(부사) + 없다(형용사) → 다시없다(형용사)	부사 + 용언
송이송이	송이(명사) + 송이(명사) → 송이송이(부사)	명사 + 명사
퐁당퐁당	퐁당(부사) + 퐁당(부사) → 퐁당퐁당(부사)	부사 + 부사
고서(古書)	고(형용사, 오래된) + 서(명사, 책) → 고서(명사)	수식어 + 피수식어

비통사적 합성어는 통사적 합성어와는 달리 우리말의 일반적인 어순이나 단어 배열법에서 벗어난 합성어를 말합니다.

예시	분석	구성
늦더위	늦-(용언의 어간) + 더위(명사)	어간 + 체언
꺽쇠	꺽-(용언의 어간) + 쇠(명사)	어간 + 체언
검붉다	검-(어간)+붉-(어간) + -다(어미)	어간 + 어간 + 어미
높푸르다	높-(어간) + 푸르-(어간) + -다(어미)	어간 + 어간 + 어미
굶주리다	굶-(어간) + 주리-(어간) + -다(어미)	어간 + 어간 + 어미
산들바람	산들(부사) + 바람(명사)	부사 + 체언
독서(讀書)	독(동사, 읽다) + 서(명사, 책)	서술어 + 목적어
등산(登山)	등(동사, 오르다) + 산(명사, 산)	서술어 + 목적어

병렬 합성어는 '흑백, 남녀, 안팎, 화살, 여닫다'와 같이 앞뒤 어근의 의미가 대등하게 결합한 합성어이고, 종속 합성어는 '꽃병, 종이컵, 밤나무, 고무신'처럼 앞 어근의 의미가 뒤 어근에 종속되어 나타나는 합성어입니다. 그리고 융합 합성어는 '춘추(연세), 돌아가다(죽다)'처럼 어근과 어근이 결합하여 제3의 의미를 생성하는 합성어입니다.

예시	결합 구조	결합 결과
병렬 합성어	A+B일때	A이고 B이다가 성립(A와 B의 본래 뜻을 유지)
종속 합성어	A+B일때	A의 B가 성립(A가 B를 수식)
융합 합성어	A+B일때	C(A,B의 의미와 다른 의미(C)를 가짐. A와 B의 본래 뜻 상실)

【핵심체크】 합성어와 구(句)의 구별

두 어근이 결합할 때 의미 변화의 유무	두 어근 사이에 다른 성분이 들어갈 수 있는지의 여부
• 의미 변화가 있으면 합성어 - 큰집(맏집, 종가를 이르는 말) → 붙여서 써야 함. • 의미 변화가 없으면 구(句) - 큰 집(크기가 큰 집) → 띄어서 써야 함.	• 다른 성분이 들어갈 수 있으면 구(句) - 큰 우리 집(○) • 다른 성분이 들어갈 수 없으면 합성어 - 큰 우리 집(×)

제3장 형태론(단어)

⑷ 새말의 형성

새말은 새로운 사물이나 개념을 표현하기 위해 새로 만들어 사용하는 말입니다. 새말의 형성 과정은 새로운 사물이 들어오거나 새로운 개념이 생길 경우와 국어 순화의 결과로 만들어지는 경우가 있습니다.

먼저 새로운 사물이 들어오거나 새로운 개념이 생길 경우는 '텔레비전, 인터넷, 인터체인지' 등과 같이 외국말을 그대로 빌려서 쓰는 경우와 '실버산업8)'처럼 차용한 외국말과 기존 우리말의 단어를 결합하여 쓰는 경우입니다. 그리고 '외벌이'처럼 우리말의 기존 단어를 활용하는 경우가 이에 해당합니다.

다음으로 국어 순화의 결과로 만들어지는 경우는 '노견(路肩) → 갓길'처럼 기존에 사용되던 한자어를 고유어로 순화한 경우와 '홈페이지 → 누리집, 이모티콘 → 그림말, 이북 → 전자책, 스타일리스트 → 맵시가꿈이'와 같이 차용된 외국말을 순화하여 같은 의미의 새말을 만든 경우입니다.

새말의 형성 방식은 '꿀피부(꿀 + 피부), 꽃미남(꽃 + 미남)'처럼 둘 이상의 어근을 결합하는 방식과 '대인배(대인 + -배), 몸치(몸 + -치)'와 같이 어근과 파생 접사를 결합하는 방식이 있습니다. 그리고 '심쿵(심장이 쿵), 강추(강력 추천), 개취(개인의 취향)'와 같이 단어들의 머리글자를 결합하는 방식과 '네티켓(네트워크 + 에티켓), 쫄볶이(쫄면 + 떡볶이)'처럼 단어의 일부를 결합하는 방식이 있습니다.

어종에 따른 새말의 유형에는 고유어(외벌이), 한자어(강추(強推)), 외래어(네티즌(netizen)), 혼종어(셀카족)가 있습니다.

---

8) silver産業, 노인을 상대로 노인을 위한 상품을 제조·판매하거나 의료·복지 시설을 세우는 따위의 산업

2. 품사

(1) 품사의 개념과 분류

① 품사의 개념

품사는 성질이 비슷한 단어들을 모아서 형태, 기능, 의미 등의 기준에 따라 나눈 갈래입니다.

② 품사의 분류

품사는 형태에 따라 불변어와 가변어로 나뉩니다. 불변어는 활용을 하지 않아 형태가 변하지 않는 말이고 가변어는 활용을 하여 형태가 변하는 말입니다.

【핵심체크】

조사는 불변어에 속하지만, 조사 중 예외적으로 서술격 조사 '이다'는 활용을 하므로 가변어에 속합니다.

품사는 형태에 따라 체언, 용언, 수식언, 관계언, 독립언으로 나뉩니다. 체언은 문장에서 주어 따위의 기능을 하는 말이고, 용언은 문장에서 서술어의 기능을 하는 말이며, 수식언은 뒤에 오는 말을 수식하거나 한정하기 위하여 첨가하는 말이고, 관계언은 문장에 쓰인 단어들의 관계를 나타내는 기능을 하는 말입니다. 그리고 독립언은 독립적으로 쓰이는 말입니다.

체언, 수식언, 관계언, 독립언은 활용을 하지 않아 형태가 변하지 않는 불변어에 속하고, 용언과 서술격 조사 '이다'는 활용을 하여 형태가 변하는 가변어에 속합니다.

　품사는 의미에 따라 명사, 대명사, 수사, 동사, 형용사, 관형사, 부사, 감탄사, 조사로 나뉩니다. 명사, 대명사, 수사는 체언에 속하고, 동사, 형용사는 용언에 속하며, 관형사, 부사는 수식언에 속하고, 감탄사는 독립언에 속합니다. 그리고 조사는 관계언에 속합니다.

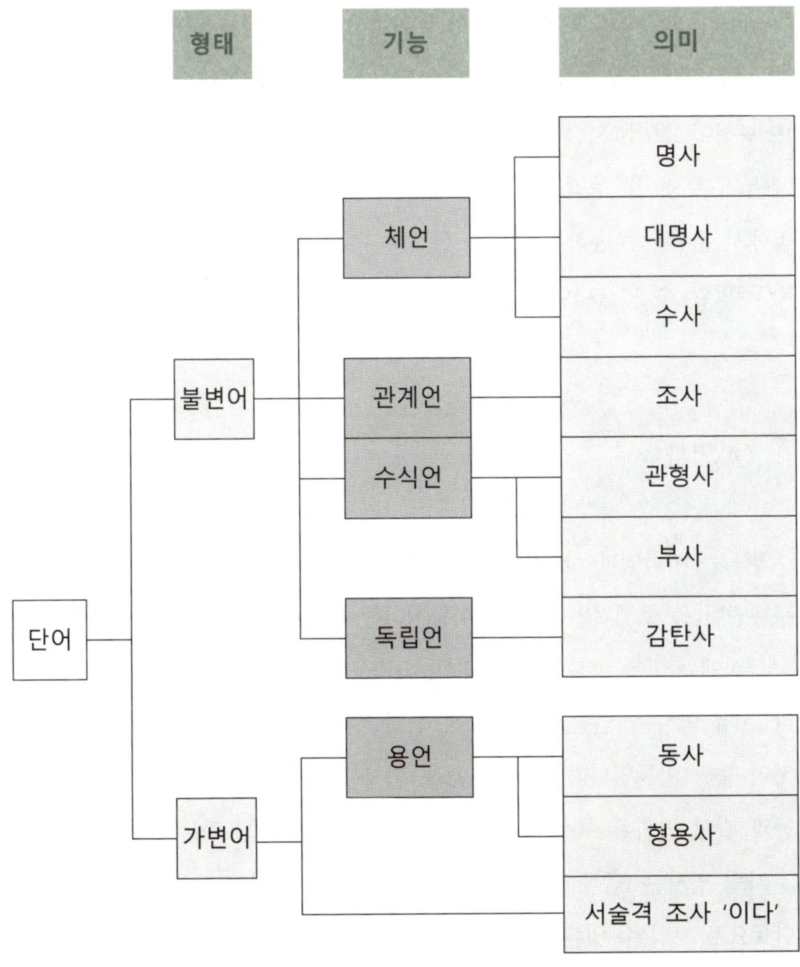

〈품사의 분류〉

⑵ 품사의 종류와 특성

  ① 체언

  체언은 문장에서 사용될 때 그 형태가 변하지 않는 불변어로 명사, 대명사, 수사가 여기에 속합니다. 체언은 문장에서 주로 주어가 되는 자리에 오며 목적어, 보어, 서술어 등의 자리에도 오며, 문장에서 동작이나 상태의 주체(누가/무엇이), 동작의 대상(누구를/무엇을)을 나타내거나, '되다/아니다' 앞에서 문장을 보충하는 역할을 합니다. 주로 관형사의 꾸밈을 받으며 조사와 결합할 수 있습니다.

  ㉠ 명사

  명사는 사람이나 사물의 이름을 나타내는 품사로 체언 중 가장 일반적인 부류입니다. 구체적인 대상의 이름이라는 점에서 다른 체언과 구별됩니다.
  명사에는 고유 명사와 보통 명사, 그리고 자립 명사와 의존 명사가 있습니다. 고유 명사는 '인명, 지명, 상호' 등과 같이 특정 대상을 다른 개체와 구별하여 붙인 이름입니다. 그리고 보통 명사는 '사람, 나라, 도시, 강, 지하철' 등과 같이 공통된 특성을 지닌 대상들을 아울러 대표하는 이름입니다.
  자립 명사는 '동네, 문방구, 공책'처럼 다른 말의 도움을 받지 아니하고 단독으로 쓰일 수 있는 명사이고, 의존 명사는 '것, 바, 줄, 수, 따름, 뿐, 데' 등과 같이 의미가 형식적이어서 다른 말(관형어) 아래에 기대어 쓰이는 명사입니다.

제3장 형태론(단어)

의존 명사는 의존적인 성격을 지니고 있지만 형태소 구분을 할 때는 자립 형태소로 구분합니다. 의존 명사도 명사이기 때문에 현행 학교 문법에서는 자립 형태소로 보지만, 관형어가 없이는 쓰이지 못하기 때문에 실제 자립성이 있느냐에 대해서는 충분히 논란의 여지가 있습니다.

ⓒ 대명사

대명사는 사람, 사물, 장소 등의 이름을 대신 나타내는 품사입니다. 대명사에는 지시 대명사와 인칭 대명사가 있는데, 지시 대명사는 '그, 이것, 어디, 무엇' 등과 같이 어떤 사물이나 처소 따위를 이르는 대명사입니다. 그리고 인칭 대명사는 아래 표에서 알 수 있듯이 사람을 가리키는 대명사입니다.

1인칭	나, 저, 우리, 저희, 소인, 짐(朕)	미지칭[9]	누구
2인칭	너, 자네, 그대, 당신, 너희, 여러분	부정칭[10]	아무
3인칭	이, 그, 저, 이분, 저분, 그분, 이이, 저이, 그이	재귀칭[11]	저, 저희, 자기, 당신[12]

---

9) 대상의 이름이나 신분을 모를 때 사용하는 인칭 대명사. 주로 의문문에 쓰임
10) 특정 대상을 가리키지 않는 인칭 대명사
11) 한 문장 안에서 앞에 나온 명사나 대명사를 다시 가리킬 때 쓰이는 인칭 대명사. 대개 3인칭 주어로 쓰인 명사나 명사구를 다시 가리키는 데에 쓰임
12) 예 돌아가신 아버님은 소나무를 좋아하셨어. 저 소나무도 **당신**께서 심으셨지.

ⓒ 수사

수사는 사물의 수량이나 순서를 나타내는 품사입니다. 수사에는 '하나, 둘, 셋, 일, 이, 삼' 등과 같이 수량을 나타내는 수사인 **양수사**와 '첫째, 둘째, 셋째, 제일, 제이, 제삼' 등처럼 순서를 나타내는 수사인 **서수사**가 있습니다.

② 관계언: 조사

관계언인 조사는 체언이나 부사, 어미 따위에 붙어 그 말과 다른 말과의 문법적 관계를 표시하거나 그 말의 뜻을 도와주는 품사입니다. 조사는 자립성이 없어 대개 체언 뒤에 붙여 쓰고, 경우에 따라서는 부사나 조사, 용언 또는 문장 뒤에 붙기도 합니다. 국어의 특징 중의 하나는 조사가 발달되어 있다는 것입니다.

조사는 그 기능과 의미에 따라 격조사, 보조사, 접속 조사로 분류합니다. 격조사는 체언이나 체언 구실을 하는 말 뒤에 붙어 앞에 오는 체언이 문장 안에서 일정한 자격을 갖도록 해주는 조사입니다.

주격 조사	이/가, 께서, 에서	관형격 조사	의
목적격 조사	을/를	부사격 조사	에, 에서, (으)로, 와/과, 보다
보격 조사	이/가	호격 조사	아/야
서술격 조사	**이다** ※ 서술격 조사는 '이고', '이니', '이면', '이지', '이어서', '이어라' 등과 같이 활용하며, 모음 아래에서는 어간 '이'가 생략되기도 합니다.		

보조사는 앞말(체언, 부사, 활용 어미 따위)에 붙어 특별한 의미를 덧붙여 주는 조사입니다. 보조사에는 성분 보조사, 종결 보조사, 통용 보조사가 있습니다.

성분 보조사는 '은/는(대조), 만/뿐(단독), 도(역시), 부터(시작, 먼저), 까지(미침), 조차(추종), 마다(균일), 마저(추종), 은커녕/는커녕(물론), 밖에(더 없음), 을랑/랑(지적)' 등과 같이 문장 성분에 붙는 보조사입니다.

종결 보조사는 '마는(불만), 그려(강조), 그래(강조)'처럼 문장 맨 끝에 붙는 보조사입니다.

· 영화를 보고는 싶지**마는** 시간이 안 난다.
· 앞으로는 자주 만납시다**그려**.
· 그것참 신통하군**그래**.

통용 보조사는 '요(높임) / 내가요 지금요 집에를요 가야만요 하거든요.'처럼 문장의 맨 끝 및 모든 문장 성분에 붙는 보조사입니다.

접속 조사는 '와/과, 하고, (이)나, (이)랑' 등과 같이 둘 이상의 단어나 구 따위를 같은 자격으로 이어 주는 구실을 하는 조사입니다.

【핵심체크】접속 조사 '와/과'와 부사격 조사 '와/과'

접속 조사 '와/과'	부사격 조사 '와/과'
· 둘 이상의 사물이나 사람을 같은 자격으로 이어줄 때 예 개와 고양이 예 나는 자유와 평등의 실현을 위해 싸웠다. · '와'는 경우에 따라 생략이 가능하며, 생략된 자리에는 쉼표를 찍습니다. 예 개, 고양이 · 문장을 나눌 수 있습니다. 예 나는 자유의 실현을 위해 싸웠다. + 나는 평등의 실현을 위해 싸웠다.	· 다른 것과 비교하거나 기준으로 삼는 대상임을 나타낼 때 예 개는 늑대와 비슷하게 생겼다. · 일 따위를 함께 함을 나타낼 때 예 나는 오빠와 함께 청소를 했다. · 상대로 하는 대상임을 나타낼 때 예 그녀와 헤어진 후 그는 마음을 잡았다. · 문장을 나눌 수 없습니다. 예 개는 비슷하게 생겼다. + 늑대는 비슷하게 생겼다.

③ 용언: 동사, 형용사

용언은 문장에서 사용될 때 그 형태가 변하는 가변어로 활용을 합니다. 문장에서 **서술어의 기능**을 하며 '(누가/무엇이) 어찌하다', '(누가/무엇이) 어떠하다'와 같이 주로 사물이나 사람의 움직임, 상태, 성질을 설명하는 역할을 합니다. 형태가 변하지 않는 어간과 어간에 붙어서 형태가 변하는 어미로 이루어지며 주로 부사의 꾸밈을 받습니다.

【핵심체크】서술어의 기능

• 서술어는 **동사, 형용사, 서술격 조사의 종결형**으로 나타남.

예 "철수가 웃는다."에서 '웃는다', "철수는 점잖다."에서 '점잖다', "철수는 학생이다."에서 '학생이다' 따위.

제3장 형태론(단어)

【핵심체크】 어간과 어근

• 어간: 활용어가 활용할 때에 변하지 않는 부분

예 '자다', '자니', '자고'에서 '자-'와 '보다', '보니', '보고'에서 '보-' 등

• 어근: 단어를 분석할 때, 실질적 의미를 나타내는 중심이 되는 부분

예 '지우개'의 '지우-', '자랑스럽다'의 '자랑' 등

예시	어간	어근
먹다	먹-	먹-
먹이다	먹이-	먹-

【핵심체크】 용언의 구분

■ 뜻과 쓰임에 따라

• 본용언: 문장의 주체를 주되게 서술하면서 보조 용언의 도움을 받는 용언으로 보조 용언의 앞에 위치합니다.

• 보조 용언: 혼자는 쓰이지 못하고, 본용언과 연결되어 그것의 뜻을 보충하는 역할을 하는 용언

- 보조 동사: 본동사와 연결되어 그 풀이를 보조하는 동사

  예 '감상을 적어 두다.'의 '두다', '그는 학교에 가 보았다.'의 '보다' 따위

- 보조 형용사: 본용언과 연결되어 의미를 보충하는 역할을 하는 형용사

  예 '먹고 싶다'의 '싶다', '예쁘지 아니하다'의 '아니하다' 따위

➔ 보조적 연결 어미 : 본용언과 보조 용언이 결합할 때 본용언에 연결되는 어미

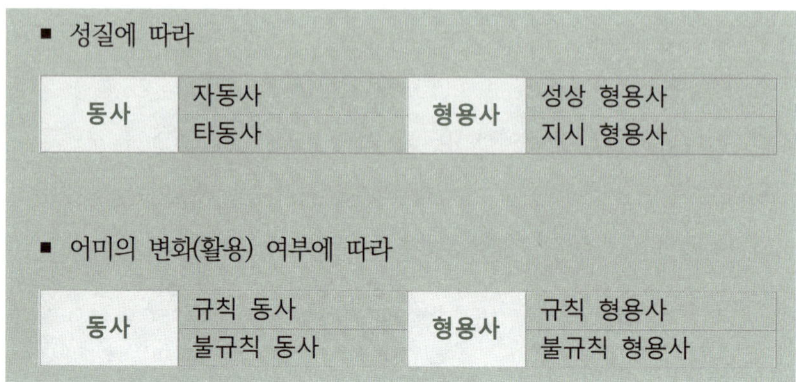

㉠ 동사

동사는 사물의 동작이나 작용을 나타내는 품사입니다. 동사에는 자동사와 타동사가 있습니다.

자동사는 "'꽃이 피다'의 '피다', '해가 솟다'의 '솟다'"와 같이 동사가 나타내는 동작이나 작용이 주어에만 미치는 동사이고, **타동사**는 "'밥을 먹다'의 '먹다', '노래를 부르다'의 '부르다'"처럼 동작의 대상인 목적어를 필요로 하는 동사입니다.

㉡ 형용사

형용사는 사물의 성질이나 상태를 나타내는 품사입니다. 성상 형용사와 지시 형용사가 있습니다.

성상 형용사는 "'맛이 달다'의 '달다', '나뭇잎이 붉다'의 '붉다'"처럼 사물의 성질이나 상태를 나타내는 형용사이고, 지시 형용사는 "'사건의 전모는 이러하다'의 '이러하다', '인간적으로 그러하다'의 '그러하다'"와 같이 사물의 성질, 시간, 수량 따위가 어떠하다는 것을 형식적으로 나타내는 형용사입니다.

ⓒ 동사와 형용사의 구분

동사와 형용사를 구분하는 기준은, 첫째, 동사는 주어의 동작이나 작용(과정)을, 형용사는 성질이나 상태를 나타냅니다.

둘째, 기본형에 현재 시제 선어말 어미 '-는-/-ㄴ-', 관형사형 어미 '-는'과 결합할 수 있으면 동사이고, 결합할 수 없으면 형용사입니다.

셋째, '의도'를 뜻하는 '-려'나 '목적'을 뜻하는 어미 '-러'와 함께 쓰일 수 있으면 동사, 그렇지 못하면 형용사입니다.

넷째, 동사는 명령형 어미 '-어라'와 청유형 어미 '-자'와 결합할 수 있는데 반하여, 형용사는 이러한 어미와 결합할 수 없습니다.

➡ 동사와 형용사를 구분하는 기준은 위와 같이 몇 가지 제시할 수는 있지만, 모든 용언을 이 규칙에 의거하여 동사와 형용사로 구분하려 해서는 안 됩니다. 용언의 문법적인 용법과 의미를 함께 고려하여 품사를 결정하도록 해야 합니다.

ⓔ 용언의 활용

용언의 활용은 용언의 어간에 여러 어미가 번갈아 결합하는 현상을 말합니다.

어간	어미
· 활용할 때 형태가 변하지 않는 부분	· 활용할 때 형태가 변하는 부분
예 기본형: 읽다 ➡ 읽-(어간) + -고/-으면/-으니/-으면/-어서/-어라(어미)	

ⓐ 규칙 활용

　규칙 활용은 동사와 형용사가 활용을 할 때 어간과 어미의 형태가 규칙적
입니다. 그리고 어간과 어미의 모습이 달라지는 것을 국어의 일반적인 음운
규칙으로 설명할 수 있습니다.

'으' 탈락	어말 어미 '-아/-어' 앞, 어미의 첫소리 '-아/-어' 앞, 선어말 어미 '-았-/-었-' 앞에서 '으'가 규칙적으로 탈락함.
'ㄹ' 탈락	어미의 첫소리 'ㄴ, ㅂ, ㅅ' 및 '-(으)오, -(으)ㄹ' 앞에서 'ㄹ'이 규칙적으로 탈락함.

ⓑ 불규칙 활용

　불규칙 활용은 용언이 활용할 때 어간이나 어미의 기본 형태가 달라지며,
어간, 어미의 형태가 변화하는 현상을 일정한 규칙으로 설명할 수 없습니다.
불규칙 활용은 어간이 바뀌는 경우, 어미가 바뀌는 경우, 어간과 어미가 바
뀌는 경우 세 가지가 있는데 자세한 것은 아래 표와 같습니다.

제3장 형태론(단어)

- ■ 어간이 바뀌는 경우

불규칙 활용			규칙 활용
구분	내용(조건)	예시	
'ㅅ' 불규칙	'ㅅ'이 모음 어미 앞에서 탈락함.	잇+어 → 이어, 짓+어 → 지어, 낫+아 → 나아	벗+어 → 벗어, 씻+어 → 씻어
'ㄷ' 불규칙	'ㄷ'이 모음 어미 앞에서 'ㄹ'로 변함.	듣+어 → 들어, 걷+어 → 걸어, 묻[問]+어 → 물어, 깨닫다, 싣다[載]	묻+어 → 묻[埋]어, 얻+어 → 얻어
'ㅂ' 불규칙	'ㅂ'이 모음 어미 앞에서 '오/우'로 변함.	눕+어 → 누워, 줍+어 → 주워, 돕+아 → 도와, 덥+어 → 더워	잡+아 → 잡아, 뽑+아 → 뽑아
'르' 불규칙	'르'가 모음 어미 앞에서 'ㄹㄹ' 형태로 변함.	이르+어 → 일러, 빠르+아 → 빨라, 나르+아 → 날라, 고르+아 → 골라	따르+아 → 따라, 치르+어 → 치러
'우' 불규칙	'우'가 모음 어미 앞에서 탈락함.	푸+어→퍼	주+어 → 주어, 누+어 → 누어

- ■ 어미가 바뀌는 경우

불규칙 활용			규칙 활용
구분	내용(조건)	예시	
'여' 불규칙	'하-'뒤에 오는 어미 '-아/-어'가 '-여'로 변함.	공부하+어 → 공부하여, '하다'와 '-하다'가 붙는 모든 용언	파+아 → 파
'러' 불규칙	어간이 '르'로 끝나는 일부 용언에서, 어미 '-어'가 '러'로 변함.	이르+어 → 이르러, 누르+어 → 누르러	치르+어 → 치러
'너라'불규칙	명령형 어미인 '-거라'가 '-너라'로 변함.	오+거라 → 오너라	가+거라 → 가거라, 있+거라 → 있거라
'오' 불규칙	'달-/다-'의 명령형 어미가 '오'로 변함.	다+아(라)→다오	주어라

2. 품사

■ 어간과 어미가 바뀌는 경우

불규칙 활용			규칙 활용
구분	내용(조건)	예시	
'ㅎ' 불규칙	'ㅎ'으로 끝나는 어간에 '-아/-어'가 오면 어간의 일부인 'ㅎ'이 없어지고 어미도 변함.	하얗+아서 → 하얘서, 파랗+아 → 파래	좋 + 아 서 → 좋아서

⑩ 어미의 종류

어미는 크게 어말 어미와 선어말 어미로 나뉩니다. 어말 어미는 활용 어미에 있어서 맨 뒤에 오는 어미인데, 선어말 어미와 대립되는 용어로서 보통은 어미라고 불리며, 반드시 있어야 합니다. 어말 어미에는 종결 어미, 연결 어미, 전성 어미가 있으며 자세한 것은 아래 표와 같습니다.

종결 어미	· 한 문장을 종결되게 하는 어말 어미 · 동사에는 평서형·감탄형·의문형·명령형·청유형이 있고, 형용사에는 평서형·감탄형·의문형이 있습니다.
연결 어미	· 어간에 붙어 다음 말에 연결하는 구실을 하는 어미 예 -게, -고, -(으)며, -(으)면, -(으)니, -아/어, -지 등 · 대등적·종속적·보조적 연결어미
전성 어미	· 용언의 어간에 붙어 다른 품사의 기능을 수행하게 하는 어미 예 -기·-(으)ㅁ, -(으)ㄴ·-는·-(으)ㄹ, -아/어·-게·-지·-고 등 · 명사형 전성 어미, 관형사형 전성 어미, 부사형 전성 어미

제3장 형태론(단어)

선어말 어미는 어말 어미 앞에 나타나는 어미입니다. 선어말 어미에는 '-시-, -옵-' 등과 같은 높임법에 관한 것과 '-았-, -는-, -더-, -겠-' 등처럼 시상(時相)에 관한 것이 있습니다.

우리말은 어미의 쓰임이 발달되어 있으며, 헤아리는 방식에 따라 다르지만 최소한 500개 이상이 존재합니다.

④ 수식언: 관형사, 부사

수식언은 뒤에 오는 말을 수식하거나 한정하기 위하여 첨가하는 말입니다. 수식언에는 관형사와 부사가 있습니다.

㉠ 관형사

관형사는 체언 앞에 놓여서, 그 체언의 내용을 자세히 꾸며 주는 품사입니다. 체언 중에서 주로 명사를 꾸미는데, 그 뜻을 '어떠한'의 방식으로 꾸며 줍니다. 관형사는 활용하지 않으며 조사가 붙지 않습니다. 관형사의 종류에는 성상 관형사, 지시 관형사, 수 관형사가 있습니다.

성상 관형사는 '새 옷, 헌 구두, 순 살코기'에서 '새, 헌, 순'처럼 사람이나 사물의 모양, 상태, 성질을 나타내는 관형사입니다. 지시 관형사는 '이 사과, 저 아이, 그 책, 다른 생각'에서 '이, 저, 그, 다른'과 같이 특정한 대상을 지시하여 가리키는 관형사입니다. 그리고 수 관형사는 '두 사람, 세 근, 다섯째 사위, 제삼 한강교'에서 '두, 세, 다섯째, 제삼'과 같이 사물의 수나 양을 나타내는 관형사입니다.

<table>
<tr><td colspan="2">【핵심체크】 관형사와 접두사의 차이</td></tr>
<tr><th>관형사</th><th>접두사</th></tr>
<tr><td>

• 하나의 단어이므로 띄어쓰기를 할 수 있으며 그 사이에 다른 말이 들어갈 수 있습니다.

• 자립성과 분리성을 가집니다.

예 **맨** 쓰레기밖에 없다. → 맨 <u>더러운</u> 쓰레기밖에 없다.(○)

　*맨: '모두, 온통'의 의미

</td><td>

• 어떤 단어의 앞에 붙어 새로운 단어가 되게 하는 말입니다.

• 자립성과 분리성을 갖지 않습니다.

예 **맨**손 체조 → 맨 <u>깨끗한</u> 손 체조 (×)

　*맨: '다른 것이 섞이지 않은'의 의미

</td></tr>
</table>

관형사와 접두사를 나누는 기준은 결과론적인 현상일 뿐 근본적인 근거가 되지는 못합니다. 왜냐하면, 실제로 어원적으로 볼 때 국어의 접두사는 과거에 모두 실제적 의미를 가지고 있는 어근이었다고 알려져 있기 때문입니다. 국어에 접두사가 존재한다는 주장을 펼칠 수 있으려면 어근의 의미와 접두사의 의미는 과연 어떻게 다른지가 밝혀져야만 합니다.

ⓛ 부사

부사는 용언 또는 다른 말 앞에 놓여 그 뜻을 분명하게 하는 품사입니다. 부사는 용언이나 문장을 수식하는 것을 본래의 기능으로 하며 용언 앞에서 그 뜻을 '어떻게'의 방식으로 꾸며 줍니다. 부사 중에는 다른 부사, 관형사를 수식하거나 일부는 체언을 수식하기도 하며 활용하지 않습니다. 부사의 종류에는 문장의 어느 한 성분만을 수식하는 성분 부사와 문장 전체를 수식하는 문장 부사가 있으며 자세한 것은 아래 표와 같습니다.

ⓐ 성분 부사: 문장의 어느 한 성분만을 수식하는 부사

종류	의미	예시
성상 부사	사람이나 사물의 모양, 상태, 성질을 한정하여 꾸미는 부사	잘, 매우, 모두, 다, 참, 많이, **겨우**, **바로**, **아주**, **특히** 등
지시 부사	처소(공간)나 시간을 가리켜 한정하거나 앞의 이야기에 나온 사실을 가리키는 부사	이리, 그리, 저리, **여기**, **저기**, **거기** / 언제, 아까, 문득, 장차, 매일, **내일** 등
부정 부사	용언의 앞에 놓여 그 내용을 부정하는 부사	아니, 안, 못 등
의성 부사	사람이나 사물의 소리를 흉내 낸 부사	으앙으앙, 개굴개굴, 철썩철썩 등
의태 부사	사람이나 사물의 모양이나 움직임을 흉내 낸 부사	뒤뚱뒤뚱, 까불까불, 데굴데굴 등

ⓑ 문장 부사: 문장 전체를 수식하는 부사

종류		의미	예시
양태 부사		화자(話者)의 태도를 나타내는 문장 부사	과연, 설마, 제발, 정말, 결코, 모름지기, 응당, 어찌 등
접속 부사	문장	앞 문장의 뜻을 뒤 문장에 이어 주면서 뒤의 말을 꾸며 주는 부사	그러나, 그런데, **그리고**, 하지만, 더욱이, 게다가 등
	단어	앞 체언의 뜻을 뒤 체언에 이어 주면서 뒤의 말을 꾸며 주는 부사	곧, 즉, 또, 또한, 또는, 혹 등

⑤ 독립언: 감탄사

감탄사는 아래의 예에서 확인할 수 있듯이 말하는 이의 본능적인 놀람이나 느낌, 부름, 응답 따위를 나타내는 품사입니다.

> 예 **여보**, 우리 적게 먹어야 할 것 같아요.(부름)
> **아**, 시간이 정말 빠르게 가는구나!(느낌)
> **네**, 그렇게 하는 것이 좋겠습니다.(대답)

감탄사에는 감정 감탄사, 의지 감탄사, 의미 없는 감탄사가 있습니다. 감정 감탄사는 '허허, 에끼, 아이고, 후유, 에구머니, 아뿔사' 등과 같이 상대방을 의식하지 않고 감정을 표출하는 감탄사이고, 의지 감탄사는 상대방을 의식하며 자기의 생각을 표시하는 감탄사입니다. '아서라, 자, 여보, 여보세요, 이봐' 등처럼 상대방에게 어떻게 행동할 것을 요구하는 감탄사와 '응, 네, 그래, 천만에' 등처럼 상대방의 이야기에 대해 긍정이나 부정 혹은 의혹을 표시하는 감탄사가 의지 감탄사에 속합니다. 그리고 의미 없는 감탄사는 '뭐, 말이지, 있지, 어디, 어, 아, 에, 에헴' 등과 같이 입버릇이나 더듬거리는 의미 없는 소리의 감탄사를 말합니다.

감탄사는 문장 속의 다른 성분에 얽매이지 않고 독립성을 가지며 형태가 변하지 않습니다. 조사가 붙지 않고, 언제나 독립어로만 쓰이며 문장 첫머리에 놓이는 경우가 가장 많지만 문장 속에 놓이기도 합니다.

제3장 형태론(단어)

품사의 통용은 하나의 단어가 두 가지 이상의 품사로 쓰이는 것입니다. 명사, 대명사, 수사, 동사, 형용사, 관형사, 부사, 감탄사, 조사의 아홉 품사는 각 부류에 소속되는 단어들의 문법적 성질이 일정하다고 생각하고 분류한 것인데, 단어 가운데 하나 이상의 문법적 성질을 함께 가지고 있는 것을 '품사의 통용'이라고 합니다.

통용 유형	예시	
명사 + 조사	나도 참을 **만큼** 참았다.	나도 그 사람**만큼** 뛸 수 있다.
	들은 **대로** 다 적었다.	내 말**대로** 하여라.
명사 + 관형사	그는 **이지적**이다.	그는 **이지적** 인간이다.
명사 + 부사	그의 한 **평생**이 행복스러웠다.	그런 이야기는 **평생** 처음 듣는다.
명사 + 감탄사	천세나 **만세**를 누리소서!	**만세**! 대한독립 만세!
대명사 + 부사	**거기**가 어디예요?	나도 **거기** 갑니다.
수사 + 관형사	그는 하나를 배우면 **열**을 안다.	**열** 사람이 나란히 자전거를 탄다.
	둘에 다섯을 더하면 **일곱**이다.	여기에 사과 **일곱** 개가 있다.
형용사 +동사	오늘은 달이 매우 **밝다**.	벌써 날이 **밝는다**.
	가구가 **커서** 방에 들어가지 않는다.	너는 **커서** 무엇이 되고 싶니?
부사 + 감탄사	바람이 **아니** 분다.	**아니**! 어디 가겠단 말이냐.
조사 + 부사	지영이가 예리보다 키가 크다.	**보다** 빠르게 뛰어라.

문법을 알아야 세상이 보인다!

제4강
문장론(문장)

1. 문장론의 문법 단위

(1) 어절, 구, 절, 문장

  어절(語節)은 문장을 구성하고 있는 각각의 마디로 문장 성분의 최소 단위로서 띄어쓰기 단위와 일치합니다. 조사나 어미와 같이 문법적 기능을 하는 요소들은 앞말에 붙어서 한 어절을 이룹니다.

  구(句)는 둘 이상의 단어가 모여 절이나 문장의 일부분을 이루는 토막이며, 두 개 이상의 어절이 모여서 하나의 단어와 동등한 기능을 합니다. 구는 자체 내에 주어와 서술어 관계를 가지지 못합니다.

  절(節)은 주어와 서술어를 갖추었으나 독립하여 쓰이지 못하고 다른 문장의 한 성분으로 쓰이는 단위로 문장을 구성하는 기본적인 문법 단위입니다. 두 개 이상의 어절이 모여 하나의 의미 단위를 이루며, 주어와 서술어의 관계를 갖는 단위를 설정할 수 있습니다. 그리고 절은 겹문장 안에서 존재할 뿐이며 하나의 문장 성분이 될 수 있습니다.

  문장은 생각이나 감정을 말과 글로 표현할 때 완결된 내용을 나타내는 최소의 단위로 주어와 서술어를 갖추고 있는 것이 원칙이나 때로 이런 것이 생략될 수도 있습니다. 문장의 끝에 '.', '?', '!' 따위의 문장 부호를 찍어 문장이 끝났음을 드러냅니다.

문 장	=	형식상	+	의미상
		문장이 끝났음을 나타내는 표지가 있는 것		완결된 내용을 갖추고 있는 것

문장	소녀의 눈동자가 초롱초롱 빛났다.			
구	소녀의 눈동자가(주어부)		초롱초롱 빛났다(서술부)	
어절	소녀의	눈동자가	초롱초롱	빛났다

【핵심체크】구(句), 절(節), 그리고 문장의 공통점과 차이점

구(句)	절(節)	문장
• 두 개 이상의 어절이 모여 하나의 의미 단위를 이룹니다. • 독립적으로 사용되지 못합니다. • 하나의 문장 성분이 될 수 있습니다.		• 독립적으로 사용됩니다.
• 주어와 서술어를 갖고 있지 않습니다.	• 주어와 서술어를 갖고 있습니다. • 절은 주어와 서술어를 갖고 있지만, 더 큰 문장 속에 들어 있다는 점에서 문장과 구별됩니다.	

(2) 문장의 종류

	홑문장		명사절을 안은 문장
문장	안은 문장	관형절을 안은 문장
	겹문장		부사절을 안은 문장
			서술절을 안은 문장
			인용절을 안은 문장
		이어진 문장	대등하게 이어진 문장
			종속적으로 이어진 문장

<문장 분류>

① 홑문장

홑문장은 주어와 서술어가 각각 하나씩 있어서 둘 사이의 관계가 한 번만 이루어지는 문장입니다. 절이 아닌 관형어나 부사어는 아무리 많이 나타난 다 하더라도 그 문장은 홑문장입니다.

예 • 하늘이 맑다.

　　(주어) (서술어)

• 그는 아주 새사람이 되었다.

　　(주어) 　　　　　(서술어)

• 우리 동네 뒷산에는 아직도 고라니가 산다.

　　　　　　　　　　　(주어) (서술어)

② 겹문장

겹문장은 한 문장의 성분 속에 두 개 이상의 절이 종속적인 관계로 겹쳐진 문장입니다. 겹문장에는 한 개의 홑문장이 다른 문장 속에 한 성분으로 들어가 있는 '안은문장'과 홑문장이 서로 이어져 있는 '이어진문장'이 있습니다. 홑문장들이 모여 하나의 겹문장이 되는 과정을 **문장의 확대**라고 합니다.

> 예 • <u>인생은</u> <u>짧고</u>, <u>예술은</u> <u>길다</u>.
>
>   (주어) (서술어)(주어) (서술어)
>
> • <u>사공이</u> <u>많으면</u> <u>배가</u> 산으로 <u>간다</u>.
>
>   (주어) (서술어) (주어)   (서술어)
>
> • <u>향기가</u> <u>좋다</u> + <u>꽃이</u> <u>예쁘다</u> → 향기가 좋은 꽃이 예쁘다.
>
>   (주어) (서술어) (주어) (서술어)

㉠ 안은 문장

안은 문장은 하나의 문장 안에 주어와 서술어의 관계가 두 번 이상 이루어지며 성분 절(안긴 문장[13])을 가진 문장입니다. 안은 문장은 홑문장을 포함한 문장이고, 안긴 문장은 다른 문장 속에 들어가 하나의 성분처럼 쓰이는 홑문장을 말합니다.

ⓐ 명사절을 안은 문장

명사절은 명사 구실을 하는 절로 명사형 어미 '-(으)ㅁ', '-기'가 붙어서 만들어지며 문장에서 주어, 목적어, 부사어 등 다양한 기능을 합니다.

> 예 • <u>밖에 나가기</u>가 싫다. (주어)

---

13) 안은문장 속에 절(節)의 형태로 포함되어 있는 문장

- 우리는 <u>그가 정당했음</u>을 깨달았다. (목적어)
- 지금은 <u>학교에 가기</u>에 이른 시간이다. (부사어)

ⓑ 관형절을 안은 문장

관형절은 관형사형 어미와 결합하여 관형어의 구실을 하는 절로 관형사형 전성어미 '-(으)ㄴ', '-는', '-(으)ㄹ', '-던'이 붙어서 만들어지며, 관형절은 문장에서 무조건 관형어의 기능만 합니다.

관형절의 유형	
· 종결형 어미로 끝난 문장에 '-는' 같은 관형사형 전성어미가 결합하는 경우	· 종결형 어미가 올 자리에 '-(으)ㄹ, -(으)ㄴ' 같은 관형사형 전성어미가 결합하여 뒤의 체언을 꾸미는 경우
예 그는 <u>철수가 온다는</u> 소식을 들었다.	예 <u>네가 좋아할</u> 일이 생겼다.

ⓒ 부사절을 안은 문장

부사절은 절 전체가 부사어의 구실을 하는 절로 부사형 어미 '-아서/-어서', '-도록', '-게', '-이' 등이 붙어서 만들지며, 서술어를 수식하는 기능을 합니다.

> 예 • 길이 <u>비가 와서</u> 질다.
>
> • 나는 <u>발에 땀이 나도록</u> 뛰었다.
>
> • 그곳은 <u>그림이 아름답게</u> 장식되었다.
>
> • 바람이 <u>소리도 없이</u> 분다.

【심화학습】 부사절의 범주

- 현행 학교 문법에서는 종속적으로 이어진 문장의 앞 절(소위 종속절)을 부사절로 볼 수 있는 면을 인정하여, 결국 종속적 연결 어미를 부사형 어미로 볼 수 있다고 하였습니다.
- 더 나아가 대등적 연결 어미에 의한 대등절도 부사절로 볼 수 있고 대등적 연결 어미나 보조적 연결 어미도 결국 부사형 어미로 볼 수 있습니다.

ⓓ 서술절을 안은 문장

서술절은 문장에서 서술어 구실을 하는 절입니다. 서술절을 안은 문장은 한 문장에 주어가 두 개 있는 것처럼 보이는데, 앞에 나오는 주어를 제외한 나머지 부분이 서술절에 해당합니다. 서술절은 **절 표지가 따로 없다**는 점에서 다른 안긴 문장과 차이를 보입니다.

例 · 영수가 <u>마음이 넓다</u>.

· 코끼리는 <u>코가 길다</u>.

【심화학습】 서술절에 대한 이견들

서술절 문제는 학계에서 이중 주어문 문제와 더불어 많이 언급되는 내용입니다. 현행 학교 문법에서 말하는 서술절을 안은 문장은 엄밀히 말하면 주어와 서술어의 구조가 두 번 나타나는 것이 아니기 때문에 논란의 여지가 있습니다.

따라서 서술절을 설정하지 않는 입장에서는 맨 앞에 나오는 주어를 주제어로 처리하기도 합니다. 하지만 이렇게 되면 주제어를 문장 성분의 하나로 설정해야 하는 문제가 제기됩니다. 그리고 서술절을 설정하지 않는 입장에서 또 하나의 견해는 하나의 서술어에 주어가 두 개 존재하는 이중 주어문으로 처리하기도 한다는 것입니다.

ⓔ 인용절을 안은 문장

인용절은 남의 말이나 글에서 직접 또는 간접으로 따온 절로 주어진 문장에 인용 부사격 조사 '라고'와 '고'가 붙어서 만들어집니다.

직접 인용절	간접 인용절
· 문장을 직접 인용할 때 '라고'가 붙음. 例 수지는 **"집이 참 예뻐요."**라고 말했다.	· 문장을 간접 인용할 때 '고'가 붙음. 例 수지는 **집이 참 예쁘다**고 말했다.

서술격 조사 '이다'로 끝난 간접 인용절에서는 '이다고'가 아니라 '이라고'로 나타납니다.

예 • 그 학생은 <u>자기가 성인이라고</u> 말했다.

　• 그 학생은 자기가 성인이다*고 말했다.

【심화학습】 인용절에 대한 이견

• 인용절은 결국 부사절의 일종이라는 것입니다.

예 나는 한결이가 학교에 간다고 말했다. 나는 "한결이가 학교에 간다."
라고 말했다.

• 위 예에서 밑줄친 부분이 인용절인데, 이것은 후행하는 '말했다'를 수
식하고 있습니다. 따라서 의미상 명칭인 인용절은 통사상 명칭인 부사
절에 포함시킬 수 있다는 것입니다.

ⓛ 이어진 문장

이어진 문장은 둘 이상의 절이 연결 어미에 의하여 결합된 문장으로 중복
되는 성분은 생략될 수 있습니다.

【핵심체크】 연결 어미

■ 개념

• 앞 절과 뒤 절을 연결하는 어미

■ 종류

• 대등적 연결 어미: '-고', '-(으)며', '-(으)나', '-든지', '-지만' 등

• 종속적 연결 어미: '-아서/-어서', '-(으)면', '-(으)려고', '-는데', '-(으)ㄹ지라도' 등

• 보조적 연결 어미: '-아/-어', '-게', '-지', '-고' 등

■ **기능**

• 대등적 연결 어미와 종속적 연결 어미는 절을 연결하여 겹문장을 이루고, 보조적 연결 어미는 본용언과 보조용언을 연결하여 홑문장을 이룸.

ⓐ 대등하게 이어진 문장

대등하게 이어진 문장은 앞 절과 뒤 절의 의미 관계가 대등하게 연결된 문장으로 앞 절은 뒤 절과 '나열, 대조, 선택' 등의 의미 관계를 가집니다.

> 예 • 인생은 짧고, 예술은 길다. (나열)
>
> • 눈이 내리지만, 날씨가 춥지 않다. (대조)
>
> • 비가 오거나, 눈이 온다. (선택)

ⓑ 종속적으로 이어진 문장

종속적으로 이어진 문장은 앞 절과 뒤 절의 의미 관계가 독립적이지 못하고 종속적인 관계에 있는 문장으로 앞 절은 뒤 절과 '원인, 조건, 의도, 배경, 양보' 등의 의미 관계를 가집니다.

> 예 • 비가 와서, 길이 질다. (원인)
>
> • 봄이 오면, 꽃이 핀다. (조건)
>
> • 집을 마련하려고, 나는 저축을 한다. (의도)
>
> • 내가 텔레비전을 보고 있는데, 전화벨이 울렸다. (배경)
>
> • 경기에 질지라도, 우리는 정당하게 싸워야 한다. (양보)

종속적으로 이어진 문장에서는 앞 절이 뒤 절 속으로 이동하기도 하고, 앞 절과 뒤 절에 같은 말이 있으면 그 말이 다른 말로 교체되거나 생략될 수도 있습니다.

> 예 • 비가 와서, 길이 질다. → 길이 비가 와서 질다.
>
> → (앞 절이 뒤 절 속으로 이동)
>
> • 나는 철수를 자주 만나서, (그를) 격려하곤 한다.
>
> → ('그'로 대치하거나 생략)

【심화학습】 종속적으로 이어진 문장의 특별한 경우

■ 국어에서 종속적 연결 어미에 의하여 종속적으로 이어진 문장들은 부사절로도 볼 수 있는 면이 있습니다.

> 예 • 비가 와서 길이 질다. (종속적으로 이어진 문장)
>
> • 길이 비가 와서 질다. (부사절을 안은 문장)

■ 종속적으로 이어진 문장에는 다음과 같이 명사절이나 관형절로 된 것도 있습니다.

> 예 • 비가 오기 때문에, 길이 질다.(명사절)
>
> • 비가 오는 가운데, 행사는 예정대로 열렸다.(관형절)

1. 문장론의 문법 단위

2. 문장 성분의 종류와 특성

　문장 성분은 문장을 구성하는 기능적 단위입니다. 문장은 문장 안에서 일정한 문법적 기능을 하는 부분들, 즉 '문장 성분'으로 이루어집니다. 문장 성분은 문장을 이루는 데 골격이 되는 성분인 **주성분**, 주로 주성분의 내용을 수식하는 성분인 **부속 성분**, 그리고 다른 문장 성분과는 직접적인 관련이 없는 성분인 **독립 성분**으로 나뉩니다.

(1) 주성분

① 서술어

　서술어는 한 문장에서 주어의 움직임, 상태, 성질 따위를 서술하는 말로 주로 동사, 형용사, 서술격 조사의 종결형으로 나타납니다.

국어의 문장		서술어
무엇이 어찌한다. (지수가 웃는다.)	→	어찌한다 (웃는다)
무엇이 어떠하다. (지수는 점잖다.)	→	어떠하다 (점잖다)
무엇이 무엇이다. (지수는 학생이다.)	→	무엇이다 (학생이다)

서술어의 자릿수는 서술어가 그 성격에 따라서 필요로 하는 문장 성분들의 개수를 말합니다.

종류	필요한 문장 성분	예문
한 자리 서술어	주어	예쁘구나: 걸음걸이가 참 <u>예쁘구나</u>.
두 자리 서술어	주어+목적어 주어+부사어 주어+보어	보았다: 그는 영화를 <u>보았다</u>. 같다: 사랑은 눈물과 <u>같다</u>. 되었다: 물이 얼음이 <u>되었다</u>.
세 자리 서술어	주어+부사어+목적어	주셨다: 아버지께서 우리들에게 용돈을 <u>주셨다</u>.

국어를 서술어 중심 언어라고 말할 정도로 서술어를 중요하게 여기는 이유는 **서술어의 자릿수**에 따라서 나머지 필수 성분들이 결정되기 때문입니다. 물론 부속 성분이긴 하지만 소위 **필수적인 부사어**도 서술어 자릿수에 영향을 끼칩니다. 그 뿐만 아니라 **관형어도 의존 명사 앞에서**와 같이 반드시 필요한 경우가 있으므로 항상 수의적이라고 말하기도 어렵습니다.

② 주어

주어는 서술어가 나타내는 동작 또는 상태나 성질의 주체가 되는 말입니다. "무엇이 어찌한다.", "무엇이 어떠하다.", "무엇이 무엇이다."의 문장에서 '무엇이'에 해당하는 말이 주어에 해당합니다. 예를 들어, '철수가 운동을 한다.'에서 '한다'의 주체가 되는 '철수가'가 이 문장의 주어입니다. 주어의 실현 방법은 다음과 같습니다.

ⓐ 체언+주격 조사 '이/가', '께서'
예 <u>누가</u> 이 시를 썼느냐? / <u>아버님께서</u> 신문을 보신다.

ⓑ 체언+보조사

　　ⓔ <u>나는</u> 거칠 것 없는 바다의 사나이다.

ⓒ 체언(단체 무정명사)+주격 조사 '에서'

　　ⓔ 이번 대회는 우리 <u>학교에서</u> 우승을 차지했다.

ⓓ 단어(체언) 하나 또는 구나 절

　　ⓔ <u>이 사람들이</u> 왔다.(구)

　　<u>비가 오기가</u> 무슨 별이 한꺼번에 떨어지는 것 같다.(절)

③ 목적어

　목적어는 타동사가 쓰인 문장에서 동작의 대상이 되는 말입니다. 타동사는 목적어를 요구하는 서술어를 뜻하는데 구체적으로 목적격 조사 '을/를'을 요구하는 서술어가 타동사입니다. 목적어는 문장에서 '무엇을', '누구를'에 해당하는 말입니다. 예를 들어, '지우가 영희를 좋아한다.'에서 '좋아한다'의 대상이 되는 '영희를'이 이 문장의 목적어입니다. 목적어의 실현 방법은 다음과 같습니다.

ⓐ 체언에 목적격 조사 '을/를'이 붙는 경우

　　ⓔ 나는 <u>과일을</u> 먹는다.

ⓑ 체언에 보조사가 붙는 경우

　　ⓔ 나는 <u>과일도</u> 먹는다. 나는 <u>과일도을</u> 먹는다.(×)

ⓒ 체언 다음에 보조사가 나오고 그 뒤에 목적격 조사가 나오는 경우

　예 동생은 <u>과일만을</u> 좋아한다. 동생은 <u>과일을만/과일을만을</u> 좋아

　　한다.(×)

ⓓ 목적격 조사 없이 체언 혼자만 나타나는 경우

　예 난 <u>과일</u> 좋아해.

ⓔ 구나 절로 실현되는 경우

　예 나는 <u>그 과일을</u> 좋아한다. 나는 <u>그녀가 착함을</u> 안다.

　　　　(구)　　　　　　　　　　　(절)

목적어는 타동사가 쓰인 문장에서 동작의 대상이 되는 말이고 그 타동사
는 목적격 조사 '을/를'을 요구하는데 아래의 경우는 다릅니다.

(가) 나는 학교에 갔다.

　　나는 <u>학교를</u> 갔다.

(나) 예진이는 편지를 하민이에게 주었다.

　　예진이는 편지를 하민이를 주었다.

위 표에서 밑줄 친 '학교를, 하민이를'은 목적어이고, '학교에, 하민이에
게'는 부사어입니다. 그리고 이때 '을/를'은 보조사적 성격을 띠는 목적격 조
사라고 말할 수 있습니다.

- ㉢-(가)의 '학교를' 같은 표현에서 '을/를'을 목적격 조사로 보기는 좀 어렵다고 주장하는 학자들도 있습니다. '학교를'이 의미적으로나 기능적으로 부사어 '학교에'와 다를 바 없으며, ㉢-(나)의 '하민이를' 같은 경우도 필수적 부사어로 보아야만 세 자리 서술어인 '주다'를 만족시킬 수 있기 때문입니다.
- 그래서 이 학자들은 '을/를'을 목적격 조사 '을/를'과 강조 의미를 나타내는 보조사 '을/를'로 나누어 파악하여야 일관성 있게 설명할 수 있다고 주장합니다.
- 하지만 학교 문법에서는 '을/를'을 목적격 조사로 보되, 이 중 '학교를, 하민이를'의 '를'은 목적격 조사의 보조사적 용법 정도로 간주하고 있습니다.

④ 보어

보어는 주어와 서술어만으로는 뜻이 완전하지 못한 문장에서, 그 불완전한 곳을 보충하여 뜻을 완전하게 하는 수식어로 '되다', '아니다' 앞에 조사 '이', '가'를 취하여 나타나는 문장 성분을 말합니다. 예를 들어, '철수가 지도자가 되었다'의 '지도자가'가 이 문장의 보어입니다.

- 물이 <u>얼음이</u> 되었다.
- 물이 <u>얼음으로</u> 되었다.

서술어 '되다, 아니다' 앞에 오면서, 보격 조사 '이/가'를 갖고 있는 성분이 보어이기 때문에 '얼음이'는 보어이고, '얼음으로'는 필수적 부사어가 됩니다. 이 둘의 공통점은 모두 서술어 자릿수를 채워 주는 기능을 한다는 것이며, 차이점을 각각 '이, (으)로'라는 조사가 쓰인다는 것입니다. 만약 이 둘을 모두 보어로 보고, '이/가, (으)로'를 모두 보격 조사로 본다면, '집으로 가다'의 '(으)로'와 동일한 형태를 갖게 되어 혼란을 초래할 수 있을 것입니다.

(2) 부속 성분

① 관형어

관형어는 체언 앞에서 체언의 뜻을 꾸며 주는 구실을 하는 문장 성분으로 체언 없이 단독으로 쓰일 수 없습니다. 반드시 체언 앞에 놓여 다음의 체언을 꾸밉니다. '노력한 만큼 대가를 얻다.'에서처럼 체언이 의존 명사('만큼')이면 관형어('노력한')가 필수적으로 나타납니다. '저 두 젊은 사람'에서와 같이 관형어가 겹칠 때에는 지시('저') → 수('두') → 성상('젊은')의 순서를 취합니다. 그리고 관형사형은 시제(상대적 시제)를 동반합니다. 관형어의 실현 방법은 다음과 같습니다.

ⓐ 관형사가 그대로 관형어가 되는 경우

　예 <u>새</u> 기분으로 일을 시작하다.

ⓑ 체언에 관형격 조사 '의'가 결합되어 실현되는 경우

　예 여러분, 그들에게 우<u>리의</u> 각오를 행동으로 보여줍시다.

ⓒ 관형격 조사 '의' 없이 '체언+체언'의 구성으로 된 경우

　예 여러분, 그들에게 <u>우리</u> 각오를 행동으로 보여줍시다.

ⓓ 용언 어간에 관형사형 전성 어미(-(으)ㄴ/-는/-던/-(으)ㄹ)가 결합되어 실현되는 경우

　예 나는 이번에 그녀에게 <u>청혼할</u> 생각이다.

② 부사어

부사어는 용언의 내용을 한정하는 문장 성분으로 '너는 참 빨리도 왔구나.'에서 '빨리도'처럼 보조사와 비교적 자유롭게 결합합니다. 자리 이동이 비교적 자유로우며, 특히, 문장 부사어('과연')가 성분 부사어보다 자리 이동이 더 자유롭습니다.

　예 <u>과연</u> 그 실력으로 취직 시험에 합격할 수 있을까?

　그 실력으로 <u>과연</u> 취직 시험에 합격할 수 있을까?

　그 실력으로 취직 시험에 <u>과연</u> 합격할 수 있을까?

부사가 다른 부사어나 관형어, 체언을 꾸밀 때와 부정 부사는 자리 이동이 불가능합니다. 부사어는 관형어와 달리 '희진아, 숙제 얼마나 했어? 조금.'의

'조금'처럼 단독으로 쓰일 때가 있습니다.

부사어는 수식하는 범위에 따라 성분 부사어와 문장 부사어로 나뉩니다. **성분 부사어**는 특정한 문장 성분을 수식하는 부사어이고, **문장 부사어**는 문장 전체를 꾸며 주는 부사어입니다. 문장 부사어는 대개 말하는 사람의 심리적 태도를 나타내는 부사들이 주류를 이루며 특별한 말들과 호응 관계를 이루는 경우가 많습니다.

성분 부사어	• 가을 하늘이 <u>참</u> 높아 보인다. • 연이 <u>매우</u> <u>높이</u> 날았다. • 그는 <u>아주</u> 새 사람이 되었다. • 우리들은 <u>오후에</u> <u>여행에서</u> 돌아왔다. • 그 놈 <u>예쁘게</u> 생겼네. • 비가 <u>소리도 없이</u> 내린다.
문장 부사어	• <u>과연</u> 그 아이는 똑똑하구나. • <u>확실히</u> 오늘 경기는 신나는 한 판이었어. • <u>만일</u> 네가 계속 이런 식으로 나온다면 더 이상은 참을 수 없어. • <u>모름지기</u> 젊은이는 커다란 포부를 가져야 한다.

부사어에는 기능에 따라 분류할 때 문장을 이어주거나 단어를 이어주는 기능을 하는 접속 부사어가 있습니다.

접속 부사어	• <u>그러나</u> 희망이 아주 사라진 것은 아니다. • 정치, 경제, <u>및</u> 문화가 발달하여야 선진국이다. • 그 사실을 아는 것은 철수 <u>그리고</u> 영희뿐이다.

2. 문장 성분의 종류와 특성

부사어는 필수적인지의 여부에 따라 필수적 부사어와 수의적 부사어로 나뉩니다. **필수적 부사어**는 문장을 구성하는 데 꼭 필요한 부사어이고 수의적 부사어는 문장에 쓰이지 않아도 상관 없는 부사어입니다.

필수적 부사어	· 나는 나, <u>너와는</u> 다르다. ('다르다'는 두 자리 서술어) · 그녀는 <u>아버지와</u> 닮았다. ('닮았다'는 두 자리 서술어) · 아버지는 그 아이를 <u>수양딸로</u> 삼으셨다. ('삼으셨다'는 세 자리 서술어)
수의적 부사어	· 나는 나, 너와는 <u>많이</u> 다르다. ('다르다'는 두 자리 서술어) · 그녀는 아버지와 꼭 닮았다. ('닮았다'는 두 자리 서술어) · 아버지는 <u>일찍이</u> 그 아이를 수양딸로 삼으셨다. ('삼으셨다'는 세 자리 서술어)

【심화학습】 필수적 부사어를 보어로 보아야 한다?

현행 학교 문법에서는 아래 예에서 보는 바와 같이 '얼음으로, 학교에, 영수에게, 어머니와'를 모두 필수적 부사어로 보고 있습니다. 그러나 부사어는 주성분이 아닌 부속 성분이라는 기본적인 정의를 어겨 가면서까지 '필수적 부사어'를 설정할 필요가 없다고 보는 견해가 있습니다. 왜냐하면 이것들은 보어로 보면 되기 때문이라는 것입니다. 보어는 서술어 자릿수에 따라 반드시 요청되는 필수적인 주성분입니다.

예 물이 <u>얼음으로</u> 되었다. / 나는 <u>학교에</u> 갔다. / 선생님께서 <u>영수에게</u> 상을 주셨다. / 선희는 <u>어머니와</u> 닮았다.

- 부사는 일반적으로 체언을 수식하지 않는 것으로 알려져 있습니다. 왜냐하면, 체언을 수식하는 것은 관형사이기 때문입니다. 하지만, 우리말 중에는 '바로, 다만, 단지, 오직, 특히'처럼 체언을 수식하는 부사들이 있습니다.

  예) <u>바로</u> 오너라.(여기서 '바로'는 용언을 수식하므로 부사이고 부사어이다.) / 그건 <u>바로</u> 너의 책임이다.(체언을 수식하면 보통 관형사이자만, 여기서 '바로'는 부사이고 부사어입니다.)

- 학자들 중에는 '바로'처럼 의미상으로는 동일하나, 다른 말과 맺는 기능에 있어서 차이를 보이고 있는 것에 주목하자는 견해가 있습니다. 따라서 용언 앞에 올 경우는 부사어로, 체언 앞에 올 경우는 관형어로 처리하는 것이 논리의 일관성을 갖는다는 것입니다.

부사어의 실현 방법에는 아래의 네 가지가 있습니다.

    ⓐ 부사가 그대로 부사어가 되는 경우

      예) 바쁘신데 이렇게 많이 모여 주셔서 <u>참</u> 감사합니다.

    ⓑ 체언에 부사격 조사 '에, 에서, 에게, (으)로'가 결합되어 나타나는 경우

      예) 나는 그의 <u>의견에</u> 찬성한다.

    ⓒ 용언의 어간에 부사형 어미 '-이, -게, -(아)서, -도록'이 결합하여 나타나는 경우

      예) 날이 추우니까 옷을 <u>따뜻하게</u> 입어.

ⓓ 부사에 보조사가 결합되어 나타나는 경우

　　예 세월이 <u>빨리도</u> 흐르는구나.

(3) 독립 성분

　독립어는 문장의 다른 성분과 밀접한 관계없이 독립적으로 쓰는 말로 '(여보게), 이게 얼마 만인가?'에서처럼 생략해도 문장은 완전히 성립합니다. 독립어는 그것을 뒤따르는 문장의 한 성분이 되지 못합니다. 하지만 문장 부사어는 '불행하게 사고를 당했다. ➜ 사고를 당한 것은 불행하다.'에서처럼 뒷부분을 수식하므로 문장의 한 성분으로 될 수 있습니다. 독립어의 실현 방법은 아래와 같습니다.

ⓐ 감탄사가 그대로 독립어가 되는 경우

　예 <u>아아</u>, 드디어 우리가 기다리던 소풍날이 왔다.

　　<u>쯧쯧</u>, 젊은이가 시간을 낭비하면 되는가?

　　<u>글쎄</u>, 철수가 게임을 너무 많이 해요.

ⓑ 체언에 호격 조사 '아(야)'가 결합하여 나타나는 경우

　예 <u>영수야</u>, 지각하겠다. 빨리 가자.

　　<u>신이시여</u>, 우리에게 은혜를 내려 주소서.

ⓒ 제시어 또는 단어 하나로 나타나는 경우

　예 <u>청춘</u>, 이것은 듣기만 해도 가슴이 설레는 말이다.(제시어)

　　<u>조용히!</u>, <u>어서!</u>, <u>싫어!</u>(단어 하나로 이루어진 문장)

3. 문법 요소의 기능과 의미

⑴ 종결 표현

종결 표현은 국어의 문장에서 제일 마지막에 오는 표현입니다. 국어의 문장은 종결 표현에 따라 전체 문장의 의미가 좌우됩니다. 종결 표현을 구체적으로 결정하는 것은 '종결 어미'입니다.

【핵심체크】 종결 어미

- ■ 개념
- 한 문장을 종결되게 하는 어말 어미
- ■ 종류
- **평서형 종결 어미**: '-다', '-오' 따위의 예사로운 종결 어미가 붙어, 있는 사실을 그대로 진술하는 문장 형태
- **의문형 종결 어미**: 의문을 나타내는 종결 어미 '-느냐', '-ㄴ가' 따위가 붙은 꼴
- **감탄형 종결 어미**: 감탄을 나타내는 종결 어미 '-구나', '-도다' 따위가 붙은 꼴
- **명령형 종결 어미**: 명령이나 요구를 나타내는 종결 어미 '-아라(어라)', '-게', '-오', '-ㅂ시오' 따위가 붙은 꼴
- **청유형 종결 어미**: 화자가 청자에게 같이 행동할 것을 요청하는 뜻을 나타내는 종결 어미 '-자', '-자꾸나', '-세', '-읍시다' 따위가 붙는 꼴

※ 동사에는 평서형, 의문형, 감탄형, 명령형, 청유형이 있고, 형용사에는 평서형, 의문형, 감탄형이 있음.

종결 표현의 종류에는 평서문, 의문문, 감탄문, 명령문, 청유문이 있습니다. 평서문은 아래 예에서 알 수 있듯이 화자가 청자에게 특별히 요구하는 바 없이 하고 싶은 말을 단순하게 진술하는 문장입니다.

예 사람은 생각하는 동물이다.

건강은 건강할 때 지키는 것이 중요하오.

의문문은 화자가 청자에게 질문하여 그 대답을 요구하면서 언어 내용을 전달하는 문장입니다. 의문문에는 설명 의문문, 판정 의문문, 수사 의문문(반어 의문문)이 있습니다.

설명 의문문은 상대의 구체적인 설명을 요구하는 의문문으로 '어디', '언제', '누구', '무엇', '어떻게', '왜' 따위의 의문사를 쓴 문장입니다. **판정 의문문**은 상대편에게 '예', '아니요'의 대답을 요구하는 의문문입니다. 그리고 **수사 의문문(반어 의문문)**은 문장의 형식은 물음을 나타내나 답변을 요구하지 아니하고 강한 긍정 진술을 내포하고 있는 의문문입니다.

설명 의문문	예 최종 회의는 언제, 어디에서 열리나요?
판정 의문문	예 내일 가니? / 숙제는 했니?
수사 의문문	예 철수한테 책 한 권 못 사 줄까?

감탄문은 화자가 청자를 별로 의식하지 않거나 거의 독백 상태에서 자기의 느낌을 표현하는 문장으로 본질적으로 청자를 비롯한 다른 사람과 관계없이 화자 자신만의 감정을 표현합니다.

예 경치가 참 아름답구나! / 네가 벌써 대학생이구나!

제4장 문장론(문장)

명령문은 화자가 청자에게 무엇을 시키거나 행동을 요구하는 문장입니다. 명령문에는 직접 청자를 보고 명령하는 직접 명령문과 담화 현장에는 없는 누군가에게 명령하는 간접 명령문이 있습니다.

직접 명령문	예 (의사가 환자에게) 건강한 생활을 위해 골고루 먹어라. (수업 시간에) 알맞은 답을 골라라.
간접 명령문	예 (신문 칼럼에서) 건강한 생활을 위해 골고루 먹으라. (시험지에서) 알맞은 답을 고르라.

청유문은 화자가 청자에게 어떤 행동을 함께하도록 요청하는 문장입니다.
예 귀중한 문화재 빠짐없이 등록하자. / 철수야, 학교 가자.

문장의 종류가 실제 언어생활에서의 기능과 반드시 일치하는 것은 아닙니다. 예를 들어, "교실로 갈까?"의 경우, 문장의 형식은 의문문이지만, 실제로는 학생들에게 교실로 가자는 청유 혹은 교실로 가라는 명령의 기능을 수행합니다. 따라서 문장이 실제 사용되는 맥락에서 어떤 기능을 하는지 파악할 필요가 있습니다.

【핵심체크】 명령문과 청유문의 문법적 제약

명령문	청유문
• 주어는 항상 청자가 되어야 합니다. • 서술어로는 동사만 올 수 있습니다. • 시간 표현의 '-었-, -더-, -겠-'과 함께 나타나는 일이 없습니다.	• 주어는 화자와 청자가 함께 포함되어야 합니다. • 서술어로는 동사만 올 수 있습니다. • 시간 표현인 '-었-, -더-, -겠-'과 함께 사용되지 못합니다.

(2) 높임 표현

높임 표현은 화자가 어떤 대상이나 상대에 대하여 그의 높고 낮은 정도에 따라 언어적으로 구별하는 표현입니다. 높임법은 우리말의 특징 가운데 하나로 모든 언어 가운데 우리말의 높임법이 가장 잘 발달되어 있다고 알려져 있습니다. 높임법을 실현시키는 방법으로는 선어말 어미 '-시-'를 통한 방법, 다양한 종결 표현을 통한 방법, '께, 께서'와 같은 조사를 통한 방법, '계시다, 드리다'와 같은 어휘를 통한 방법 등이 있습니다. 높임법은 누구를 높이느냐에 따라 상대 높임법, 주체 높임법, 객체 높임법으로 나뉩니다.

㉠ 상대높임법

상대 높임법은 화자가 청자인 상대방에 대하여 높이거나 낮추어 말하는 방법으로 국어의 높임법 가운데 가장 발달되어 있습니다. 상대높임법은 주로 종결 표현에 의하여 실현되며, 크게 격식체와 비격식체로 나뉩니다.

격식체는 의례적 용법으로 청자와의 심리적인 거리감을 나타내며, 비격식체는 격식을 덜 차리는 상황에서 사용하여 청자와의 심리적 거리가 가까운 것을 나타냅니다.

		평서형	의문형	명령형	청유형	감탄형
격식체	하십시오체 (아주 높임)	가십니다	가십니까?	가십시오	(가시지요)	
	하오체 (예사 높임)	가(시)오	가(시)오?	가(시)오, 가구려	갑시다	가는구려
	하게체 (예사 낮춤)	가네, 감세	가는가? 가나?	가게	가세	가는구먼
	해라체 (아주 낮춤)	간다	가냐?, 가니?	가(거라), 가렴, 가려무나	가자	가는구나
비격식체	해요체 (두루 높임)	가요	가요?	가(세/셔)요	가(세/셔)요	가(세/셔)요
	해체 (두루 낮춤)	가, 가지	가?, 가지?	가, 가지	가, 가지	가, 가지

'하오체'와 '하게체'는 지위가 더 낮은 사람을 존중하여 대우하는 의미로 쓰이는 경우가 있습니다.

    예 어서 <u>오시오</u>. / 자네가 먼저 <u>가게</u>.

ⓒ 주체높임법

주체높임법은 서술의 주체를 높이는 방법으로 서술의 주체가 화자보다 나이나 사회적 지위 등이 높을 때 사용합니다. 주체높임법은 기본적으로 서술어에 선어말 어미 '-(으)시-'가 붙어 실현되며, 부수적으로 주격 조사 '께서'가 쓰이기도 하고 주어 명사에 '-님'이 덧붙기도 합니다. 그리고 '계시다, 주무시다' 등 일부 특수 어휘를 통해 실현되기도 합니다. **주체높임법에서 주의할 점은 '주체'를 '주어'라고 하는 것은 옳지 않다는 것입니다.**

주체높임법에는 직접 높임과 간접 높임이 있습니다. 직접 높임은 말하는 이가 주체를 직접 높일 때에 사용하고, 간접 높임은 주체와 밀접한 관련이

있는 대상(신체 부분, 성품, 심리, 소유물 등)을 높임으로써 주체를 간접적으
로 높일 때에 사용합니다.

직접 높임	예 아버지께서 집에 (<u>계시다</u>, 있으시다*)
간접 높임	예 아버지께서는 걱정거리가 (<u>있으시다</u>, 계시다*) 회장님의 말씀이 (<u>있으시겠습니다</u>, 계시겠습니다*)

ⓒ 객체높임법

객체높임법은 목적어나 부사어가 지시하는 대상, 즉 서술의 객체를 높이
는 방법으로 국어의 높임법 가운데 제일 발달되지 않은 방법입니다. 객체높
임법에는 주로 특수 어휘, 그 중에서도 특수한 동사를 사용합니다. 객체높임
법에 사용되는 특수 어휘로는 '모시다, 드리다, 여쭈다, 뵈다' 등이 있습니
다. 객체높임법에서는 조사 '에게' 대신 '께'를 사용하기도 합니다.

(3) 시간 표현

　시간 표현은 시간을 나타내기 위한 언어 표현입니다. 어떤 일이 과거에 일어난 일인지, 현재 일어나고 있는 일인지, 앞으로 일어날 일인지를 나타내는 언어적 표현을 시제라고 합니다. 화자가 발화시[14]를 기준으로 하여 사건시[15]의 앞뒤를 제한하는 문법 기능입니다.

【핵심체크】 시간과 시제

시간	시제
• 연속적인 자연의 흐름	• 시간을 인위적으로 구분한 문법 범주
➡ 시간은 자연에 존재하는 현상이고 시제는 그 시간을 인위적으로 구분한 언어 표현이므로 이 둘을 구별하여 생각해야 합니다.	

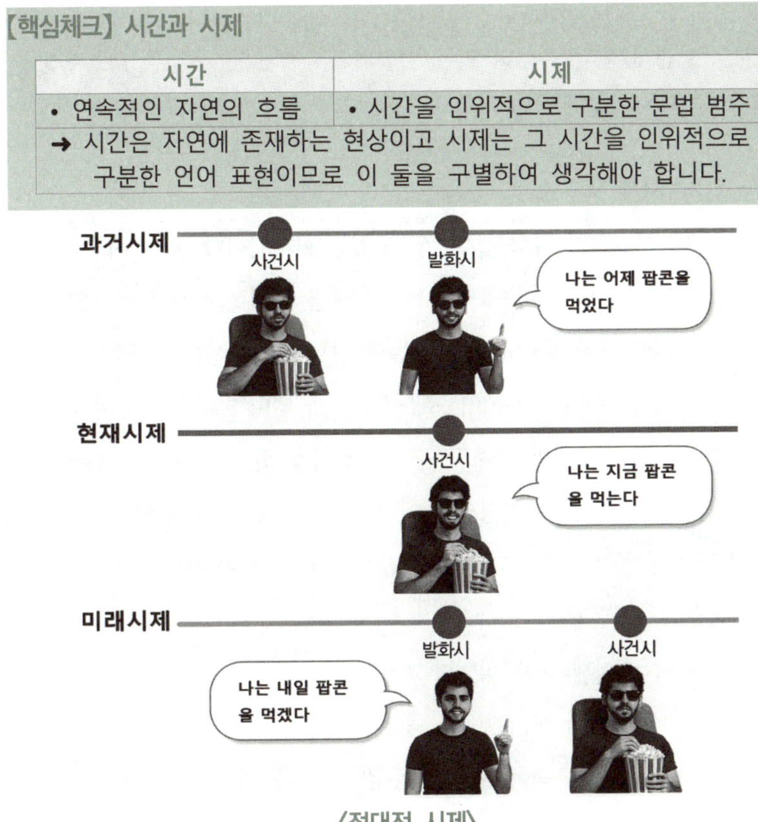

〈절대적 시제〉

---

14) **발화시**: 말하는 이가 말하는 시점. 과거니 미래니 할 때는 기준이 되는 시점이 필요함. '어제'는 '오늘'을 기준으로 하면 과거지만, '그저께'를 기준으로 하면 미래이기 때문임. 대개 시제는 말을 하고 있는 시점인 "발화시"를 기준으로 삼음.
15) **사건시**: 동작이나 상태가 일어나는 시점

3. 문법 요소의 기능과 의미

㉠ 과거 시제

과거 시제 사건시가 발화시보다 앞서 있는 시제입니다. 과거 시제는 먼저 과거 시제 선어말 어미 '-았-/-었-'과 '-더-'를 통해 실현됩니다. '-았었-/-었었-'도 과거를 나타내는 표현인데, 발화시보다 훨씬 전에 발생하여 현재와 단절된 사건을 표현하는 데 쓰여 '-았-/-었-'과 의미 차이를 보입니다. 선어말 어미 '-더-'는 과거 어느 때의 일이나 경험을 회상할 때 쓰입니다. 과거 시제는 동사 어간에 붙는 관형사형 어미 '-(으)ㄴ'을 통해, 용언의 어간이나 서술격 조사에 붙는 '-던'을 통해, 시간을 나타내는 부사어 '어제, 엊그제' 등을 통해서도 실현됩니다.

예 • 나는 <u>어제</u> 책을 읽었다.

• 네 동생이 도서관에서 공부하더라.

• 아까 네가 먹은 우유는 동생이 사 온 거야.

• 당시 학생이던 사람들이 이제는 성인이 되었다.

• 작년만 해도 이 저수지에는 물고기가 많았었는데 이제는 볼 수가 없다.

ⓛ 현재 시제

현재 시제는 발화시와 사건시가 일치하는 시제입니다. 동사에서는 선어말 어미 '-는-/-ㄴ-' 및 관형사형 어미 '-는'을 통해서, 형용사나 서술격 조사에서는 관형사형 어미 '-(으)ㄴ'이 쓰이거나 또는 선어말 어미 없이 현재 의미를 나타냅니다. 그리고 시간을 나타내는 부사어 '지금, 현재' 등을 통해 실현됩니다.

예 • 학생들은 지금 도서관에서 공부를 한다. / 공부를 하는 학생들

• 우리 아기 잘도 자는구나. / 잠을 자는 아기

• 꽃이 참 예쁘다. / 예쁜 꽃

• 동생은 중학생이다. / 중학생인 동생

ⓒ 미래 시제

미래 시제는 사건시가 발화시보다 나중인 시제입니다. 미래 시제는 선어말 어미 '-겠-'을 통해 실현되는 것이 일반적이며, 관형사형 어미 '-(으)ㄹ'을 통해, 관형사형 어미 '-(으)ㄹ'과 의존 명사 '것'이 결합된 '-(으)ㄹ 것'을 통해, 그리고 시간을 나타내는 부사어 '내일'을 통해 실현됩니다.

예 • 내일 오겠습니다.

• 갈 사람은 빨리 가세요.

• 제가 있을 것입니다.

【핵심체크】선어말 어미 '-(으)리-'

- '-(으)리-'는 '-(으)리다, -(으)리라, -(으)리까, -(으)리니' 등과 같이 한
  정된 표현에서 미래 시제를 나타내는 데에 사용되며, 예스러운 표현
  으로 쓰입니다..
  예 내일은 비가 오리다. / 내일 다시 전화하리다.

【핵심체크】'-겠-'의 다양한 의미

- 미래의 일이나 추측을 나타냅니다.
  예 지금 떠나면 새벽에 도착하겠구나.

- 주체의 의지를 나타냅니다.
  예 이번 달까지 목표치를 달성하겠다

- 가능성이나 능력을 나타냅니다.
  예 이걸 어떻게 혼자 다 하겠니?

- 완곡하게 말하는 태도를 나타냅니다.
  예 내가 말해도 되겠니?

- 헤아리거나 따져 보면 그렇게 된다는 뜻을 나타냄.(상대에게 의아스럽
  거나 불만스러운 상태임을 나타냄)
  예 별사람을 다 보겠다.

제4장 문장론(문장)

ⓔ 동작상

　동작상은 발화시를 기준으로 동작이 일어나는 모습을 나타냅니다. 시간의 흐름 속에서 그 동작이 진행되고 있는지 완결된 것인지 등 동작이 일어나는 모습을 표현합니다. 주로 보조 용언을 사용하여 동작상을 표현합니다. 진행상은 동작의 진행을 나타내며 대체로 현재 시제와 일치하고, 완료상은 동작의 완료를 나타내며 대체로 과거 시제와 일치합니다. 그리고 예정상은 동작의 예정을 나타내며 대체로 미래 시제와 일치합니다.

> 예 ・ 바람이 세게 <u>불고 있다</u>. / 빨래가 다 <u>말라 간다</u>. (진행상)
> ・ 밥을 다 <u>먹어 버렸다</u>. / 주미는 지금 의자에 <u>앉아 있다</u>. (완료상)
> ・ 나도 거기에 <u>다니게 되었다</u>. / 저도 거기에 <u>가려고</u> 계획을 세우고 있습니다. (예정상[16])

---

16) 현행 학교교육과정에서 '예정상'은 따로 설정되어 있지 않습니다. 동작상을 진행상, 완료상, 예정상으로 나누는 구분은 '남기심·고영근'의 이론을 따른 것입니다.

⑷ 피동 표현

피동 표현은 주어가 다른 대상에 의해 동작이나 행위를 당하는 것을 나타내는 표현입니다. 문장은 동작이나 행위를 누가 하느냐에 따라 능동문과 피동문으로 나뉩니다. 피동은 주어가 다른 대상에 의해서 동작을 당하게 되는 것이고 능동은 주어가 동작을 제힘으로 하는 것입니다.

피동 표현은 동작의 대상을 강조하고 싶을 때, 동작의 주체가 분명하지 않거나 밝힐 필요가 없을 때, 또는 동작의 주체를 밝히지 않으려 할 때 사용합니다.

국어에서는 피동사가 있는 능동사보다 피동사가 없는 능동사가 훨씬 많습니다. 그리고 피동사는 하나의 단어로 인정하여 사전에 등재합니다.

㉠ 파생적 피동문(단형 피동)

파생적 피동문은 능동사의 어근에 피동 접미사 '-이-, -히-, -리-, -기-'가 붙어서 만들어진 피동문입니다.

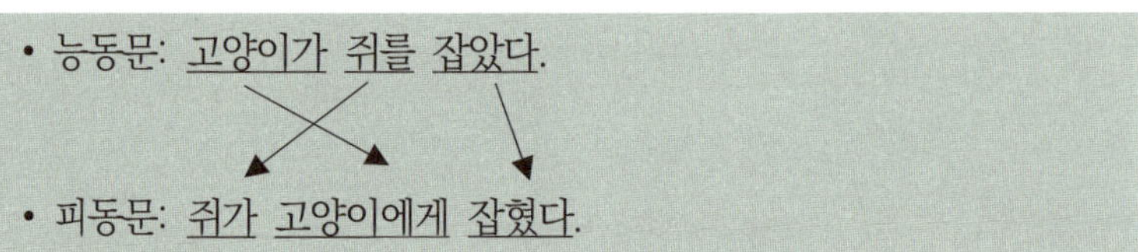

능동문이 피동문으로 바뀔 때 능동문의 주어('고양이가')는 피동문의 부사어('고양이에게')가 되고, 능동문의 목적어('쥐를')는 피동문의 주어('쥐가')가 됩니다. 능동사 '잡다'에 피동 접미사 '-히-'가 붙어 피동사 '잡히다'가 만들어집니다. 피동문의 부사어는 '에게, 한테, 에, -에 의해서'가 붙어서 이루어집니다.

ⓛ 통사적 피동문(장형 피동)

통사적 피동문은 용언 어간에 '-어지다', '-게 되다'가 붙어서 만들어진 피동문입니다.

　　㉠ 기분이 풀<u>어졌다</u>. / 사건의 진실이 곧 드러나<u>게 된다</u>.

위 예문은 수량사 표현과 부정 표현이 왔을 때, 능동문과 피동문의 의미 차이가 있다는 것을 보여 줍니다. ㉮는 포수 열 명이 토끼 한 마리씩 잡거나 모두 합해서 한 마리만 잡은 것으로 해석되는 데 비해, ㉯는 포수 열 명에게 토끼 한 마리만 잡힌 것으로 해석됩니다. 그리고 ㉰는 능력 부정을 나타내나 ㉱는 가능성 부정으로 해석되어 차이가 있습니다.

(5) 사동 표현

사동 표현은 주어가 남에게 동작을 하도록 시키는 것을 나타내는 표현입니다. 문장은 주어가 동작이나 행위를 직접 하느냐, 아니면 다른 사람에게 하도록 하느냐에 따라 주동문과 사동문으로 나뉩니다. 주동은 주어가 동작을 직접 하는 것이고 사동은 주어가 동작을 남에게 시키는 것입니다.

피동사와 마찬가지로 주동사에 대응하는 사동사도 아주 제한적으로 존재합니다. 사동사도 피동사와 마찬가지로 하나의 단어로 인정하여 사전에 등재합니다. 일부 자동사는 '자다: 자-+-이-+-우-+-다 → 재우다'처럼 두 개의 사동 접미사가 붙어서 사동사가 되기도 합니다.

㉠ 파생적 사동문(단형 사동)

파생적 사동문은 주동사의 어근에 사동 접미사 '-이-, -히-, -리-, -기-, -우-, -구-, -추-'가 붙어서 만들어진 사동문입니다.

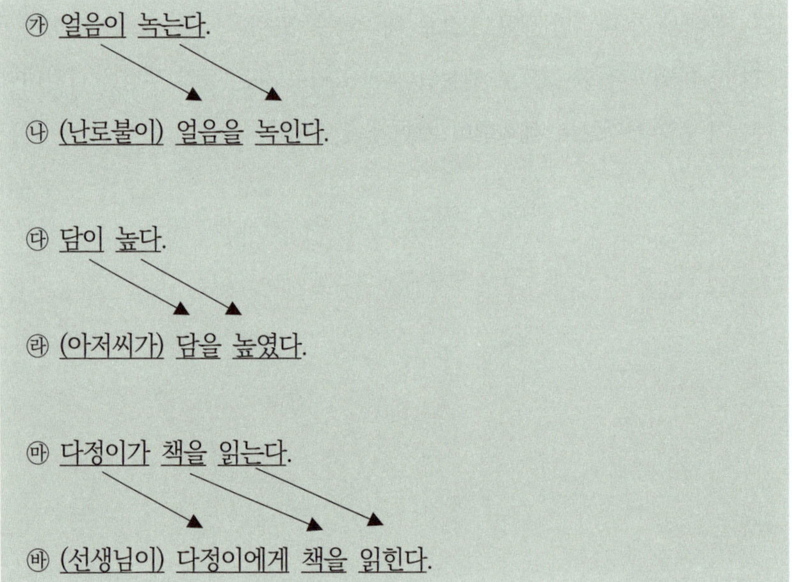

주동문이 사동문으로 바뀔 때 사동문이 주동문에서 변화하는 방법은 ㉮~
㉯에서처럼 여러 가지로 나뉩니다. ㉯, ㉱, ㉯에서처럼 주동문에 없던 새로운
주어가 사동문에 등장합니다.(괄호로 묶인 부분들) 이 현상은 주동문의 용언
종류에 관계 없이 모두 동일합니다. ㉮, ㉰와 같이 **주동문의 용언이 자동사나
형용사이면** 주동문의 주어는 ㉯와 ㉱에서처럼 사동문의 목적어가 됩니다. ㉲
와 같이 **주동문의 용언이 타동사이면** 주동문의 주어가 사동문에서는 '에게'가
붙은 부사어로 변합니다. 물론 '에게'는 '한테, -로 하여금' 등으로 바뀔 수가
있습니다. 주동사 '녹다, 높다, 읽다'에 사동 접미사 '-이-'나 '-히-'가 붙어
사동사 '녹이다, 높이다, 읽히다'가 만들어집니다.

ⓛ **통사적 사동문(장형 사동)**

통사적 사동문은 '-게 하다[17]'에 의해서 만들어진 사동문입니다.

㉤ 아버지가 아이에게 밥을 <u>먹게 한다</u>.

【핵심체크】 단형 사동과 장형 사동의 의미 차이

㉮ 딸이 옷을 입었다.

㉯ 어머니가 딸에게 옷을 입혔다. / 어머니가 딸에게 옷을 입혔는데, 딸
이 입었다. / *어머니가 딸에게 옷을 입혔는데, 딸은 입지 않았다.

㉰ 어머니가 딸에게 옷을 입게 하였다. / 어머니가 딸에게 옷을 입게 했
는데, 딸이 입었다. / 어머니가 딸에게 옷을 입게 했는데, 딸은 입지
않았다.

---

17) **-게 하다**: 연결 어미(-게) + 보조 용언(하다)

㉔ 언니가 아이에게 옷을 입혔다. / 언니가 아이에게 직접 옷을 입혔다. / 언니가 아이에게 옷을 입으라고 말해서 아이가 직접 옷을 입었다.

㉤ 언니가 아이에게 옷을 입게 하였다. / *언니가 직접 아이에게 옷을 입혔다. / 언니가 아이에게 옷을 입으라고 시켜서 아이가 직접 옷을 입었다.

㉥ 선생님께서 철수에게 책을 읽히셨다. / *선생님께서 철수에게 직접 책을 읽어 주셨다. / 선생님께서 철수로 하여금 책을 읽으라고 말해서 철수가 직접 책을 읽었다.

㉦ 선생님께서 철수에게 책을 읽게 하셨다. / *선생님께서 철수에게 직접 책을 읽어 주셨다. / 선생님께서 철수로 하여금 책을 읽으라고 말해서 철수가 직접 책을 읽었다.

- '*'은 비문임.

　　단형 사동문과 장형 사동문이 반드시 똑같은 의미를 지니고 있지는 않습니다. 대개 단형 사동은 주어가 객체에게 직접적인 행위를 한 것이고, 장형 사동은 간접적인 행위를 한 것으로 알려져 있습니다. 단형 사동문과 장형 사동문의 의미는 현재로서는 용언과 그와 함께 나타나는 다른 문장 성분들과의 의미 관계 속에서 파악될 수밖에 없습니다.

【핵심체크】 사동사와 피동사의 형태가 같을 경우 어떻게 처리할 것인가의 문제

㉮ 아기가 엄마에게 <u>안겼다</u>.

㉯ 엄마는 나리에게 아기를 <u>안겼다</u>.

㉮와 ㉯에서 '안기다'는 피동사로도 쓰였고, 사동사로도 쓰였습니다. 이렇게 형태가 같을 경우 처리하는 방법은 보통 세 가지입니다. 둘을 동음이의어로 보는 견해, 둘 중 하나를 기본형으로 삼고 다른 하나는 여기서 파생된 것으로 보는 견해, 그냥 하나로 보면서 상황에 따라 이렇게 저렇게 쓰인다고 보는 견해 등이 바로 그 예들입니다. 이중에 첫 번째 견해로 보는 것이 가장 무난한데, 그 이유는 둘째와 셋째 견해로 보는 방법은 인위적인 새로운 문법 범주(영파생18) 접사, 중립 동사19))를 만들어내야 하는데, 첫째 견해는 그럴 필요가 없기 때문입니다. '안기다'처럼 동음이의어로 쓰이는 단어들로는 '보이다, 잡히다, 업히다, 끌리다, 뜯기다' 등이 있습니다.

⑹ 부정 표현

부정 표현은 부정의 뜻을 나타내는 표현입니다. 부정의 요소가 결합되어 어떤 언어적 대상을 부정하는 표현으로 '안'이나 '못'이 결합되어 문장의 내용, 의미를 부정하는 문법 기능입니다. 긍정문에 부정을 나타내는 말을 써서 내용 전체 또는 일부를 부정하는 문장을 부정문이라고 합니다.

부정문은 종결 표현에 따라 그리고 서술어의 종류에 따라 일정한 제약을 받는 경우가 있습니다. 능력 부정이든 의지 부정이든 간에 형용사와 서술격 조사문에서는 사용되지 않습니다.

---

18) 영파생(=영변화)은 접사가 결합하지 않고 새로운 단어를 만드는 것을 말합니다. 명사 '신'과 동사 '신다', 명사 '품'과 동사 '품다' 등의 관계를 설명할 때 활용되는 개념입니다. 한 단어에서 파생이 일어날 때 zero(-Ø-) 접사에 의해 파생되었다고 봅니다.
19) 자동사와 타동사로 모두 사용될 수 있는 동사

3. 문법 요소의 기능과 의미

예 • 영희는 미인이다.

　• 영희는 *안/*못 미인이다.

　• 영희는 미인이지 *않다/*못하다.

　• 미인이지 *마라/*말자.

　• 영희는 미인이 <u>아니다</u>.(상태 부정)

예 • 영희는 예쁘다.

　• 영희는 <u>안</u>/*못 예쁘다.(상태 부정)

　• 영희는 예쁘지 <u>않다</u>/*못하다.(상태 부정)

　• 예쁘지 *마라/*말자.

　부정 표현이지만 실제 의미로는 부정을 나타내지 않는 경우도 있습니다. 상위 서술어가 '걱정되다, 두렵다, 의심스럽다, 무섭다' 등과 같은 경우는 부정 표현이 쓰였다고 하더라도 결국 수사 의문문으로 사용된 것이기 때문에 부정 의미가 없습니다. 또한 '않다'가 수사 의문문으로 쓰인 것도 부정의 의미가 없습니다.

　예 • 철수가 가지 않았을까 걱정된다.(수사 의문문)

　• 철수가 갔지 않을까 걱정된다.(수사 의문문)

　• 영희가 갔지 않니?(수사 의문문)

　• 영희가 가지 않았니?(부정 의문문)

　부정문은 형태에 따라 짧은 부정(문)과 긴 부정(문)으로 나뉘고, 의미에 따라 의지 부정과 능력 부정으로 나뉩니다.

종류	짧은 부정(문)	긴 부정(문)
방식	부정 부사 '안'과 '못'을 사용	부정 용언 '아니하다'와 '못하다'를 사용 ※ 명령문, 청유문에서는 '마/마라, 말자'를 사용
예시	• 나는 그를 <u>안</u> 만났다. • 나는 그를 <u>못</u> 만났다.	• 나는 그를 만나지 <u>않았다</u>. • 나는 그를 만나지 <u>못했다</u>. • 그를 만나지 <u>마라</u>./*못해라/*아니해라 (명령문) • 그를 만나지 <u>말자</u>./*못하자/*아니하자 (청유문)

	의지 부정		능력 부정
부정 부사	안, 아니	부정 부사	못
부정 용언	-지 아니하다, 않다, 안하다	부정 용언	-지 못하다

부정문에서는 부정의 범위가 어디까지인지 쉽게 확정하기 어렵습니다. 아래 예에서 '안, 아니하다'가 부정하는 내용은 '동생'이 될 수도 있고, '책'이 될 수도 있으며, '읽다'가 될 수도 있습니다.

예 동생이 책을 <u>안</u> 읽었다. / 동생이 책을 읽지 <u>않았다</u>.

위의 예에서 중의성은 '동생, 책, 읽다'의 어느 하나에 강세를 주어 구별하거나, 보조사 '는, 도, 만'을 넣어서 해소할 수 있습니다.

(7) 인용 표현

　인용 표현은 남의 말이나 글을 자신의 말이나 글 속에 직접 혹은 간접으로 끌어 쓴 표현입니다. 인용 표현을 할 때에는 원작자의 의도를 손상하거나 내용의 일부만 뽑아서 자기가 전달하고 싶은 뜻에 끼워 맞추는 행위 등을 하지 않도록 유의해야 합니다. 그리고 인용한 내용의 출처를 반드시 밝혀 원작자의 저작권을 침해하지 않아야 합니다.

　인용 표현의 종류에는 **직접 인용** 표현과 **간접 인용** 표현이 있습니다. **직접 인용** 표현은 다른 사람의 말이나 글을 원래의 형식과 내용 그대로 유지한 채 인용하는 것입니다. 직접 인용 표현을 할 때에는 아래 예에서처럼 인용절에 큰따옴표를 하여 표시하고, 조사 '라고'를 씁니다.

　　예 미애는 지우에게 "나도 내일 당신을 따라 갈래요."라고 어제 말했다.

　간접 인용 표현은 다른 사람의 말이나 글을 인용할 때 그 형식은 유지하지 않고 내용만 끌어다 쓰는 것입니다. 간접 인용 표현을 할 때에는 아래 예에서처럼 조사 '고'를 씁니다. 직접 인용 표현을 간접 인용 표현으로 바꾸어 서술할 때에는 인용 조사뿐 아니라 인칭 표현, 지시 표현, 시간 표현, 높임 표현, 종결 표현 등을 상황에 맞게 적절히 바꾸어야 합니다.

　　예 미애는 지우에게 자기도 오늘 그를 따라 가겠다고 말했다.

⑻ 기본 문형과 어순

  기본 문형은 홑문장 가운데서 가장 기본이 되는 문형입니다. 다양한 홑문장은 이 기본 문형을 통해서 확대되고, 다양하고 복잡한 겹문장 역시 기본 문형을 기본으로 하여 확대됩니다. 국어의 기본 문형은 아래 표와 같습니다.

유형	어순	예시
1유형	주어-서술어	새가 날아간다.
2유형	주어-목적어-서술어	나는 그를 좋아한다.
3유형	주어-보어-서술어	물이 얼음이 되었다.
4유형	주어-목적어-부사어-서술어	나는 선물을 그녀에게 주었다.

문법을 알아야 세상이 보인다!

제5강
의미론(의미)

1. 어휘 의미론

(1) 언어와 의미

① 언어의 의미

언어는 말소리와 의미로 이루어집니다.

말소리		의미(意味)
언어의 형식	+	언어의 내용

의미는 실체를 가지고 있는 것이 아니기 때문에 학자마다 설명하는 방식이 다릅니다. 표현과 그 표현이 지시하는 대상 사이의 관계가 반드시 일대일 관계인 것은 아닙니다. 한 표현이 지시하는 대상의 의미 영역은 그 경계선이 분명하지 않은 경우가 있을 뿐 아니라, 그 의미의 속성이 고정되어 있지 않고 변하는 경우도 있습니다. 어떤 표현은 관습, 상황, 그리고 말하는 이의 의도나 심리적 태도에 따라 기본 의미와 전혀 다른 것을 의미하는 경우도 있습니다.

② 언어의 의미를 보는 관점

지시설은 지시 대상(指示對象)이 언어의 의미라고 보는 관점입니다.

지시 대상이 존재하는 것	이순신, 세종 대왕, 물, 돌, 바람 등
지시 대상이 존재하지 않는 것	• 현실 속에서 사물이 존재하지 않는 것-춘향, 용, 도깨비, 견우와 직녀 등 • 문법적 허사-는, 에, 에게, 을/를, 등
추상적인 것	향수(鄕愁), 추억, 사랑, 평화, 의지, 관계, 아름다움 등

제5강 의미론(의미)

지시설은 지시 대상이 존재하지 않는 경우나 문법적 기능만 가진 말도 있고, 구체적인 지시 대상을 생각하기 어려운 경우도 있기 때문에 언어의 의미를 포괄하기 어려운 관점입니다.

개념설은 개념을 언어의 의미라고 보는 관점입니다. '개념(槪念)'이란 '어떤 사물 현상에 대한 일반적인 지식으로 우리의 머릿속에서 만들어지고 저장된 생각'을 의미합니다. 개념은 모든 사람들이 가지고 있는 공통 의미로 추상화된 특성이 있습니다.

【심화학습】 의미의 삼각형

- 의미는 개념과 기호(말소리 혹은 문자로 나타남), 지시 대상으로 구성됩니다.
- 이 중에서 기호와 지시 대상은 자의적인 관계를 지닙니다.
- 단어의 의미란 지시물 자체가 아니라 지시물의 심리적 영상(마음속의 추상화 된 형상)입니다.
- 소시르(1916)는 음성은 시니피앙이고, 의미는 시니피에라는 용어를 사용합니다.

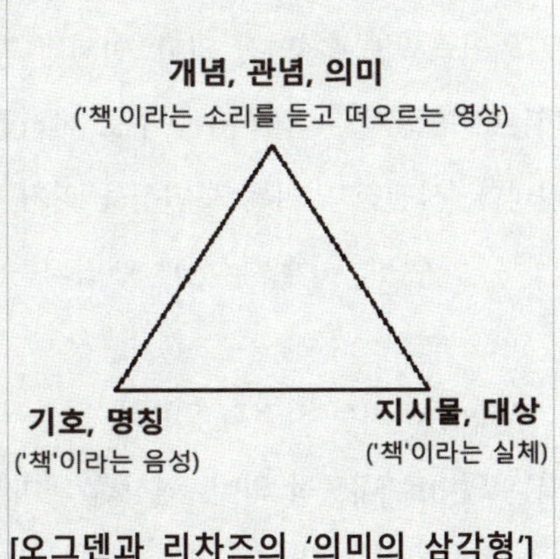

③ 의미의 종류

㉠ 중심적 의미와 주변적 의미

중심적 의미는 가장 기본적이며 핵심적인 의미이고, 주변적 의미는 중심적 의미를 제외한 여러 가지의 다른 의미입니다.

손	중심적 의미	<u>손</u>에 땀이 나다.(手, 신체의 일부)
	주변적 의미	<u>손</u>이 모자란다.(노동력) 그 사람과 <u>손</u>을 끊겠다.(관계) 그 사람은 <u>손</u>이 크다.(씀씀이) <u>손</u>윗사람(기준)

㉡ 사전적 의미와 함축적 의미

사전적 의미는 어떤 낱말이 지니고 있는 가장 기본적이고 객관적인 의미로 외연적 의미, 개념적 의미, 인지적 의미라고도 합니다. 정보 전달이 주가 되는 설명문 같은 경우에는 주로 이러한 사전적 의미로 의사소통이 이루어집니다. 사전적 의미는 보편성을 띠기 때문에 사전에 등재될 수 있습니다.

㉠ 여성: 사람, 남성과 대립되는 말

함축적 의미는 사전적 의미에 덧붙어서 연상이나 관습 등에 의하여 형성되는 의미로 내포적 의미, 연상적 의미라고도 합니다. 시 같은 문예문의 경우, 주로 이러한 함축적 의미에 의지하여 작품을 창작하고 이해하며 감상합니다. 함축적 의미는 개별성과 특수성을 띠기 때문에 사전에 등재될 수 없습니다.

㉠ 여성: 모성 본능이 있다, 꼼꼼하다, 자상하다, 섬세하다, 부드럽다 등

제5강 의미론(의미)

ⓒ 사회적 의미와 정서적 의미

사회적 의미는 말이 그것을 사용하는 사람의 사회적 환경과 관련되는 의미로 말하는 사람의 출신 지역, 사회적 지위, 교양 수준 등을 알 수 있습니다. 사회적 의미를 드러내주는 요소에는 연령, 직업, 친숙성, 장소, 말씨 등이 있습니다.

정서적 의미는 언어 표현을 통해서 화자나 청자의 개인적인 태도나 감정 등을 알 수 있게 해주는 의미로 말을 할 때 심리적 상태나 상대에 대한 공손함 등을 표현하기 위하여 다른 어조를 선택하는 경우에 해당합니다. 정서적 의미를 드러내주는 요소에는 어조, 세기, 부사나 감탄사 등이 있습니다.

ⓔ 주제적 의미와 반사적 의미

주제적 의미는 같은 표현이라 하더라도 특별히 말하는 사람이나 글 쓴 사람의 의도가 드러나는 의미로 흔히 어순을 바꾸거나 특정 부분을 강조하여 발음함으로써 드러납니다.

반사적 의미로 어떤 말을 사용할 때 그 말의 원래의 뜻과는 아무런 관계없이 특정한 반응을 불러일으키게 되는 의미로 말소리만 듣고 다른 의미를 불러일으키는 이름('임신중(林信重)') 같은 것이 반사적 의미에 해당합니다.

(2) 동음이의어와 다의어

동음이의어(同音異議語)는 소리는 같지만 의미가 서로 다른 단어입니다. 아래의 ⓐ와 ⓑ의 '땀'은 소리는 같지만 서로 뜻의 관련성이 없기 때문에 동음이의어입니다.

ⓐ 허겁지겁 뛰었더니 땀에 흠뻑 젖었다.

ⓑ 바느질을 한 땀 한 땀 정성 들여 했다.

　다의어(多義語)는 하나의 단어가 두 가지 이상의 여러 가지 의미를 가진 단어입니다. 다의어의 의미는 중심적 의미와 주변적 의미로 나뉩니다. 아래의 표에서 ⓐ의 '손'은 단어의 가장 보편적이고 핵심적인 의미에 해당하므로 중심적 의미라고 합니다. 반면 ⓑ와 ⓒ의 '손'은 중심적인 의미에서 확장된 의미에 해당하므로 주변적 의미라고 합니다.

ⓐ 현우는 손이 커서 큰 장갑을 사야 한다.

ⓑ 그 일은 손이 많이 간다.

ⓒ 요즘은 일이 바빠서 손이 많이 필요하다.

【핵심체크】 동음이의어와 다의어의 차이

　동음이의어는 의미상으로는 상관성을 찾기 어렵지만 다의어는 하나의 의미에서 의미가 분화된 것입니다. 그래서 사전에서 동음이의어는 별개의 표제어로 실리지만 다의어는 하나의 표제어로 실립니다.

제5강 의미론(의미)

손 (1) 「명사」

1. 사람의 팔목 끝에 달린 부분. 손등, 손바닥, 손목으로 나뉘며 그 끝에 다섯 개의 손가락이 있어, 무엇을 만지거나 잡거나 한다.
   예) 손으로 잡다. / 손으로 가리키다.
2. 손끝의 다섯 개로 갈라진 부분. 또는 그것 하나하나. = 손가락.
   예) 손에 반지를 끼다.
3. 일을 하는 사람. = 일손.
   예) 손이 부족하다. / 손이 덜리다.
4. 어떤 일을 하는 데 드는 사람의 힘이나 노력, 기술.
   예) 그 일은 손이 많이 간다.
5. 어떤 사람의 영향력이나 권한이 미치는 범위.
   예) 범인은 경찰의 손이 미치지 않는 곳으로 도망갔다.
6. 사람의 수완이나 꾀.
   예) 장사꾼의 손에 놀아나다.

(왼쪽 세로: 다의어 / 오른쪽 세로: 동음이의어)

손 (2) (명사)

1. 다른 곳에서 찾아온 사람.
   예) 손을 맞다. / 우리 집에는 늘 자고 가는 손이 많다.
2. 외래인이나 음식점 따위의 영업하는 장소에 찾아온 사람.
   예) 그 가게는 손이 많다.
3. 지나가다가 잠시 들른 사람.
   예) 주인은 상이 하나밖에 더 없어져서 외상으로 대접 못한다고 발명하여 말하고 황천옹동이는 일시 지나가는 손을 너무도 정숙하게 대접한다고 칭찬하여 말하였다. 〈홍명희, 임꺽정〉
4. '천연두'를 일상적으로 이르는 말. = 손님아.

(왼쪽 세로: 다의어)

(3) 단어의 의미 관계

① 유의 관계

유의어(類義語)는 말소리는 다르지만 의미가 서로 비슷한 말입니다. 유의 관계는 아래의 예에 단어들처럼 의미가 같거나 비슷한 둘 이상의 단어가 맺는 의미 관계입니다.

> 예 가끔 - 더러 - 이따금 - 드문드문 - 때로 - 간혹 - 자주

유의 관계의 대부분은 개념적 의미의 동일성을 전제로 합니다. 유의 관계를 이루는 단어들을 어느 경우에나 서로 바꾸어 쓸 수 있는 것은 아닙니다.

【핵심체크】 유의어와 동의어(同義語)

뜻이 같은 말을 '동의어(同義語)'라고 하는데, 의미가 완전히 동일한 경우를 찾기 어렵기 때문에, '뜻이 서로 비슷한 말'을 의미하는 '유의어'를 주로 사용합니다.

유의어는 기본 의미는 비슷하지만, 가리키는 대상의 범위가 다르고 미묘한 느낌의 차이를 보이기도 합니다. 유의어를 파악하는 방법에는 계열 관계(수직 관계)를 이용하는 방법과 결합관계(수평 관계)를 이용하는 방법이 있습니다.

계열 관계(수직 관계)를 이용하는 방법은 대치가 가능한 단어들을 유의어로 파악하는 방법으로 유의어인지 아닌지를 판별하는 방법입니다.

> 예 '그가 죽었다; 그가 숨졌다; 그가 사망했다'에서 '죽다, 숨지다, 사망하다'는 계열 관계 차원에서 유의어가 됩니다.

결합관계(수평 관계)를 이용하는 방법은 유의어들의 미묘한 의미 차이를 파악하는 방법입니다. 자세한 것은 아래의 표를 통해 확인할 수 있습니다.

결합할 수 있는 말	잡다	쥐다	※ '잡다'와 '쥐다'는 유의 관계에 놓여 있지만 옆에서 보는 바와 같이 미묘한 의미의 차이가 있어 쓰임이 다릅니다.
공을	○	○	
손끝으로	○	×	
도둑을	○	×	
자리를	○	×	

※ 우리말에서 유의어가 발달한 이유

• 고유어와 함께 한자어와 외래어가 섞여 쓰이고 있습니다.

　예 어머니-모친-마마, 아내-처-와이프

• 높임법이 발달하여 있습니다.

　예 나/저/본인/이사람

• 감각어가 발달하여 있습니다.

　예 노랗다/노르께하다/노르스름하다/노릇하다/노릇노릇하다/노릿하다/노리끼리하다

• 국어 순화를 위하여 정책적으로 말을 만들어 내었습니다.

　예 세모꼴-삼각형, 쪽-페이지

• 금기(禁忌, taboo) 때문에 생기기도 하였습니다.

　예 어린 사내아이를 보고 '고추' 보자고 하는 것

② 반의 관계

　반의어(反意語)는 그 뜻이 서로 정반대되는 관계에 있는 말로 한 쌍의 말 사이에 서로 공통되는 의미 요소가 있으면서 동시에 서로 다른 한 개의 의미 요소가 있어야 합니다.

　　예 '남자'와 '여자', '위'와 '아래', '작다'와 '크다' 따위

남성	사람, 성인, 미혼	여성
총각		처녀

　반의 관계는 둘 이상의 단어에서 의미가 서로 짝을 이루어 대립하는 관계입니다. 반의 관계가 성립되려면 한 쌍의 반의어 사이에 하나의 의미 자질만 다르고 나머지 의미 자질들은 공통적이어야 합니다.

【핵심체크】 의미 자질
- 의미 자질은 단어의 의미를 구성하는 최소 성분으로, 해당 자질을 가지고 있으면 '+'로, 가지고 있지 않으면 '-'로 표시합니다.
  예 숙녀[+사람][+여성][+성숙] / 신사[+사람][-여성][+성숙]

　반의 관계는 두 단어의 비교 기준이 한 개일 경우에만 성립하므로 비교 기준이 분명해야 합니다. 예를 들어, '개체 발생'과 '개체 소멸'은 '발생'과 '소멸'의 의미 요소만 반의 관계를 이루고 있습니다. 반의어는 반드시 한 쌍으로만 존재하는 것이 아니라, 한 단어에 여러 개의 단어가 대립하는 경우도 있습니다. 예를 들어, '고유어'는 '외래어, 한자어'와, '개체'는 '군체, 전체, 집단'과, '개체주의'는 '전체주의, 보편주의'와 대립합니다.

　어떤 단어가 다의어(多義語)이면 그에 따라 반의어가 달라질 수 있습니다.

반의어는 사람들이 세상에서 일어나는 현상이나 사물을 대립되는 짝으로 나누어 파악하려는 경향에 영향을 받아 생겨납니다. 그러므로 반의어는 원 단어의 의미를 좀 더 명확히 파악할 수 있도록 도와주는 기능뿐만 아니라, 사고(思考)를 명확하게 하고 어휘력을 발달시키는 도구가 되기도 합니다.

③ 상하 관계

상하 관계는 한쪽이 의미상 다른 쪽을 포함하거나 다른 쪽에 포함되는 의미 관계입니다. 상하 관계를 형성하는 단어들은 상의어[20]일수록 일반적이고 포괄적인 의미를 지니며, 하의어[21]일수록 개별적이고 한정적인 의미를 지닙니다.

따라서 하의어는 상의어를 의미적으로 함의(含意)하게 됩니다. 즉 상의어가 가지고 있는 의미 특성을 하의어가 자동적으로 가지게 됩니다. 또한 하의어는 그 의미가 개별적, 구체적이기 때문에 상의어에 비해 자세합니다.

예술	문학	시가	서정시, 산문시, 서사시, 극시, 시조
		소설	장편 소설, 단편 소설, 중편 소설
		수필	경수필, 중수필, 부(賦), 설(說)
		희곡	비극, 희극, 희비극
	미술	회화	동양화, 민화, 서양화, 인물화, 산수화, 삽화
		조각	목조, 석조, 환조, 부조
		공예	수공예, 목공예, 금속 공예, 도예
		서예	전서, 예서, 해서, 행서, 초서

---

20) 상의어(上義語): 포함하는 단어
21) 하의어(下義語): 포함되는 단어

　위 표에서 가장 상위에 있는 '예술'이라는 상의어는 하위에 있는 모든 단어들의 상의어입니다. 즉 '문학'은 '시가', '소설', '수필', '희곡'의 상의어이면서 동시에 '예술'의 하의어가 됩니다. 도식에서 '예술'쪽으로 갈수록 포괄하는 의미 범위가 넓고, 그 반대쪽으로 갈수록 의미가 개별적이고 구체적입니다.

2. 문장 의미론

(1) 문장 의미의 성격

문장의 의미는 독립적으로 나타나 있는 단어의 의미로만은 정확히 확인할 수 없습니다. 다시 말하면, 단어 하나만이 아니라, 단어와 단어가 이어지는 원리를 알아야 진정한 문장 의미를 알게 됩니다.

> ㉮ 철수가 영희를 때렸다.
> ㉯ 영희가 철수를 때렸다.
> ㉰ 철수가 영희와 순이를 좋아한다.
> ㉱ [철수가 영희와] 순이를 좋아한다.
> ㉲ 철수가 [영희와 순이를] 좋아한다.

문장의 의미는 단어 의미를 단순히 더해 놓은 것은 아닙니다. 위의 표에서 ㉮와 ㉯의 의미가 다른 것은 단어의 배열 순서가 문장의 의미에 어떤 영향을 끼치고 있음을 보여줍니다. 따라서 ㉮와 ㉯의 의미 차는 **배열의 차이**에 의한 것입니다.

㉰는 겉으로는 하나의 문장이지만, ㉱와 ㉲ 각각으로 다르게 해석될 수 있습니다. ㉱에서는 주체가 '철수, 영희' 둘이고 대상이 '순이' 하나이지만, ㉲에서는 주체가 '철수' 하나이고 대상이 '영희, 순이' 둘입니다. 따라서 ㉱와 ㉲의 의미 차는 **묶음의 차이**에 의한 것입니다.

문장의 의미는 단순히 단어 의미의 합이라고 말할 수 없습니다. 낱낱의 단어 의미는 물론이고, 거기에 배열이나 묶음의 원리를 덧붙여서 완전한 문장의 의미가 형성되는 것입니다.

(2) 문장 간의 의미 관계

① 문장의 유의성

유의문(類義文)은 문장에서 뜻이 비슷한 것을 단어에서 뜻이 비슷한 말을 유의어라고 하는 것과 마찬가지입니다. 단어에서와 마찬가지로 완전히 똑같은 의미를 가지는 동의문은 존재하지 않습니다. 능동문과 피동문은 각각 표현에 따라서 강조하고자 하는 의미가 다릅니다. 풀어쓰기 문장도 그냥 단어를 표현한 문장과 의미가 똑같다고는 할 수 없습니다.

㉮ 나는 **엄마**를 좋아한다.

㉯ 나는 **아빠의 아내**를 좋아한다.

㉰ 나는 **할아버지의 아들의 아내**를 좋아한다.

㉱ 영수는 빵을 먹었다.

㉲ 빵이 영수에게 **먹혔다**.

㉳ 빵이 영수에게 **먹어졌다**.

㉴ 어서 집에 가거라.

㉵ 집에 어서 가거라.

㉶ 그는 불쌍하게 죽었다.

㉷ 불쌍하게 그는 죽었다.

㉸ 해인이는 음악회에서 희정이를 만나지 못했다.

㉹ 해인이는 음악회에서 희정이를 못 만났다.

㉺ 해인이는 음악회에서 희정이를 만나지 않았다.

㉻ 해인이는 음악회에서 희정이를 안 만났다.

- 단어를 동의 표현으로 풀어 쓰는 것: ㉮ ➜ ㉯,㉰
- 능동문과 피동문의 경우(수량 표현의 경우는 제외): ㉱ ➜ ㉲,㉳
- 부사어 이동으로 인한 문장들(성분 부사어일 경우는 유의문을 이루나, 문장 부사어일 경우는 그러지 못할 경우도 있음.): ㉴,㉵ / ㉻,㉼
- 부정 표현에서 장형과 단형: ㉾,㋅ / ㋊,㋓
  - ➜ ㉾와 ㋅, ㋊와 ㋓는 서로 유의문이지만, ㉾와 ㋊, ㋅와 ㋓는 의미 차이(의지, 능력)로 인해 서로 유의문을 구성하지 못합니다.

② 문장의 반의성

반의문(反義文)은 문장에서 서로 반대되는 의미를 가진 문장입니다. 반의문은 유의문과 달리 반드시 한 문장에 하나의 반의문만 존재합니다. 이는 하나의 문장이 어떤 한 가지 기준에 의해서 하나의 반대 의미를 지닌 문장을 가진다는 것을 뜻합니다. 반의문이 이루어지는 경우는 아래의 세 가지가 있습니다.

ⓐ 반의어를 통해서 반의문이 이루어지는 경우

㉮ 철수가 영희를 <u>좋아한다</u>.
㉯ 철수가 영희를 <u>싫어한다</u>.

㉰ 그가 <u>남쪽</u>에 있는 학교로 <u>천천히</u> 갔다.
㉱ 그가 <u>북쪽</u>에 있는 학교로 <u>천천히</u> 갔다.

㉲ 그가 <u>남쪽</u>에 있는 학교로 <u>빨리</u> 갔다.
㉳ 그가 <u>북쪽</u>에 있는 학교로 <u>빨리</u> 갔다.

ⓑ 부정 표현을 통해서 반의문이 이루어지는 경우

㉮ 그가 학교에 간다.

㉯ 그가 학교에 <u>안</u> 간다.
㉰ 그가 학교에 가지 <u>않는다</u>.

㉱ 그가 학교에 <u>못</u> 간다.
㉲ 그가 학교에 가지 <u>못한다</u>.

ⓒ 보조사를 통해서 반의문이 이루어지는 경우

㉮ 그가 키가 크다.
㉯ 그가 키<u>도</u> 크다.
㉰ 그가 키<u>만</u> 크다.

ⓒ에서 ㉯는 긍정의 의미를, ㉰는 부정의 뜻을 나타냅니다. 따라서 ㉯와 ㉰는 반의문이라고 할 수 있습니다.

③ 문장의 중의성

중의문(重義文)은 의미가 여러 개로 해석될 수 있는 문장입니다. 문장의 유의성이 여러 개 문장이 동일한 의미를 나타내는 특성이라고 한다면, 문장의 중의성은 반대로 하나의 문장이 여러 개의 의미를 나타내는 특성입니다. 형식은 하나인데 의미는 여러 개라는 말입니다. 문장의 중의성이 생기는 경우는 아래의 네 가지가 있습니다.

ⓐ 단어의 중의성으로 인하여 문장의 중의성이 생기는 경우

㉮ 그녀는 손이 크다.

㉯ 그가 가는 길이 험하다.

➜ ㉮의 '손'은 신체의 일부를 뜻할 수도 있고, '힘, 역량, 능력'의 의미로
도 파악될 수 있습니다. ㉯의 '길'은 사람들이 걸어 다니는 길일 수도
있고, 인생 여정을 뜻할 수도 있습니다.

ⓑ 문장의 구조 차이로 인한 통사적 중의성이 생기는 경우

㉮ 철수는 영수와 순이를 좋아한다.

㉯ [철수는 영수와] 순이를 좋아한다.

㉰ 철수는 [영수와 순이를] 좋아한다.

㉱ 아빠는 엄마보다 나를 더 좋아한다.

㉲ [아빠는 엄마보다] 나를 더 좋아한다.

㉳ 아빠는 [엄마보다 나를] 더 좋아한다.

㉴ 아름다운 그녀의 목소리를 듣고 싶다.

㉵ [아름다운 그녀의] 목소리를 듣고 싶다.

㉶ [아름다운 [그녀의 목소리]]를 듣고 싶다.

➜ ㉮는 ㉯와 ㉰의 의미로 해석될 수 있습니다. ㉯는 순이를 좋아하는 주
체가 철수와 영수 두 사람임을 뜻하고, ㉰는 철수 혼자서 영수와 순이
두 사람을 좋아한다는 것을 뜻합니다. ㉱도 두 가지 뜻으로 해석되는
데, ㉲는 엄마가 나를 좋아하는 것보다 아빠가 나를 더 좋아한다는 뜻
이고, ㉳는 아빠가 엄마를 좋아하기는 하지만 나를 더 좋아한다는 뜻

입니다. ㉖는 수식하는 것이 무엇이냐에 따라서 의미가 달라지는 현상을 보여주는데, ㉕는 '아름다운'이 '그녀'를 수식하고 있고, ㉗는 '아름다운'이 '목소리'를 수식하고 있습니다.

ⓒ 국어의 특이한 현상으로 부정 표현으로 인한 문장의 중의성이 생기는 경우

㉮ 나는 어제 공원에서 그녀를 만나지 않았다.

㉯ 학생들이 다 오지 않았다.

→ ㉮에서 '않았다'라는 부정어가 부정하는 것은 '나, 어제, 공원, 그녀, 만나다' 각각의 단어가 모두 해당합니다. 무엇을 부정한 것인지는 문맥에 따라 확인할 수 있을 뿐입니다. ㉯에서는 부정되는 것이 '학생들, 다, 오다' 각각인 것은 당연한데, 특이하게 양화사(수량사) '다'가 쓰여 독특한 특성을 띕니다. '다'만 관심을 갖고 살펴보면, 학생이 아무도 안왔다는 뜻도 되고, 학생들이 많이 오긴 왔는데 몇 명 오지 않은 사람도 있다는 뜻입니다.

ⓓ 상황에 따른 중의성

㉮ 그는 구두를 신고 있다.

㉯ 그는 구두를 신고 있는 중이다.

㉰ 그는 구두를 신고서 (신은 채로) 있다.

→ ㉮는 ㉯와 ㉰의 두 가지로 해석될 수 있습니다. 이 경우는 문장 안에서의 의미 해석의 중의성을 유발하는 유형으로 설정해야 할 것입니다. 물론 정확한 의미의 파악은 상황이 어떠하냐에 따라 이루어질 수 있을 것입니다.

3. 의미 변화의 원인과 유형

(1) 의미 변화의 원인

① 언어적 원인

언어적 원인은 하나의 단어가 다른 단어와 자주 인접하여 나타남으로써 그 의미까지 변화된 경우를 지칭합니다.

> 예-1. **전혀** … 하지 않다. / **별로** … 아니다. // (제) **나름대로**
>
> 예-2. 주책없다(주책이다), 엉터리없다(엉터리다), 우연치않게(우연하게), 티브이(텔레비전), 아파트(아파트먼트), 버스(옴니버스(omnibus))

② 역사적 원인

역사적 원인은 단어가 가리키는 대상은 변모하였음에도 불구하고 단어는 그대로 남아 있는 경우 필연적으로 그 단어에 의미 변화가 일어나는 것을 지칭합니다. 다시 말하면, 과거에는 존재했었으나 지금은 없는 실체를 지칭하는 단어가 지금에도 사용될 때 나타나는 것을 뜻합니다.

> 예-1. 바가지('박' 속을 비워 만든 물 뜨는 용기) ➜ 현대의 '바가지'는 플라스틱으로 된 용기로 대용하지만 여전히 '바가지'라는 단어는 사용합니다.
>
> 예-2. 배(과거에는 나무로 만든 배만을 뜻함) ➜ 현대의 '배'는 쇠로 만든 배는 물론이고 우주선도 가리킵니다.
>
> 예-3. '신발, 역, 화랑, 집현전' 등

③ 사회적 원인

사회적 원인은 일반적인 단어가 특수 사회 집단에서 사용되거나 반대로 특수 집단에서 사용되던 단어가 일반 사회에서 사용됨으로써 의미에 변화가 일어나는 경우를 말합니다. 즉 단어 의미가 특수화하거나 일반화하는 것을 뜻합니다.

> 예-1. 단어의 의미가 특수화한 것: 얼굴(형상(形象), 형체(形體) ➡ 안(顔)), 영감(나이든 남편이나 남자 노인 ➡ 판사나 검사), 성경(종교상 신앙의 최고 법전이 되는 책 ➡ 기독교에서는 '신구약')
>
> 예-2. 단어의 의미가 일반화한 것: 안타(야구 용어), 공양(供養)(불교 용어)

④ 심리적 원인

심리적 원인은 비유적 용법이나 완곡어법 등에 자주 사용되는 동안 해당 단어의 의미에 대한 인식이 변화하면서 단어의 의미까지 변화하게 된 경우를 뜻합니다.

> 예 '곰, 형광등'(둔한 사람을 지칭할 때), '컴퓨터'(똑똑한 사람을 지칭할 때), '똥, 오줌' ➡ '대변, 소변', 사(死) ➡ 숫자에서 '사(4)'를 피함, '죽다' ➡ '돌아가시다', '동무, 인민, 빨갱이, 노랭이'

(2) 의미 변화의 유형

① 의미의 확대

의미의 확대는 단어의 의미 영역이 넓어지는 일반화 현상으로, 대개 해당 단어의 사용 영역이 넓어지는 현상입니다.

• 놀부(구체적 인물) • 입(식구(食口)) • 손(수(手), 신체의 일부) • 길 • 십자가 • 약주	• 놀부(욕심과 심술이 많은 사람) • 입(가족, 사람) • 손(손이 모자란다, 노동력) • 도로, 방법, 도리 • 희생 • 술 전체

② 의미의 축소

의미의 축소는 단어의 의미 영역이 좁아지는 특수화 현상으로, 대개 해당 단어의 사용 영역이 좁아지는 현상입니다.

• 얼굴(형체(形體)) • 미인(남자나 여자 공통) • 음료수(마시는 물)	• 얼굴(안(顔)) • 미인(예쁜 여자에게만) • 음료수(제품화되어 나온 마실 물)

③ 의미의 이동(전이)

의미의 이동은 단어의 의미 영역이 넓어지거나 좁아지는 일 없이 단어의 의미가 변화하는 현상입니다.

• 두꺼비집(두꺼비의 집) • 감투(벼슬아치가 머리에 쓰는 모자)	• 두꺼비집(전기개폐기) • 감투(벼슬)

3. 의미 변화의 원인과 유형

문법을 알아야 세상이 보인다!

제6강
화용론(담화)

1. 담화의 개념과 구성 요소

(1) 담화의 개념

① 담화

담화는 둘 이상의 문장이나 발화가 연속해서 이루어지는 말의 단위입니다. 일상에서 경험하는 다양한 의사소통 행위들이 모두 담화에 해당합니다. 발화가 모여 있다고 해서 모두 담화라고 하지는 않습니다. 화자가 어떤 목적을 가지고 자신의 생각을 청자에게 전달할 때 비로소 온전한 담화가 됩니다. 담화는 **말**을 매개로 하는 **구어 담화**와 **문자**를 매개로 하는 **문어 담화**로 나누기도 합니다.

② 발화

발화는 소리를 내어 말을 하는 현실적인 언어 행위로 화자의 생각, 느낌 등이 의사소통 상황에서 실제 언어 표현으로 나타난 것을 말합니다. 입 밖으로 나오지 않은 상태의 추상적인 말이 생각이라면, 이러한 머릿속의 생각이 실제로 문장 단위로 실현된 것이 발화입니다.

㉠ 직접 발화

직접 발화는 발화의 형식과 화자의 의도가 일치하는 것입니다. 즉 화자가 자신의 의도를 직접적으로 표현하는 방법입니다.

> 예 조용히 좀 해줄래.

ⓒ 간접 발화

간접 발화는 발화 의도와 관련된 언어 형식을 쓰지 않고 화자의 의도를 드러내는 방법입니다.

㉠ 나 책을 좀 읽고 싶은데.(조용히 해달라는 간접적인 표현일 경우)

(2) 담화의 구성 요소

담화의 구성 요소는 **화자(글쓴이)**, **청자(독자)**, **발화(언어)**, **맥락**입니다. **화자 (글쓴이)는** 발화를 생산하고 전달하는 역할을 하고, **청자(독자)**는 발화를 이해하는 역할을 합니다.

화자와 청자는 담화 생산자와 수용자로서 담화에서 반드시 필요한 요소입니다. 화자와 청자는 일상의 대화에서도 알 수 있듯이 화자와 청자가 뚜렷이 구별되지 않을 때도 있습니다.

발화(언어)는 문장 단위로 실현된 말로 언어로 표현된 내용입니다. **맥락**은 의사소통이 이루어지는 배경이나 환경으로 담화가 이루어지는 시간적, 공간적인 상황을 말합니다. 맥락은 담화의 의미를 명확하게 하고 담화의 흐름이나 의미 해석에 결정적인 역할을 합니다.

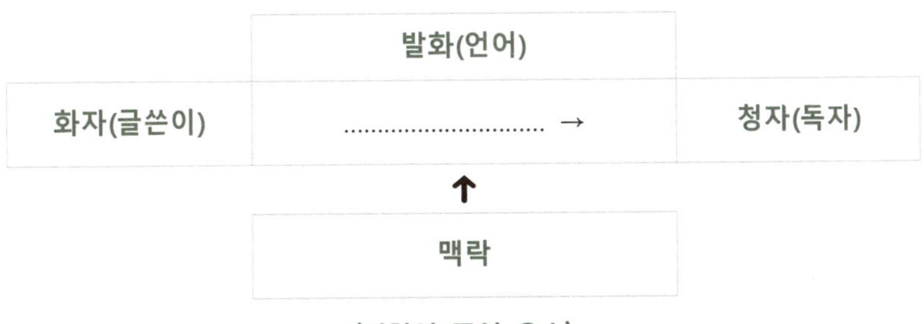

〈담화의 구성 요소〉

2. 담화의 맥락

(1) 언어적 맥락

언어적 맥락은 담화 내에서 어떤 발화의 앞뒤에 놓인 발화를 통해 파악할 수 있는 맥락입니다. 언어적 맥락에는 담화 내 맥락과 담화 간 맥락이 있습니다. 담화 내 맥락은 담화 내의 응집성과 관련을 맺고 있고, 담화 간 맥락은 담화 간의 관계와 그 관계로부터 도출되는 가정을 의미합니다.

(2) 비언어적 맥락

① 상황 맥락

상황 맥락은 의사소통이 일어나는 시간과 장소, 주제, 목적 등을 포함하는 것으로 담화 주제와 관련하여 누가, 어떤 방식으로 관계를 맺고 있는지를 말합니다.

> 예 (남자) 아, 너무 추워.
> (여자) 내가 오늘 춥다고 했잖아. 그렇게 옷을 얇게 입고 오다니 참
> 잘했다.

위 대화에서 '참 잘했다'라는 말은 대화의 상황을 고려했을 때, 반어적 표현을 통한 부정의 의미로 해석할 수 있습니다.

② 사회·문화적 맥락

사회·문화적 맥락은 의사소통 참여자들이 공유하는 역사적·사회적 상황과 이념, 공동체의 가치와 신념 등을 말합니다. 담화의 해석과 가치 판단에 영

향을 주는 제도적·정신적 맥락으로서 의사소통 참여자들이 공유하고 있는 문화적 원형이나 그 시대의 담론, 특정 담화 공동체의 인식 구조 등을 말합니다.

<blockquote>
예 (한국인) 아, 너무 추워.

(외국인) 추워? 찻집에서 따뜻한 차 한 잔 사 줄까? 저기 들어가자.

(한국인) 아니야, 괜찮아.

(외국인) 그래? 알았어. 그럼 나는 차 한 잔 마시고 올게.
</blockquote>

우리나라에서는 상대가 베푸는 호의를 한 번쯤 거절하는 태도를 겸손하다고 여기는 문화가 있습니다. 그런데 위의 담화에서 '외국인'은 이러한 사회·문화적 맥락을 이해하지 못하여 남자의 거절을 그대로 받아들이고 있습니다.

3. 담화의 응집성과 응결성[22]

(1) 응집성

응집성은 담화 심층에 존재하는 언어 내용들의 연결 관계와 관련된 것으로서, 주제에 대한 일관성을 가리킵니다. 통일된 주제는 담화가 갖추어야 할 기본 조건입니다. 주제의 일관성에서 벗어난 발화는 담화의 응집성을 해칩니다. 응결성이 형식적 측면이라면, 응집성은 내용적 측면에 해당합니다.

(2) 응결성

응결성은 언어 형식들의 연결 관계와 관련된 것으로서, 형태·통사적 연결 관계에 의해 드러납니다. 응결성을 드러내는 표현에는 지시 표현, 대용 표현, 접속 표현이 있습니다.

① 지시 표현

지시 표현은 사물을 본래 명칭이 아닌 다른 말로 지칭하는 것입니다. 지시 표현은 '이, 그, 저'로 대표되는데, 반드시 앞뒤 맥락을 통해서만 구체적인 내용을 확인할 수 있습니다.

② 대용 표현

대용 표현은 이미 언급한 내용의 반복을 피하고자 다른 표현으로 대신하는 것입니다. 대용 표현은 간결한 지시어로 표현되는 경우가 많습니다.

---

22) '응집성'과 '응결성'은 과거 교육과정에서는 각각 '통일성'과 '응집성'이라고 했으나, 2025 '화법과 언어' 교과서에서부터 그 용어가 전격적으로 바뀌었습니다.

③ 접속 표현

접속 표현은 두 문장을 이어주는 기능을 하는 것입니다. '그리고, 그래서' 등의 접속 부사로 앞뒤 문장의 내용을 연결하며 발화 사이의 논리적 관계를 나타냅니다.

4. 담화의 유형과 기능

유형	기능	예
정보 제공	무엇에 대한 정보나 지식을 전달하는 기능	강의, 뉴스 보도
호소	상대의 마음을 움직여 무엇인가를 하도록 유도 하는 기능	광고, 설교, 연설
약속	일정한 행위를 하겠다고 약속하는 기능	맹세, 선서, 계약
사교	친근감이나 감사, 미안함 등 심리적 상태를 표현하는 기능	잡담, 인사말, 환영 인사
선언	세상일에 어떤 새로운 사태를 불러일으키는 기능	계엄령 선포, 선전 포고

제6강 화용론(담화)

제7강
국어 어문 규정

1. 한글 맞춤법

(1) 개념

한글 맞춤법은 우리말을 한글로 적을 때 지켜야 할 기준을 정해 놓은 규정으로 한글로 우리말을 표기하는 규칙의 전반을 이르는 말입니다. 현재의 맞춤법은 1933년의 〈한글 맞춤법 통일안〉을 기본으로 하여 1988년 1월 문교부가 확정•고시한 것입니다.

(2) 한글 맞춤법의 내용

제1장 총칙

　　제1항 한글 맞춤법은 표준어를 소리대로 적되, 어법에 맞도록 함을
　　　　　원칙으로 한다.

　　제2항 문장의 각 단어는 띄어 씀을 원칙으로 한다.

　　제3항 외래어는 '외래어 표기법'에 따라 적는다.

제2장 자모

제3장 소리에 관한 것

제4장 형태에 관한 것

제5장 띄어쓰기

제6장 그 밖의 것

[부록] 문장 부호

　　　Ⅰ. 마침표　Ⅱ. 쉼표　　　Ⅲ. 따옴표　　　Ⅳ. 묶음표

　　　Ⅴ. 이음표　Ⅵ. 드러냄표　Ⅶ. 안드러냄표

제7강 국어 어문 규정

① 제1장 총칙

㉠ 제1항

"표준어를 소리대로 적되, 어법에 맞도록 함을 원칙으로 한다"라고 하여
표음주의와 표의주의를 함께 표방하고 있습니다.

    ㉒-1. '소쩍새, 거꾸로'처럼 뚜렷한 까닭 없이 나는 된소리는 된소리
        표기로 적음.(표음주의)

    ㉒-2. '굳이, 해돋이' 같이 문법적 설명이 충분히 가능한 경우에는 'ㄷ,
        ㅌ'이 'ㅈ, ㅊ'으로 소리나더라도 그 형태를 밝혀 적음.(표의주
        의)

    ㉒-3. '꼬치'가 아니라 '꽃이'가 올바른 표기인 것은 '꽃'이라는 체언과
        '이'라는 조사가 뚜렷이 구분되기 때문

> **【핵심체크】 표음주의와 표의주의**
>
> - **표음주의(表音主義)**: 단어를 소리 나는 대로 적어야 한다는 주장. 같은
>   단어라도 다르게 발음되면 소리 나는 대로 적는다.
>
> - **표의주의(表意主義)**: 단어를 어법에 맞도록 적어야 한다는 주장

㉡ 제2항

단어의 띄어쓰기에 대한 원칙을 제시한 것으로 각 단어는 띄어 쓰는 것을
원칙으로 하고 있습니다. 그러나 학교 문법에서는 단어로 인정되고 있는 조
사만은 예외적으로 붙여 쓰고 있으며, 보조 용언도 띄어쓰기가 원칙이지만

붙여 쓰는 것도 허용하고 있습니다. 띄어쓰기에 관한 구체적인 내용은 제5장에서 자세하게 설명하고 있습니다.

② 제2장 자모

한글 자모 스물넉 자의 이름 가운데 'ㄱ(기역), ㄷ(디귿), ㅅ(시옷)'을 제외하고 나머지는 모음 'ㅣ, ㅡ'를 중심으로 자음을 앞과 아래에 붙여 읽습니다.

예 '니은, 리을, 미음, 비읍, 이응, 지읒, 치읓, 키읔, 티읕, 피읖, 히읗'

【심화학습】 'ㄱ(기역), ㄷ(디귿), ㅅ(시옷)'의 명칭 사용 유래

'ㄱ(기역), ㄷ(디귿), ㅅ(시옷)'을 따르는 것은 최세진의 「훈몽자회」에서 제시된 '其役, 池末, 時衣' 표기 때문입니다. 이에 비해 북한은 모든 자음의 명칭을 모음 'ㅣ, ㅡ'를 중심으로 자음을 앞과 아래에 붙이는 통일된 방법을 제시하고 있습니다.

예 ㄱ(기윽), ㄷ(디읃), ㅅ(시읏)

③ 제3장 소리에 관한 것

소리 부분에서는 '된소리, 두음 법칙, 겹쳐 나는 소리; 구개음화, 'ㄷ'소리 받침, 모음'에 관한 올바른 맞춤법을 제시하고 있습니다.

㉠ 소리 나는 대로 적는 경우

- 된소리: 이따금(○), 이다금(×)
- 두음 법칙: 여자(○), 녀자(×) / 남녀(○), 남여(×) / 실패율(○), 실패률(×) / 백분율(○), 백분률(×)

- 겹쳐 나는 소리: 놀놀하다(○), 놀롤하다(×)

ⓒ 본래의 형태를 밝혀 적도록 하는 경우

- 구개음화: 핥이다(○), 할치다(×)
- 'ㄷ'소리 받침: 핫옷(○), 한옷(×)
- 모음: 계수(○), 게수(×) / 연몌(連袂)(○), 연메(×) / 늴리리(○), 닐리리(×)

④ 제4장 형태에 관한 것

형태 부분에서는 '체언과 조사, 어간과 어미, 접미사가 붙어서 된 말, 합성어 및 접두사가 붙은 말, 준말'을 표기하는 방법에 대하여 원칙을 제시하고 있습니다.

㉠ 조사와 어미

조사와 어미는 의미를 나타내는 표의주의를 지향하는 원칙에 따라 체언 및 어간을 밝혀 적습니다.

예 꽃이, 얇아

ⓛ 불규칙 용언

불규칙 용언은 소리나는 대로 적습니다.

　　㉎ 둥그니, 둥근 / 하야니, 하얄 / 구워, 구웠다 / 푸르러 / 일러

ⓒ 접미사

접미사는 원형을 알 수 있는 것은 그것을 밝혀 적지만, 그 뜻을 알기 어려운 것은 원형을 밝히지 않습니다.

　　㉎ 벼훑이, 땀받이, 좋이, 작히 / 굽도리, 무녀리

ⓔ 합성어 및 접두사

합성어 및 접두사는 원형을 알 수 있는 것은 그것을 밝혀 적지만, 그 뜻을 알기 어려운 것은 원형을 밝히지 않습니다.

　　㉎ 꺾꽂이, 새파랗다 / 아재비, 며칠

ⓜ 준말

준말은 본말은 물론이고 준말도 준 대로 적는 것을 인정하고 있습니다.

　　㉎ 뭣이/무에, 가았다/갔다, 흔하였다/흔했다, 꼬아/꽈, 싸이다/쌔다,
　　　　그렇지 않은/그렇잖은, 간편하게/간편케, 넉넉하지 않다/넉넉지
　　　　않다

⑤ 제6장 그 밖의 것

이 부분에서는 틀리기 쉬운 단어들의 표기를 제시하고 있습니다.

㉠ '-이'나 '-히'로 끝나는 파생 부사

'-이'나 '-히'로 끝나는 파생 부사는 기본적으로 소리 나는 대로 적습니다.

예 깨끗이, 반듯이, 번거로이 / 딱히, 작히 (➜ 명확히 구분하여 적음.)

㉡ '-이, -히' 양쪽으로 소리 나는 것

'-이, -히' 양쪽으로 소리 나는 것은 '-히'로 적도록 하고 있습니다.

예 솔직히, 과감히, 고요히

ⓒ 그 외의 헷갈리는 표현들

　㉠ 일꾼, 객쩍다

　　맞추다(입을 맞춘다, 양복을 맞춘다)

　　부딪치다(차와 차가 부딪쳤다)

　　부딪히다(마차가 화물차에 부딪혔다)

⑥ [부록] 문장 부호

이 부분에서는 문장의 의미를 정확하게 나타내는 데 필요한 부호들을 제시하고 있습니다.

[부록] 문장 부호

Ⅰ. 마침표 – 1. 온점(.) 고리점(,)　2. 물음표(?)　3. 느낌표(!)

Ⅱ. 쉼표 – 1. 반점(,) 모점(、)　2. 가운뎃점(·)　3. 쌍점(:)　4. 빗금(/)

Ⅲ. 따옴표 – 1. 큰따옴표(" "), 겹낫표(『 』)

　　　　　　 2. 작은 따옴표(' '), 낫표(「 」)

Ⅳ. 묶음표 – 1. 소괄호(( ))　2. 중괄호({ })　3. 대괄호([ ])

Ⅴ. 이음표 – 1. 줄표(—)　2. 붙임표(-)　3. 물결표(~)

Ⅵ. 드러냄표 – 1. 드러냄표(ˊ , ˚)

Ⅶ. 안드러냄표 – 1. 숨김표(××, ○○) 2. 빠짐표(□) 3. 줄임표(……)

※ '고리점, 모점, 겹낫표, 낫표'는 세로로 작성된 문장에서의 문장 부호임.

---

2. 표준어 규정

(1) 개념

표준어는 한 나라에서 공용어로 쓰는 규범으로서의 언어를 말합니다. 표준어 규정은 원활한 의사소통과 올바른 언어생활을 위해 제정됩니다. 현행 '표준어 규정'(1988년)은 제1부 표준어 사정 원칙과 제2부 표준 발음법으로 나누어져 있습니다. 제1부에서는 주로 표준어의 형태에 관한 내용을 다루고 있고, 제2부에서는 표준어의 발음에 대한 원칙을 다루고 있습니다.

(2) 표준어 규정의 내용

제1부 **표준어 사정 원칙**

　제1장 총칙

　　제1항 표준어는 교양 있는 사람들이 두루 쓰는 현대 서울말로 정함을 원칙으로 한다.

　　제2항 외래어는 따로 정한다.

　제2장 발음 변화에 따른 표준어 규정

　제3장 어휘 선택의 변화에 따른 표준어 규정

제2부 **표준 발음법**

　제1장 총칙

　제2장 자음과 모음

　제3장 소리의 길이

　제4장 받침의 발음

　제5장 소리의 동화

① 표준어 사정 원칙

㉠ 제1장 총칙

표준어는 교양 있는 사람들이 두루 쓰는 현대 서울말로 정함을 원칙으로 하고 있습니다.

- 시대적으로 ➡ 현대
- 지역적으로 ➡ 서울말
- 계층적으로 ➡ 교양 있는 사람들
- 보편적으로 ➡ 두루 쓰는

표준어는 시대성, 지역성, 계층성, 보편성을 특성으로 갖고 있습니다. 서울말이라고 해서 모두 표준어인 것은 물론 아닙니다.

㉡ 제2장 발음 변화에 따른 표준어 규정

'자음, 모음, 준말, 단수 표준어, 복수 표준어'에 대하여 하나하나 원칙을 제시하고 있습니다.

ⓐ 소리 나는 것을 기본 원칙으로 하고 있습니다.

例 강낭콩(○), 강남콩(×) / 사글세(○), 삯월세(×) / 돌(○), 돐(×) / 셋째(○), 셋째(×)

ⓑ 어원 의식이 강하게 작용하는 것들은 소리보다는 의미(또는 형태)를 강조하고 있습니다.

　例 부조(扶助)(○), 부주(×) / 사돈(査頓)(○), 사둔(×) / 삼촌(三寸)(○), 삼춘(×)

ⓒ 기술자에는 '-장이', 그 외에는 '-쟁이'가 붙는 형태를 표준어로 삼는 경우입니다.

　例 미장이(○), 미쟁이(×) / 유기장이(○), 유기쟁이(×) / 멋쟁이(○), 멋쟁이(×) / 담쟁이덩굴(○), 담장이덩굴(×)

ⓓ 한자 '句'가 붙은 단어는 '귀'로 읽는 것을 인정하지 않고 '구'로 통일시키고 있으며, 완전히 '귀'로 읽는 것이 굳어져 버린 것은 '귀'로 적습니다.

　例 대구(對句)(○), 대귀(×) / 글귀(○), 글구(×)

ⓔ 준말과 본말은 사용 정도에 따라 표준어를 정하고 있습니다.

- 준말만 표준어로 인정하는 경우: 귀찮다(○), 귀치 않다(×) / 무(○), 무우(×)
- 본말만 표준어로 인정하는 경우: 경황없다(○), 경없다(×) / 뒤웅박(○), 뒹박(×)
- 준말과 본말 모두 표준어로 인정하는 경우: 노을(○), 놀(○) / 막대기(○), 막대(○) / 시누이(○), 시뉘(○), 시누(○)

ⓕ 단수 표준어와 복수 표준어도 사용 정도에 따라 설정하는 것이 원칙
입니다.

■ 단수 표준어를 설정한 경우: 천장(天障)(○), 천정(×) / 잠투정(○),
잠주정(×)

■ 복수 표준어를 설정한 경우: 네(○), 예(○) / 쇠고기(○), 소고기(○)
/ 고가(○), 꼬까(○) / 나부랭이(○), 너부랭이(○)

ⓒ 제3장 어휘 선택의 변화에 따른 표준어 규정

이 부분에서는 '고어, 한자어, 방언, 단수 표준어, 복수 표준어'에 대하여
다루고 있습니다.

기본적으로 언어의 역사성 차원에서 현재 생명력을 잃은 단어는 표준어로
인정하지 않는다는 것을 원칙으로 삼고 있습니다. 사어(死語)가 되어 버린 고
유어는 표준어에서 제외해 버리는 것이 원칙입니다.

㉑ 낭떠러지(○), 낭(×) / 애달프다(○), 애닯다(×) / 자두(○), 오얏
(×)

고유어와 한자어 계열의 단어가 있을 때 고유어 계열의 단어만을 표준어
로 인정하는 경우와 한자어 계열의 단어만을 표준어로 인정하는 경우입니다.

㉑ 가루약(○), 말약(×) / 박달나무(○), 박달나무(×) / 개다리소반
(○), 개다리밥상(×) / 부항단지(○), 뜸단지(×)

방언에 있어서도 표준어보다 더 널리 쓰이게 된 것은 표준어로 삼습니다.
원래의 표준어가 안 쓰이게 되면 방언만을 표준어로 삼습니다.

㉑ 멍게(○), 우렁쉥이(○) / 물방개(○), 선두리(○) / 애순(○), 어린순

(○) / 귀밑머리(○), 귓머리(×) / 빈대떡(○), 빈자떡(×)

어휘 선택의 변화에 따른 표준어 선정의 기준은 기본적으로 현재 널리 쓰이고 있는가의 여부입니다.

단수 표준어로 인정되는 것들은 현재 생명력이 있는 것들이거나 압도적으로 널리 쓰이게 되는 것들입니다.
> 예 고구마(○), 참감자(×) / 길잡이(○), 길앞잡이(×) / 붉으락푸르락(○), 푸르락붉으락(×)

복수 표준어는 양쪽 다 생명력이 있는 경우라고 할 수 있습니다.
> 예 가는허리(○), 잔허리(○) / 거위배(○), 횟배(○) / 곰곰(○), 곰곰이(○)

② 표준 발음법
㉠ 제1장 총칙
표준 발음법은 표준어의 실제 발음을 따르되, 국어의 전통성과 합리성을 고려하여 정함을 원칙으로 하고 있습니다.

㉡ 제2장 자음과 모음
ⓐ 자음 19개: ㄱ, ㄲ, ㄴ, ㄷ, ㄸ, ㄹ, ㅁ, ㅂ, ㅃ, ㅅ, ㅆ, ㅇ, ㅈ, ㅉ, ㅊ, ㅋ, ㅌ, ㅍ, ㅎ
ⓑ 모음 21개: ㅏ, ㅐ, ㅑ, ㅒ, ㅓ, ㅔ, ㅕ, ㅖ, ㅗ, ㅘ, ㅙ, ㅚ, ㅛ, ㅜ, ㅝ, ㅞ, ㅟ, ㅠ, ㅡ, ㅢ, ㅣ

ⓒ 단모음 10개: ㅏ, ㅐ, ㅓ, ㅔ, ㅗ, ㅚ, ㅜ, ㅟ, ㅡ, ㅣ ('ㅚ, ㅟ'는 이중
모음으로 발음할 수 있음)

ⓓ 예외적으로 용언 활용형에 나타나는 '져, 쪄, 쳐'는 [저, 쩌, 처] 단모
음으로 발음함.

예 가지어→가져[가저], 찌어→쪄[쩌], 다치어→다쳐[다처]

ⓒ 제3장 음의 길이

이 부분에서는 소리의 장단에 대해 말하고 있습니다.

ⓐ 장음은 단어의 첫음절에서만 나는 것을 원칙으로 합니다.
예 눈보라[눈:보라], 말씨[말:씨] / 첫눈[첫눈], 참말[참말]

ⓑ 합성어의 경우에는 둘째 음절 이하에서도 분명히 긴소리로 나는 것
은 그대로 인정합니다.
예 반신반의[반:신 바:늬/반:신 바:니], 재삼재사[재:삼 재:사]

ⓒ 용언의 단음절 어간에 어미 '-아/-어'가 결합되어 한 음절로 축약되
는 경우 긴소리로 발음합니다.
예 보아→봐[봐:], 기어→겨[겨:], 되어→돼[돼:]

※ 다만, '오아→와[와], 지어→져[저], 찌어→쪄[쩌], 치어→쳐[처]'는 긴
소리로 발음하지 않습니다.

ㄹ 제4장 받침의 발음('제2강 음운론, 4. 음운의 변동, 겹받침
　　발음 원칙' 참조)
　이 부분에서는 받침소리 'ㄱ, ㄴ, ㄷ, ㄹ, ㅁ, ㅂ, ㅇ' 7개 대표음을 기본으
로 하여 다양한 발음 양상을 제시하고 있습니다.

　ⓐ 겹받침 'ㄹㅌ, ㄼ'의 경우 앞의 'ㄹ'만 발음하는 게 원칙입니다.
　예 핥다, 핥고, 핥는, 핥지 → [할따], [할꼬], [할른], [할찌]
　　넓다, 넓고, 넓게, 넓지 → [널따], [널꼬], [널께], [널찌]

　※ 다만, '넓죽하다[넙쭈카다], 넓둥글다[넙뚱글다], 밟다[밥따]' 용언에
　　서만은 예외적으로 뒤의 'ㅂ'을 발음합니다.

　ⓑ 겹받침 'ㄺ, ㄻ, ㄿ '의 경우: 어말 또는 자음 앞에서 각각 뒤에 있
　　는 [ㄱ, ㅁ, ㅂ]으로 발음합니다.
　예 밝다, 밝는, 밝지, 밝습니다 → [박따], [방는], [박찌], [박씁니다]
　　닭, 맑다, 늙지, 삶, 젊다, 읊다 → [닥], [막따], [늑찌], [점따], [읍
　　따]

　※ 다만, 용언의 어간 말음 'ㄺ'은 'ㄱ'앞에서 앞에 있는 'ㄹ'로 발음합
　　니다.
　예 밝구나, 밝게, 맑게, 묽고 → [발꾸나], [발께], [말께], [물꼬]

　ⓒ 한글 자모의 이름의 받침이 연음될 때 나는 소리는 대개의 경우는

제7강 국어 어문 규정

'기역이[기여기], 니은이[니으니]'에서처럼 그 받침소리를 연음하지만, 'ㄷ,ㅈ,ㅊ,ㅋ,ㅌ,ㅍ,ㅎ'의 경우에는 이질적인 양상을 보입니다. 'ㄷ,ㅈ,ㅊ,ㅌ,ㅎ'이면 'ㅅ'으로 변하여 뒤로 연음되고, 'ㅋ,ㅍ'이면 각각 'ㄱ,ㅂ'으로 대표음화된 다음에 연음이 됩니다.

예 디귿이[디그시], 지읒이[지으시], 치읓이[치으시], 키읔이[키으기], 티읕이[티으시], 피읖이[피으비], 히읗이[히으시]

ⓜ 제5장 소리의 동화('제2강 음운론, 4. 음운의 변동' 참조)

이 부분에서는 구개음화, 비음화, 유음화 등 다양한 동화 현상에 대해 다루고 있습니다.

ⓑ 제6장 된소리되기('제2강 음운론, 4. 음운의 변동' 참조)

ⓢ 제7장 소리의 첨가('제2강 음운론, 4. 음운의 변동' 참조)

3. 외래어 표기법[23]

(1) 개념

외래어 표기법은 외국에서 들어온 말을 한글로 표기하는 방법에 대한 규정으로 한글 맞춤법과 병행하는, 우리말의 외래어에 적용하는 우리말 표기법의 하나입니다. '외래어 표기법'은 더 정확히 말하면 '외래어의 한글 표기법'입니다.

(2) 외래어 표기법의 필요성

외래어는 다른 여러 나라들과 사회·문화적으로 교류를 하는 과정에서 들어온 어휘로 다른 나라의 말을 일컫는 외국어와 구별됩니다. 외국에서 들어왔으나 국어 안에서 일반적으로 사용되면서 국어 어휘로 받아들인 것을 말합니다. 외래어에는 국어의 음운과 문법 체계가 반영되어 있습니다.

외국에서 새로운 문화와 함께 말이 들어와 쓰이면 처음에는 그 말에 대한 발음과 표기가 제각각인 경우가 많을 수밖에 없습니다. 이러한 혼란을 피하기 위해서 외래어의 표기를 하나로 통일할 필요가 있습니다.

---

23) 우리말의 어휘는 고유어, 한자어, 외래어로 나뉩니다. 이 가운데 외래어를 우리글인 한글로 적는 규칙을 따로 정해 놓았습니다. 한글 맞춤법과 표준어 규정에는 외래어에 대한 내용이 배제돼 있습니다. 이는 외래어가 고유어, 한자어와 그 성격이 크게 다른 데 따른 것입니다. 외래어는 따로 사정하여 '외래어 표기법'에 따라 적도록 한 것입니다. 그러나 아직까지 외래어를 사정하는 특별한 절차나 규정이 마련돼 있지 않습니다. 다만, 외래어의 어형을 통일하기 위한 외래어 표기법이 마련돼 있을 뿐입니다.

(3) **외래어 표기법의 내용**

① **외래어 표기법의 원칙[24]**

㉠ **제1항 외래어는 국어의 현용 24자모만으로 적는다.**

국어에서 현재 사용하고 있는 24자모만을 사용하겠다는 것은 [f, v, ʃ, ʧ, ɔ, ʌ]처럼 국어에 없는 외국어 소리를 적기 위하여 별도의 문자를 만들지 않겠다는 뜻입니다. 외래어는 국어의 어휘이므로 이를 표기하기 위하여 새로운 표기 문자를 만들 필요가 없으며 새로운 글자를 만들게 되면 국어 사용자에게도 부담을 줄 수 있기 때문입니다.

---

24) 현재 사용하는 외래어 표기법은 1986년 고시된 것임.

ⓛ 제2항 외래어의 1음운은 원칙적으로 1기호로 적는다.

　'fighting'이라는 말을 어떤 사람은 '파이팅'으로, 어떤 사람은 '화이팅'으로 쓴다면 혼란스러울 것입니다. 또 'fighting'은 '화이팅'으로, 'film'은 '필름'으로 쓴다면 국어 사용자들은 영어 'f'를 국어로 어떻게 표기할지 혼란스러울 것입니다.

　외래어의 1음운을 1기호로 적는 원칙은 이러한 혼란을 막기 위한 것입니다. 물론 외래어를 원어에 가깝게 적는 것이 이상적이지만, 외래어 표기법은 국어에 정착된 발음을 통일하기 위한 표기법이므로 원어에 일치시킬 수 없으며 그럴 필요도 없습니다.

ⓒ 제3항 받침에는 'ㄱ, ㄴ, ㄹ, ㅁ, ㅂ, ㅅ, ㅇ'만을 쓴다.

　현대 국어의 음절 끝소리에서는 'ㄱ, ㄴ, ㄷ, ㄹ, ㅁ, ㅂ, ㅇ' 일곱 가지 소리만 실현되는데, 외래어 표기법은 그중 'ㄷ'만 'ㅅ'으로 바꾸어 표기하도록 하였습니다. 예를 들어, 'robot'의 끝음절은 [t]로 소리 나므로 국어의 음절의 끝소리 규칙을 고려하면 'ㄷ'으로 써야 할 것 같지만, 모음으로 된 형식 형태소가 결합할 경우 '로봇이, 로봇을'을 [로보시], [로보슬]과 같이 읽게 된다는 점을 고려하여 '로봇'으로 표기하도록 하였습니다.

ⓔ 제4항 파열음 표기에는 된소리를 쓰지 않는 것을 원칙으로 한다.

　무성 파열음 [p, t, k]은 영어, 독일어에서는 'ㅍ, ㅌ, ㅋ'에 가깝게 들리고,

프랑스 어, 러시아 어, 이탈리아 어에서는 'ㅃ, ㄸ, ㄲ'에 가깝게 들립니다. 그러나 어떤 경우에는 된소리로 적고, 어떤 경우에는 거센소리로 적는다면 혼란을 초래할 수 있기 때문에 파열음 표기에 된소리를 쓰지 않는 것을 원칙으로 합니다. '유성 파열음[b, d, g]의 경우 'bus, gas'를 '뻐스, 까스'라고 쓰지 않고 '버스, 가스'라고 써야 하며, 'jam, sign pen'의 경우 '쨈, 싸인펜'이라고 쓰지 않고 '잼, 사인펜'으로 써야 합니다. 'jazz, jam' 등 유성 파찰음 [dʒ]를 된소리로 흔히 발음하지만, 마찬가지로 표기에서는 'ㅈ'으로 하고 마찰음 [s]가 들어가는 단어도 표기에서는 된소리를 쓰지 않습니다.

ⓜ 제5항 이미 굳어진 외래어는 관용을 존중하되, 그 범위와 용례는 따로 정한다.

외래어는 원어에 가깝게 쓰면 좋겠지만 오래전에 들어와 널리 쓰이고 있는 외래어를 다시 원어의 발음과 유사하게 표기법을 바꿀 경우 국어의 현실을 반영하지 못할 수 있기 때문에 이미 굳어진 외래어 표기는 관용을 따르도록 합니다. 가령, 'camera[kæmərə]'의 경우 '캐머러'라고 쓰는 것이 원어에 가깝겠지만, '카메라'로 오래 사용해 온 우리의 현실을 반영하여 관용을 따르도록 합니다.

② 제2장 표기 일람표
표기 일람표는 국제음성기호와 한글대조표, 에스파냐 어 자모와 한글대조표, 이탈리아 어 자모와 한글대조표, 일본어의 가나와 한글대조표, 중국어의 주음부호(注音符號)와 한글대조표 등 5개의 표를 싣고 있습니다.

<국제음성기호와 한글대조표>

자음			반모음		모음	
국제 음성기호	한글		국제 음성기호	한글	국제 음성기호	한글
	모음앞	자음 앞 또는 어말				
p	ㅍ	ㅂ, ㅍ	j	이*	i	이
b	ㅂ	브	ɥ	위	y	위
t	ㅌ	ㅅ, 트	w	오, 우*	e	에
d	ㄷ	드			ø	외
k	ㅋ	ㄱ, ㅋ			ɛ	에
g	ㄱ	그			ɛ̃	앵
f	ㅍ	프			œ	외
v	ㅂ	브			œ̃	욍
θ	ㅅ	스			æ	애
ð	ㄷ	드			a	아
s	ㅅ	스			ɑ	아
z	ㅈ	즈			ɑ̃	앙
ʃ	시	슈, 시			ʌ	어
ʒ	ㅈ	지			ɔ	오
ts	ㅊ	츠			ɔ̃	옹
dz	ㅈ	즈			o	오
tʃ	ㅊ	치			u	우
dʒ	ㅈ	지			ə**	어
m	ㅁ	ㅁ			ə	어
n	ㄴ	ㄴ				
ɲ	니*	뉴				
ŋ	ㅇ	ㅇ				
l	ㄹ, ㄹㄹ	ㄹ				
r	ㄹ	르				
h	ㅎ	흐				
ç	ㅎ	히				
x	ㅎ	흐				

주 : * [j], [w]의 '이'와 '오,우' 그리고 [ɲ]의 '니'는 모음과 결합할 때 표기 세칙에 따른다.

　** 독일어의 경우에는 '에', 프랑스어의 경우에는 '으'로 적는다.

제7강 국어 어문 규정

③ 제3장 표기 세칙

이 부분에서는 영어·독일어·프랑스 어·에스파냐 어·이탈리아 어·일본어·중국어 등의 표기 세칙을 밝히고 있습니다. 이 표기 세칙이 1958년 제정의 표기법 및 『편수자료』 제3집의 표기 세칙과 달라진 것 중에서 중요한 사항만을 지적하면 다음과 같습니다.

ㄱ 무성파열음([p, t, k])은 짧은 모음 뒤의 어말 위치나, 짧은 모음과 유음·비음 이외의 자음 사이에서는 받침으로 적고, 그 밖의 자리에서는 '으'를 붙여 적기로 하며, 유성파열음([b, d, g])은 어말이나 모든 자음 앞에서 모두 '으'를 붙여 적게 합니다.

ㄴ 장모음의 장음은 일절 따로 적지 않기로 합니다(team[ti:m], 팀).

ㄷ 중모음은 각 단모음의 음가를 살려서 적되 오우[ou]는 '오'로 아우어[auə]는 '아워'로 적기로 합니다(이 원칙에 따르면 'boat'는 '보우트'가 아닌 '보트'가 되고, 'tower'는 '타우어'가 아닌 '타워'가 됨).

ㄹ 따로 설 수 있는 말의 합성으로 이루어진 복합어는 그것을 구성하고 있는 말이 단독으로 쓰일 때의 표기대로 적기로 합니다.

ㅁ 일본어의 'カ, タ'를 어두에서는 '가, 다'로 적게 합니다.

④ 제4장 인명·지명 표기의 원칙

이 부분에서 특기할 사항은, 중국 및 일본의 지명 가운데 한국한자음으로 읽는 관용이 있는 것은 이를 허락한다는 것입니다(黃河, 황허·황하·東京, 도쿄·동경).

4. 국어의 로마자 표기법[25]

(1) 개념

국어의 로마자 표기법은 국어를 로마자로 어떻게 적을 것인지를 규정한 표기법입니다. 국어를 로마자로 적는 방법에는 전자법과 전사법의 두 가지가 있습니다.[26]

① 전자법

전자법은 국어 단어의 글자대로 전사하는 방법입니다. 한글로 적은 것을 그대로 로마자로 옮기면 되기 때문에, 쓰기에 편리하고 로마자 표기를 한글로 복원하기도 쉽습니다. 발음을 비슷하게 유도하기가 어렵다는 단점이 있습니다. 예를 들어, '독립문'의 표기를 'Doklibmun'으로 적는데, '[동님문]'이라는 원래 발음을 내지 못하고 '도그리브문'으로 읽기 쉽습니다.

② 전사법

전사법은 국어 단어의 발음대로 전사하는 방법입니다. 우리말의 발음에 따라 적었기 때문에 우리말을 모르는 사람도 읽기가 쉽습니다. 원래 국어 철자를 알기 어려울 뿐만 아니라, 음운 변화를 반영해서 적어야 하기 때문에 일반인들이 쓰기에는 어려워서 불편함이 따릅니다. 예를 들어, '독립문'을 'Dongnimmun'으로 적는데, 발음은 [동님문]으로 내기가 쉽지만, 원래 표

---

25) 현재 사용하는 국어의 로마자 표기법은 2000년 개정 고시된 것입니다.
26) 1959년 문교부 안은 전자법을 따랐으나, 1984년 문교부 안에서는 **전사법**을 채택하였으며, 현행의 로마자 표기법도 **전사법**을 따르고 있습니다.

제7강 국어 어문 규정

기를 알기는 쉽지 않습니다.

(2) 로마자 표기법의 필요성

세계와의 교류가 활발해지면서 명함, 지도, 안내 책자 등에 인명, 지명 등의 고유 명사를 국제 문자인 로마자로 표기해야 할 경우가 생기는데, 이때 국어를 로마자로 어떻게 적을 것인지를 통일하는 것이 필요합니다.

(3) 로마자 표기법의 내용

> 제1장 표기의 기본 원칙
>> 제1항 국어의 로마자 표기는 국어의 표준 발음에 따라 적는 것을 원칙으로 한다.
>> 제2항 로마자 이외의 부호는 되도록 사용하지 않는다.
>
> 제2장 표기 일람
> 제3장 표기상의 유의점

① 로마자 표기법의 원칙

㉠ 제1항 국어의 로마자 표기는 국어의 표준 발음법에 따라 적는 것을 원칙으로 한다.

현재 국어의 로마자 표기법은 기본적으로 전사법을 따릅니다. 그러나 음운의 변동 중 된소리되기는 국어의 로마자 표기법에 반영하지 않습니다.

㉡ 제2항 로마자 이외의 부호는 되도록 사용하지 않는다.

국어를 로마자로 표기할 때에는 로마자 이외의 부호는 쓰지 않으며 1음운

1기호의 대응을 원칙으로 합니다. 즉 과거의 표기법에서 사용하던 반달표(˘)와 어깻점(′)과 같은 특수 부호를 사용하지 않도록 하였고, 표기를 쉽게 하기 위하여 하나의 음운은 하나의 기호로 쓰는 것을 원칙으로 합니다.

② 제2장 표기 일람

ㅂ	ㅍ	ㅃ	ㄷ	ㅌ	ㄸ	ㄱ	ㅋ	ㄲ	
b, p	p	pp	d, t	t	tt	g, k	k	kk	
ㅈ	ㅊ	ㅉ	ㅅ	ㅆ	ㅎ	ㄴ	ㅁ	ㅇ	ㄹ
j	ch	jj	s	ss	h	n	m	ng	r, l

[자음의 로마자 표기]

ㅏ	ㅓ	ㅐ	ㅔ	ㅗ	ㅜ	ㅚ	ㅟ	ㅡ	ㅣ
a	eo	æ	e	o	u	oe	wi	eu	i
ㅑ	ㅕ	ㅒ	ㅖ	ㅛ	ㅠ	ㅘ	ㅝ	ㅙ	ㅞ	ㅢ
ya	yeo	yae	ye	yo	yu	wa	wo	wae	we	ui

[모음의 로마자 표기]

③ 제3장 표기상의 유의점

㉠ 'ㄱ, ㄷ, ㅂ, ㄹ'의 표기 방식

'ㄱ, ㄷ, ㅂ'의 경우 모음 앞에서는 'g, d, b'로 쓰고, 자음 앞이나 어말에서는 'k, t, p'로 적습니다. 'ㄹ'은 모음 앞에서는 'r'로 적고, 자음 앞이나 낱말의 끝에서는 'l'로 적으며, 'ㄹㄹ'은 'll'로 적습니다.

ⓛ 모음을 로마자로 표기할 때의 유의점

‘ㅢ’는 ‘ㅣ’로 소리 나더라도 ‘ui’로 적습니다.

　예 광희문(Gwanghuimun)

장모음의 표기는 따로 하지 않습니다.

문법을 알아야 세상이 보인다!

제8강
바른 국어 생활

1. 발음

(1) 음운의 발음

① 어말 또는 자음 앞의 겹받침 발음('제2강 음운론, 4. 음운의 변동, 겹받침 발음 원칙' 참조)

겹받침		내용	예시
ㄺ	원칙	'ㄺ' 받침의 발음은 [ㄱ]으로 발음한다.	닭[닥], 흙과[흑꽈], 맑다[막따], 밝다[박따], 밝습니다[박씁니다], 밝지[박찌]
	예외	다만, 용언의 어간 말음 'ㄺ'은 'ㄱ'앞에서 [ㄹ]로 발음한다.	맑게[말께], 묽고[물꼬], 얽거나[얼꺼나], 밝고[발꼬], 밝게[발께], 밝기[발끼]
ㄼ	원칙	'ㄼ' 받침은 [ㄹ]로 발음한다.	넓다[널따], 넓게[널께], 넓고[널꼬], 넓지[널찌], 넓습니다[널씀니다]
	예외	다만, 동사 '밟다'의 경우와 '넓다'의 다음 경우에만은 예외로 [ㅂ]으로 발음한다.	밟다[밥따], 밟소[밥쏘], 밟지[밥찌], 밟는→[밥는]→[밤는], 밟게[밥께], 밟고[밥꼬]
			넓죽하다[넙쭈카다], 넓둥글다[넙뚱글다]
ㄽ	원칙	'ㄽ' 받침은 [ㄹ]로 발음한다.	핥다[할따], 핥고[할꼬], 핥게[할께], 핥기[할끼], 핥지[할찌], 핥습니다[할씀니다]
ㄿ	원칙	'ㄿ' 받침은 [ㅂ]으로 발음한다.	읊다[읍따], 읊게[읍께], 읊고[읍꼬], 읊기[읍끼], 읊지[읍찌], 읊습니다[읍씀니다]
	예외	단, 뒤에 유성 자음이 오면 자음 동화 현상을 겪는다.	읊는[음는]
'ㄶ, ㅀ' 뒤에 'ㄱ, ㄷ, ㅈ'이 올 경우 이들은 각각 'ㅋ, ㅌ, ㅊ'로 발음하며,			많고[만코], 않던[안턴], 닳지[달치]
'ㄶ, ㅀ' 뒤에 'ㅅ'이 올 때는 'ㅎ'은 발음하지 않으며 'ㅅ'은 [ㅆ]으로 발음하고,			많소[만쏘], 싫소[실쏘]
'ㄶ, ㅀ' 뒤에 'ㄴ'이 올 때는 'ㅎ'을 발음하지 않는다.			않네[안네], 않는[안는], 뚫네→[뚤네]→[뚤레], 뚫는→[뚤는]→[뚤른]

제8강 바른 국어 생활

② 뒤에 모음으로 시작하는 형태소가 올 때의 겹받침 발음

내용	예시
겹받침이 모음으로 시작된 조사나 어미, 접미사와 결합하는 경우에는, 뒤엣것만을 뒤음절 첫 자리로 옮겨 발음한다. 이 경우, 'ㅅ'은 된소리로 발음한다.	앉아[안자], 닭을[달글], 젊어[절머], 핥아[할타], 읊어[을퍼]
	넋이[넉씨], 곬이[골씨], 값을[갑쓸], 없어[업써]
'ㄶ, ㅀ' 뒤에 모음으로 시작된 어미나 접미사가 결합되는 경우, 'ㅎ'을 발음하지 않는다.	않은[아는], 닳아[다라], 싫어도[시러도]
겹받침 뒤에 실질 형태소가 올 경우에는, 그 중 하나만을 옮겨 발음한다.	넋 없다→[넉 업따]→[너겁따], 닭 앞에→[닥 아페]→[다가페], 값어치→[갑 어치]→[가버치], 값있는→[갑 읻는]→[가빈는]

받침 다음에 어떤 형태소가 오느냐에 따라 받침의 발음이 달라집니다. 어말이거나 자음이 오거나, 또는 실질 형태소가 오면 해당 받침의 7개 대표음으로 발음되고, 모음으로 시작되는 형식 형태소가 오면 해당 받침이 연음되어 발음됩니다. 이러한 기본적인 원리는 받침이 홑자음일 때도 적용됩니다.

③ 모음 발음의 예외 규정(표준 발음법 제4항과 제5항 참조)

내용	예시
이중 모음은 이중 모음으로 발음해야 하나, 용언의 활용형에 나타나는 '져, 쪄, 쳐'는 [저, 쩌, 처]로 발음한다.	가져[가저], 쪄[쩌], 다쳐[다처]
자음을 첫소리로 가지고 있는 음절의 'ㅢ'는 [ㅣ]로 발음한다.	희망, 유희, 닁큼, 무늬, 씌어, 틔어, 희어, 늴리리, 띄어쓰기
단모음 10개 중 'ㅚ, ㅟ'는 이중 모음으로 발음할 수 있다.	금괴[금괴/금궤]
'예, 례' 이외의 'ㅖ'는 [ㅔ]로도 발음한다.	계집[계:집/게:집], 계시다[계:시다/게:시다], 시계[시계/시게](時計), 연계[연계/연게](連繫), 메별[메별/메별](袂別), 개폐[개폐/개페](開閉), 혜택[혜택/헤택], 지혜[지혜/지헤]
단어의 첫음절 이외의 '의'는 [ㅣ]로, 조사의 '의'는 [ㅔ]로 발음함도 허용한다.	주의[주의/주이], 협의[혀븨/혀비], 우리의[우리의/우리에], 강의의[강:의의/강:이에]

제8강 바른 국어 생활

④ 음운 변동의 발음(표준 발음법 제19항, 제20항, 제22항, 제29
   항 참조)

내용	예시
받침 'ㅁ, ㅇ' 뒤에 연결되는 'ㄹ'은 [ㄴ]으로 발음한다.	담력[담:녁], 침략[침냑], 강릉[강능], 항로[항노], 대통령[대:통녕]
'ㄴ'은 'ㄹ'의 앞이나 뒤에서 [ㄹ]로 발음하는 것이 원칙이다. 다음과 같은 단어들은 'ㄹ'을 [ㄴ]으로 발음한다.	의견란[의:견난], 임진란[임:진난], 생산량[생산냥], 결단력[결딴녁], 공권력[공꿘녁], 동원령[동:원녕], 상견례[상견녜], 횡단로[횡단노], 이원론[이:원논], 입원료[이붠뇨], 구근류[구근뉴]
다음과 같은 용언의 어미는 [어]로 발음함을 원칙으로 하되, [여]로 발음함도 허용한다. 단, '이오, 아니오'도 이에 준하여 [이요], [아니요]로 발음함을 허용한다.	되어[되어/되여], 피어[피어/피여]
합성어 및 파생어에서, 앞 단어나 접두사의 끝이 자음이고 뒤 단어나 접미사의 첫음절이 '이, 야, 여, 요, 유'인 경우에는, 'ㄴ'음을 첨가하여 [니, 냐, 녀, 뇨, 뉴]로 발음한다.	솜이불[솜:니불], 홑이불[혼니불], 막일[망닐], 삯일[상닐], 꽃잎[꼰닙], 내복약[내:봉냑], 한여름[한녀름], 색연필[생년필], 담요[담:뇨], 영업용[영엄뇽], 식용유[시굥뉴], 국민-윤리[궁민뉼리]

(2) 소리의 길이(표준 발음법 제6항, 제7항 참조)

내용	예시	예외
모음의 장단을 구별하여 발음하되, 단어의 첫 음절에서만 긴소리가 나타나는 것을 원칙으로 한다.	눈보라[눈:보라], 말씨[말:씨], 밤나무[밤:나무], 많다[만:타], 멀리[멀:리], 벌리다[벌:리다] 첫눈[천눈], 참말[참말], 쌍동밤[쌍동밤]	다만, 합성어의 경우에는 둘째 음절 이하에서도 분명한 긴소리를 인정한다. 반신반의[반:신 바:늬 / 반:신 바:니], 재삼재사[재:삼 재:사]
용언의 단음절 어간에 어미 '-아 / -어'가 결합되어 한 음절로 축약되는 경우에도 긴소리로 발음한다.	보아→봐[봐:] 기어→겨[겨:] 되어→돼[돼:] 두어→둬[둬:] 하여→해[해:]	다만, '오아→와, 지어→져, 찌어→쪄, 치어→쳐' 등은 긴소리로 발음하지 않는다.
㉮ 긴소리를 가진 음절이라도, 단음절인 용언 어간에 모음으로 시작된 어미가 결합되는 경우, 짧게 발음한다.	감다[감:따]-감으니[가므니], 밟다[밥:따]-밟으면[발브면], 신다[신:따]-신어[시너] 알다[알:다]-알아[아라]	끌다[끌:다]-끌어[끄:러] 떫다[떨:따]-떫은[떨:븐] 벌다[벌:다]-벌어[버:러] 썰다[썰:다]-썰어[써:러] 없다[업:따]-없으니[업:쓰니]
㉯ 긴소리를 가진 음절이라도, 용언 어간에 피동, 사동의 접미사가 결합되는 경우, 짧게 발음한다.	감다[감:따]-감기다[감기다], 꼬다[꼬:다]-꼬이다[꼬이다], 밟다[밥:따]-밟히다[발피다]	끌리다[끌:리다], 벌리다[벌:리다], 없애다[업:쌔다]

제8강 바른 국어 생활

⑶ 외래어의 발음(외래어 표기법 제3장 제1절 가운데 제1항, 제3항, 제7항, 제8항 참조)

내용	예시
짧은 모음 다음의 어말 무성 파열음 [p, t, k]는 받침으로 적는다.	gap[gæp] 갭 cat[kæt] 캣 book [buk] 북
어말 또는 자음 앞의 [s, z, f, v, θ, ð]는 '으'를 붙여 적는다.	mask[mæsk] 마스크 jazz[dʒæz] 재즈 graph[græf] 그래프 olive[ɔliv] 올리브 thrill[θril] 스릴 bathe[beið] 베이드
중모음은 각 단모음의 음가를 살려서 적되, [ou]는 '오'로, [auə]는 '아워'로 적는다.	time[taim] 타임, house[haus] 하우스 boat[bout] 보트 tower[tauər] 타워
장모음의 장음은 따로 표시하지 않는다.	team[ti:m] 팀 route[ru:t] 루트

2. 단어

(1) 맞춤법에 맞는 단어

한글 맞춤법은 소리대로 적는 표음주의와 어법에 맞도록 쓰는 표의주의가 적절히 섞여 있습니다.

① 한글 맞춤법은 표준어를 소리대로 적되, 어법에 맞도록 함을 원칙으로 합니다.(한글 맞춤법 제1항)

어법	예시
표음주의	목거리(목병), 무녀리, 코끼리, 거름(비료), 노름(도박), 귀머거리, 무덤, 주검, 거뭇거뭇, 바투, 비로소, 나마, 조차
표의주의	길이, 다듬이, 땀받이, 벼훑이, 살림살이, 믿음, 만듦, 실없이, 짓궂이, 좋이, 밝히, 작히

② 문장의 각 단어는 띄어 씀을 원칙으로 한다.(한글 맞춤법 제2항)

현행 학교 문법에서는 단어로 품사 9개를 인정하고 있습니다. 조사는 항상 붙여 써야 하는 형식 형태소입니다. "조사는 그 앞말에 붙여 쓴다."(한글 맞춤법 제5장 제41항) 아래 표는 띄어쓰기의 원칙과 허용 예시입니다.

내용	원칙	허용
순서 단위 명사	두 시 삼십 분 오 초, 제일 과, 1446 년 10 월 9 일, 406 동 1303 호	두시 삼십분 오초, 제일과, 1446년 10월 9일, 406동 1303호
단음절어	내 것 네 것, 좀 더 큰 것, 이 말 저 말, 한 잎 두 잎	내것 네것, 좀더 큰것, 이말 저말, 한잎 두잎
보조 용언	불이 꺼져 간다, 깨뜨려 버렸다 비가 올 듯하다, 비가 올 성싶다	불이 꺼져간다, 깨뜨려버렸다, 비가 올듯하다, 비가 올성싶다
성과 이름	남궁억, 독고영재, 황보혜정	남궁 억, 독고 영재, 황보 혜정
고유 명사	한국 대학교 사범 대학	한국대학교 사범대학
전문 용어	만성 골수성 백혈병, 중거리 탄도 유도탄	만성골수성백혈병, 중거리탄도유도탄

③ 표준어는 교양 있는 사람들이 두루 쓰는 현대 서울말을 정함을
  원칙으로 합니다.(표준어 규정 제1항)
  ➜ 시대적-'현대', 지역적-'서울말', 계층적-'교양 있는 사람들', 보편
    적-'두루 쓰는'

㉠ 발음 변화에 따른 표준어

기준	표준어	비표준어	표준어	비표준어
자음 차이	끄나풀	끄나불	새벽녘	새벽녁
	사글세	삭월세	적이	저으기
	수캉아지	숫강아지	수키와	숫기와
	수평아리	숫병아리	숫양	수양
	부엌	부억	강낭콩	강남콩
	휴지	수지	돌	돐
	수탉	숫닭	수퇘지	숫돼지
	숫쥐	수쥐		
모음 차이	깡충깡충	깡총깡총	막둥이	막동이
	오뚝이	오똑이	주춧돌	주촛돌
	서울내기	서울나기	냄비	남비
	온종일	왼종일	미숫가루	미싯가루
	윗도리	웃도리	윗니	웃니
	웃어른	윗어른	웃옷	윗옷
	귀둥이	귀동이	보퉁이	보통이
	부조	부주	사돈	사둔
	아지랑이	아지랭이	미장이	미쟁이
	상추	상치	구절	귀절
	위짝	웃짝	위통	웃통
	대구법	댓구법	시구	시귀,싯구
준말	김	기음	따리	또아리
	생쥐	새앙쥐	온갖	온가지
	무	무우	뱀	배암
	장사치	장사아치	솔개	소리개
본디말	귀이개	귀개	뒷물대야	뒷대야
	죽살이	죽살	부스럼	부럼
준말/ 본디말	거짓부리/거짓불		노을/놀	
	시누이/시뉘/시누		오누이/오뉘/오누	
	머무르다/머물다		외우다/외다	
	이기죽거리다/이죽거리다			

제8강 바른 국어 생활

ⓛ 어휘 선택의 변화에 따른 표준어

기준	표준어	비표준어	표준어	비표준어	표준어	비표준어
현대어 선택	애달프다	애닲다	자두	오얏	난봉	봉
고유어 선택	길품삯	보행삯	밥소라	식소라	떡암죽	병암죽
한자어 선택	개다리소반	개다리밥상	부항단지	뜸단지	윤달	군달
원래 표준어 및 방언 모두 선택	멍게/우렁쉥이		물방개/선두리		애순/어린순	
원래 방언 선택	귀밑머리	귀머리	까뭉개다	까무느다	빈대떡	빈자떡
	코주부	코보				

(2) 단어의 바른 사용

① 바르지 못한 문장들

㉠ 문장에 적합한 단어를 사용하지 못한 예들

- 오늘 낮에는 눈이 많이 내리더니 밤에는 <u>강추위</u>까지 겹쳤다. (→ 추위)

  - 벽지가 잘 붙게 <u>풀솔</u>에 풀을 듬뿍 묻혀 칠해라. (→ 솔 또는 귀얄27))

- 이 생선은 가시를 <u>골라 내기</u>가 쉽지 않다. (→ 발라 내기)

- 나 연필 한 <u>개</u>만 빌려 줘. (→ 자루)

- 인천에서 오클랜드까지 <u>비행기 값</u>이 얼마냐? (→ 비행기 삯)

- 대통령은 장병들의 노고를 <u>치하하였다</u>. (→ 위로하였다)

- 선생님 <u>수고</u>28) 많이 하세요. (→ 선생님 안녕히 계세요.)

- 지금부터 교장 선생님의 말씀이 <u>계시겠습니다</u>. (→ 있으시겠습니다.)

- 자기들 나름대로의 <u>방증</u>29)을 제시하면서 반박하였다. (→ 반증(反證))

- 성실하지 못한 사람은 언젠가는 그 <u>보답을 받을</u> 것이고 (→ 대가를 치를)

---

27) 풀이나 옻을 칠하는 데 쓰는 솔
28) 일을 하느라 힘을 들이고 애를 쓴다는 의미임. 따라서 아래 사람이 윗사람에게 쓰는 단어로 적당하지 않음.
29) 사실을 증명할 수 있는 증거가 되지는 않지만, 주변의 상황을 밝힘으로써 범죄의 증명에 간접적으로 도움이 되는 증거

ⓛ 한자어에 대한 정확한 이해가 부족한 단어들을 사용한 예들

- 부조(扶助)(○), 부주(×)
- 사돈(査頓)(○), 사둔(×)
- 삼촌(三寸)(○), 삼춘(×)
- 그는 이웃 사람들과 발길을 <u>일체</u> 끊고 산다.(→ 일절)
- 안주 <u>일절</u>(→ 일체)
    - → 일체: 모든 것, 온갖 사물
      일절: 아주, 도무지, 전혀, 결코

ⓒ 단어가 문장의 다른 성분과 제대로 호응하지 못하는 예들

- *사랑스러운 그녀의 <u>앙칼진</u> 목소리가 귓전에 와 닿았다.(앙칼지다: 모질고 날카롭다.)
- *유익한 주말이 되십시오.(→ 유익한 주말이 되시기 바랍니다.)

ⓔ 조사와 어미의 사용이 잘못된 예들

- 도서관에 가야겠다<u>라고</u> 생각했어요.(→ ~고)
    - → 라고: 직접 인용 / 고: 간접 인용

- 재해 지역 선포를 대통령<u>에</u> 요청했다.(→ ~에게)
    - → 에: 무정 명사 뒤에서 쓰임. / 에게: 유정 명사 뒤에서 쓰임.

- 어디를 가<u>던지</u> 자기 하기 나름이다.(→ ~든지)
    - → 든지: 선택 의미를 나타내는 어미

• 어제는 머리가 아프<u>니까</u> 결석을 하였습니다.(→ ~어서)

→ 니까: 선행절이 결과를, 후행절이 원인을 의미할 때 사용

어서: 선행절이 원인을, 후행절이 결과를 의미할 때 사용

② 자연스럽지 못한 문장들

㉠ 같은 의미를 가진 표현들이 불필요하게 중복되어 사용된 예들

• <u>늦은</u> 만추

• <u>죽지 않은</u> 불사신

• <u>짧게</u> 약술하겠다.

• <u>배에</u> 승선하다.

• <u>돌이켜</u> 회고해 보건대

• 그 안건은 과반수 <u>이상</u>의 찬성표를 얻었다.

위의 예들은 모두 '만추(晚秋), 불사신(不死身), 약술(略述), 승선(乘船), 회고(回顧), 과반수(過半數)'라는 한자어에 대한 정확한 이해가 없거나, 습관적으로 밑줄친 반복 표현들을 사용하고 있는 것입니다. 밑줄친 부분을 빼고 사용하면 자연스런 문장이 될 것입니다.

㉡ 외국어의 영향을 받은 표현들

• 날씨가 나쁜 <u>관계로</u> 여행을 떠나지 못하였다. (→ 날씨가 나빠서 여행을 떠나지 못하였다.)

• 영이<u>의</u> 책<u>의</u> 표지<u>의</u> 무늬가 무척 아름답다. (→ 영이의 책 표지 무늬가 무척 아름답다.)

- 일이 잘 <u>진행되어지고</u> 있습니다. (→ 진행되고)

- 우리 공장에서는 기계를 하루 종일 <u>가동시키고</u> 있습니다. (→ 가동하고)

- 동일한 사고를 공유하는 사람들이 집합하였다. (→ 같은 생각을 가진 사람들이 모였다.) ➜ 한자어나 추상어를 지나치게 많이 사용하고 있습니다.

3. 문장

(1) 문법에 맞는 문장

① 서술어를 중심으로 문장 성분들이 호응을 잘 이루어야 합니다.
- 인간은 자연에 복종도 하고, 지배도 하며 살아간다.(→ 인간은 자연에 복종도 하고, 자연을 지배도 하며 살아간다.)
- 내가 하고 싶은 말은 다름이 아니라, 아직 늦지 않았으니 새로 시작하기를 바란다.(→ 내가 하고 싶은 말은 다름이 아니라, 아직 늦지 않았으니 새로 시작하기를 바란다는 것이다.)
- 운전기사와 잡담을 하거나 과속을 금지한다.(→ (승객이) 운전기사와 잡담을 하거나 (운전기사가) 과속을 하는 것을 금지한다.)
- 영이는 노래를 하고, 순이는 키가 크다.(앞 절: 동사문, 뒤 절: 형용사문) → 대등 연결되는 대상의 성격이 다르기 때문에 문법에 맞지 않는 문장이 됩니다.
- 이 배는 사람이나 짐을 싣고 하루에 다섯 번씩 운행한다.(→ 이 배는 사람을 태우거나 짐을 싣고 하루에 다섯 번씩 운행한다.)
- 이를 씻다.(→ 이를 닦다.)

② 조사나 어미가 제대로 사용되지 않은 예들
- 우리는 그 학교에게 선물을 증정했다.(→ 학교에)
- 알맞는 답을 고르시오.(→ 알맞은)
- 푸르른 들판을 마음껏 달려 보자.(→ 푸른)

제8강 바른 국어 생활

③ 시제나 높임 표현이 잘못 사용된 예들

- 아직 학교에 도착하고 있지 않습니다.(→ **아직** 학교에 도착하지 않았
  습니다.)
- 너 선생님이 빨리 오래.(→ 너 선생님이 빨리 오라고 하셔.)

④ 특정한 부사어가 특정한 서술어를 요구하는 예들

- 나는 반드시 그 일을 하고 말겠다.
- 절대로 그를 용서할 수 없어.
- 우리는 결코 그 일을 하지 말아야 해.
- 누군가 혹시 그것을 먹는다 해도

• 결코 ~ 않다	• 마치 ~ 같다	• 여간 ~ 않다
• 과연 ~ 구나	• 만약 ~ (ㄴ)라면	• 일절 ~ 않다(못하다)
• 그다지 ~ 하지 않다	• 부디 ~ 하여라	• 차라리 ~ -ㄹ지언정
• 도대체 ~ 이냐	• 비록 ~ 일지라도	• 차마 ~ 않다
• 드디어 ~ 하다	• 아마 ~ -ㄹ 것이다	• 혹시 ~ 거든

⑤ 의미론적으로 모순이 되는 문장들

- *노처녀와 홀아비는 드디어 이혼을 하고 말았다.
- *귀신과 용은 동물로서 생물이고, 냉정한 그 여자는 인간이지만 무
  생물이다.
- *영자는 철수의 오른편에 있었으나, 철수는 영자의 왼편에 있지 않
  다.
- *우리 회사에서는 정화시킨 오염 폐수만을 내보낸다.
- *이 옷에는 회색으로 무늬를 화사하게 넣었다.

(2) 명확한 문장

명확한 문장이란 기본적으로 한 가지로 해석되는 문장을 말합니다.

① 두 가지 이상으로 해석되는 중의적인 문장의 예들

- 아름다운 고향의 하늘을 생각한다.

  → '아름다운'의 대상이 '고향'인지 '하늘'인지 명확하지 않습니다.

- 철수는 영수와 순이를 좋아한다.

  → 철수와 영수가 함께 순이를 좋아하는 것인지, 아니면 철수 혼자서 영수와 순이를 좋아하는 건지 알 수가 없습니다.

- 이것은 <u>아버지의 초상화</u>이다.

  → '아버지의 초상화'는 '아버지를 그린 그림', '아버지가 그린 초상화', '아버지가 갖고 계신 초상화' 등 그 의미가 여러 가지로 해석됩니다.

② 필요한 문장 성분을 지나치게 생략함으로써 문장의 의미가 불명확해진 예들

- 그것을 해 나가자면, 엉키지 않을 수가 없다.

  → 필요한 성분을 지나치게 생략하여 무엇이, 어디에, 어떻게 엉켰는지 확실하지 않습니다.

- 나는 집에서 요리를 하는 것을 좋아하나, 그는 먹는 것을 좋아한다.

  → 먹는 장소가 집인지 밖인지 명확히 알 수가 없습니다.

  ※ 위와 같은 문장들은 앞 뒤 문맥을 통해서 명확한 의미를 확인할 수 있을 뿐입니다.

③ 문법적으로는 이상이 없으나 의미상으로는 쉽게 용납되기 어려운 문장들

- 쥐가 고양이를 잡아 먹었다.
- <u>바가지를 긁는</u> 아내에게 남편은 <u>마음의 창을 닫아 버렸다</u>.
  - ➡ '아내가 바가지를 긁는다.'는 일차적인 의미로 해석하면 아주 이상한 문장이 되지만, '마음의 창을 닫다.'라는 표현과 함께 관용 표현으로 이해하여 이차적인 의미로 해석하면 자연스런 문장이 됩니다.

④ 구체적이지 못하고 추상적인 문장들

- 우리 민족은 매우 우수하고 열성적이다.
  - ➡ 우리 민족이 어떤 면에서 우수하고 열성적인지 모호합니다.

- 모든 국민은 신체의 자유를 가진다.
  - ➡ '신체의 자유'가 구체적으로 무엇을 뜻하는지 불명확합니다.
- 그림같이 아름다운 항구
  - ➡ '항구'가 구체적으로 어디가 어떻게 아름다운지 알 수 없습니다.

⑤ 가능한 한 피해야 할 외국어투의 문장

- ~ 가운데 하나
- 한 권의 책
- ~을 배제할 수 없다.
- ~은 아무리 강조해도 지나치지 않다.

문법을 알아야 세상이 보인다!

제9강
국어의 형성과 훈민정음

1. 국어의 형성과 역사

(1) 국어의 계통과 형성

① 국어의 계통

국어는 계통상 알타이 어족에 속합니다. 이 견해는 알타이어 학자인 핀란드의 람스테트가 알타이 어족에 속하는 몽골어, 만주-퉁구스어, 튀르크 어에다가 우리 국어를 첨가시키면서 알려져 온 견해입니다.

국어를 알타이 어족에 넣는 근거30)는 국어에 어두 자음군이 존재했다는 것, 모음 조화 현상이 있다는 것, 우리말이 조사와 어미가 발달된 교착어에 속한다는 것, 모음교체 및 자음교체가 없다는 것, 그리고 관계대명사 및 접속사가 없다는 것에서 찾을 수 있습니다.

② 국어의 형성

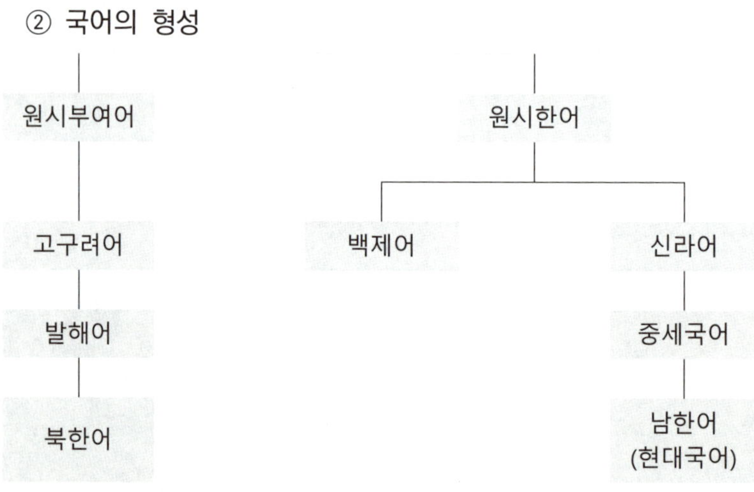

---

30) 이기문의 견해로 국어와 알타이 제어가 가지는 공통 특징이다.

(2) 국어사의 시대 구분

① 국어사의 시대 구분(이기문, 1972)

시대 구분	시기	중심 지역	특징
고대 국어	원시~ 통일 신라	경주	• 주로 한자어를 빌려서 우리 말을 표기함.
전기 중세 국어	고려~훈민정음 창제	개성	• 한자어의 다량 유입
후기 중세 국어	훈민정음~임진왜란	서울	• 훈민정음 창제로 문자 체계 확립
근대 국어	임진왜란 ~ 갑오경장	서울	• 한글 사용 범위가 넓어지고 어휘나 표기 체계 등에 많은 변화가 생김.
현대 국어	갑오경장 ~ 현재	서울	

② 국어사의 시대 구분(박병채, 1989)

구분	기간
전기 고대 국어	~ 계림유사[31] 발간(1103)
후기 고대 국어	계림유사 발간 ~ 훈민정음 창제(1443)
중기 국어	훈민정음 창제 ~ 임진왜란(1598)
근대 국어	임진왜란 ~ 갑오경장(1894)
현대 국어	갑오경장 ~ 현재

③ ①과 ②의 비교

①	②
국가의 흥망을 국어와 연결시킨 방식	문자의 유무를 국어와 연결시킨 방식
국가와 민족과 언어의 관계를 직접적으로 연결시킨 것	문자 언어와 음성 언어의 관계를 강조하고자 한 것
민족과 언어의 관계가 중요하다.	언어 자체의 관계가 중요하다.

---

31) '계림유사'는 송나라 때 손목이 고려 숙종 8년(1103년) 서장관(書狀官, 기록관)으로 개성에 왔다가 당시 고려의 조정제도와 풍속, 고려인들이 사용하던 어휘 3백 61개를 수집한 일종의 견문록

2. 훈민정음의 제자 원리

⑴ 제자 원리

한글 자음 17자와 모음 11자가 각각 만들어진 원리입니다.

① 초성(자음)의 제자 원리

초성(자음)의 제자 원리는 상형(象刑)의 원리와 가획(加劃)의 원리에 의해 만들어집니다. **상형(象刑)의 원리**는 발음 기관의 모양을 본떠서 기본자를 만든 것이고, **가획의 원리는** 기본자에 획을 더하여 자음을 만든 것입니다.

기본자	ㄱ	ㄴ	ㅁ	ㅅ	ㅇ
가획자	ㅋ	ㄷ	ㅂ	ㅈ	ㆆ
		ㅌ	ㅍ	ㅊ	ㅎ

② 중성(모음)의 제자 원리

중성(모음)의 제자 원리는 천지인삼재(天地人三才), 즉 하늘과 땅과 사람의 형상을 본떠(**상형의 원리**) 기본자 '•, ㅡ, ㅣ'를 만들고, 이 기본자들을 조합(**합용의 원리**)하여 나머지 글자들을 만든 것입니다.

상형	기본자	초출자	재출자
하늘의 둥근 모양을 본뜸.	•	• + ㅡ → ㅗ	ㅣ + ㅗ → ㅛ
땅의 평평한 모양을 본뜸.	ㅡ	ㅣ + • → ㅏ	ㅣ + ㅏ → ㅑ
		ㅡ + • → ㅜ	ㅣ + ㅜ → ㅠ
사람이 서 있는 모양을 본뜸.	ㅣ	• + ㅣ → ㅓ	ㅣ + ㅓ → ㅕ

제9강 국어의 형성과 훈민정음

③ 종성의 제자 원리

　종성부용초성(終聲復用初聲)은 훈민정음 종성의 제자 원리(制字原理)로서, 종성의 글자는 특별한 글자를 만들지 않고 초성(初聲)으로 쓰이는 글자를 다시 사용한다는 것을 뜻합니다.

(2) 자음 체계

조음위치 \ 조음방법	전청[32]	차청[33]	불청 불탁[34]	전탁[35]
아음(牙音, 어금닛소리)	ㄱ	ㅋ	ㆁ	ㄲ
설음(舌音, 혓소리)	ㄷ	ㅌ	ㄴ	ㄸ
순음(脣音, 입술소리)	ㅂ	ㅍ	ㅁ	ㅃ
치음(齒音, 잇소리)	ㅅ			ㅆ
	ㅈ	ㅊ		ㅉ
후음(喉音, 목구멍소리)	ㆆ	ㅎ	ㅇ	ㆅ
반설음(半舌音, 반혓소리)			ㄹ	
반치음(半齒音, 반잇소리)			ㅿ	

---

32) **전청(全淸)** : 온전히 맑은 소리. 훈민정음의 초성 체계 가운데 'ㄱ', 'ㄷ', 'ㅂ', 'ㅅ', 'ㅈ', 'ㆆ' 따위에 공통되는 음성적 특질을 이르는 말. 현대 음성학의 무성 자음에 해당함.

33) **차청(次淸)** : 다음으로 맑은 소리. 훈민정음의 초성 체계 가운데 'ㅋ', 'ㅌ', 'ㅍ', 'ㅊ', 'ㅎ' 따위에 공통되는 음성적 특질을 이르는 말.

34) **불청불탁(不淸不濁)** : 맑지도 흐리지도 않은 소리. 훈민정음의 초성 체계 가운데 'ㆁ', 'ㄴ', 'ㅁ', 'ㅇ', 'ㄹ', 'ㅿ' 따위에 공통되는 음성적 특질을 이르는 말. 현대 음성학의 유성 자음에 해당함.

35) **전탁(全濁)** : 흐린 소리. 훈민정음의 초성 체계 가운데 'ㄲ', 'ㄸ', 'ㅃ', 'ㅆ', 'ㅉ', 'ㆅ' 따위에 공통되는 음성적 특질을 이르는 말. 훈민정음의 17초성에는 포함되지 않으나, 동국정운의 23자모에는 포함됨.

이체자(異體字)는 국어 자음 중 '상형의 원리'와 '가획의 원리'를 따르지 않고 만들어진 글자입니다. 이체자는 '근본 원리가 다른 글자'라는 의미로 'ㆁ, ㅿ, ㄹ'이 여기에 속합니다.

(3) 모음 체계

시기	단모음		비고
후기 중세 국어	ㅣ, ㅡ, ㅓ, ㅜ, ㅗ, ·, ㅏ	7개	
근대 국어	ㅣ, ㅔ, ㅐ, ㅡ, ㅓ, ㅜ, ㅗ, ㅏ	8개	'·'가 17세기에 소멸되고, 'ㅔ, ㅐ'는 18세기에 생김.
현대 국어	ㅣ, ㅔ, ㅐ, ㅚ, ㅟ, ㅡ, ㅓ, ㅜ, ㅗ, ㅏ	10개	'ㅚ, ㅟ'가 19세기 말에 생김.

※ 중세 국어의 이중 모음

ㅑ, ㅕ, ㅛ, ㅠ, ㅘ, ㅝ, ㅐ, ㅔ, ㅚ, ㅟ, ㅢ

※ '·(아래아)'의 위치에 따른 모음의 성질

양성 모음		음성 모음	
• 'ㅡ'의 위쪽 • 'ㅣ'의 오른쪽	ㅏ, ㅗ, ㅑ, ㅛ	• 'ㅡ'의 아래쪽 • 'ㅣ'의 왼쪽	ㅓ, ㅜ, ㅕ, ㅠ

제9강 국어의 형성과 훈민정음

제10강
국어의 변천

1. 고대 국어

(1) 표기

① 고유 명사의 표기

고대 국어 시기 우리 조상들은 한자를 사용하여 우리말을 기록했습니다. 사람 이름이나 지명 등의 고유 명사를 우리말식으로 표기했는데, 한자의 음36)과 뜻37)을 빌려 우리말을 표기했습니다.

素那(或云金川) 白城郡蛇山人也

- 《삼국사기》 권 제47

(현대어 풀이)

소나(素那)[또는 금천(金川)이라고 한다.]는 백성군(白城郡) 사산(蛇山) 사람이다.

음차	훈차
'소나'라는 이름을 표기하기 위해 그 음을 빌려와 '素那'로 적음.	'소나'라는 이름을 표기하기 위해 그 뜻을 빌려와 '金川'로 적음.
素: 흴 소, 那: 어찌 나	金: 쇠 금, 川: 내 천

---

36) 음차: 차자 표기에서, 한자의 음을 빌려 우리말을 표기하는 일.
37) 훈차: 차자 표기에서, 한자의 뜻을 빌려 우리말을 표기하는 일.

② 향찰

향찰은 한자의 음과 뜻을 빌려 국어 문장 전체를 적은 표기법입니다. 실질적인 의미를 가진 부분은 한자의 뜻을, 형식적(문법적)인 의미를 가진 부분(조사와 어미)은 한자의 음을 빌려 우리말 문장 전체를 표기합니다.

夜入伊遊行如可 야입이유행여가						
夜	入	伊	遊	行	如	可
밤 야	들 입	저 이	놀 유	니(갈) 행	다 여	옳을 가

<처용가> 중에서

③ 이두, 구결

이두는 한자를 국어의 문장 구성법에 따라 고치고 이에 토를 붙인 것이고, 구결은 한문을 읽을 때 그 뜻이나 독송(讀誦)[38]을 위하여 각 구절 아래에 달아 쓰던 문법적 요소(조사나 어미)를 통틀어 이르는 말입니다.

【핵심체크】 고유 명사 표기와 향찰 표기의 차이점	
고유 명사 표기	향찰 표기
인명이나 지명 등 단어 하나만을 국어식으로 적는 표기 방식	우리말 문장 전체를 종합적으로 표기하던 방식 •실질 형태소: 주로 한자의 뜻을 빌림 •형식 형태소: 주로 한자의 음을 빌림

---

38) 소리 내어 읽거나 외움.

(2) 음운

예사소리와 거센소리 두 계열이 존재했으나, 된소리는 발달하지 않은 것
으로 짐작됩니다.

(3) 문법

주격 조사로 '가'가 쓰이지 않고 '이'만 쓰이는 등 중세 국어와 더 가깝고
현대 국어와는 더 먼 모습이었을 것으로 짐작됩니다.

(4) 어휘

점차 한자어가 늘어나기는 했으나 지금보다는 고유어가 더 많이 쓰였을
것으로 짐작됩니다.

2. 중세 국어

　중세 국어는 고려의 건국에서 조선 전기까지의 국어입니다. 고려의 건국으로 언어의 중심지가 경주에서 개성으로 옮겨졌으며 다시 조선이 건국되어 그 중심지가 한양으로 변화하게 됩니다. 중세 국어 시기에는 '훈민정음'이 창제되어 비로소 우리말을 전면적으로 표기할 수 있게 됩니다.

(1) 표기

　중세 국어의 표기는 현대 국어 표기법과 달리 원형을 밝히지 않고 소리 나는 대로 적는 **이어 적기**를 합니다.

> 불·휘기·픈남·ㄱㅂㄹ·매아·니:뮐·씨곶:됴·코여·름·하ᄂ·니
> 　　　　　　　　　　　－《용비어천가》 제2장, 세종 29년(1447년)
>
> (현대어 풀이)
>
> 뿌리가 깊은 나무는 바람에 아니 움직이므로, 꽃 좋고 열매 많아지니

　위 표에서 '기픈', 'ㅂㄹ매'에서 원형을 밝히지 않고 소리 나는 대로 적는 이어 적기를 합니다.

【핵심체크】 표기법의 종류	
이어적기 (연철)	한 음절의 종성을 다음 자의 초성으로 이동하여 적는 표기법. '말씀이'를 '말쓰미'로 쓰는 것 따위.
끊어적기 (분철)	여러 형태소가 연결될 때 그 각각을 음절이나 성분 단위로 밝혀 적는 표기법.
거듭적기 (혼철)	형태소의 모음 사이에서 나는 자음을 각각 앞 음절의 종성으로 적고 뒤 음절의 초성으로 적는 표기법.

받침으로는 'ㄱ, ㄴ, ㄷ, ㄹ, ㅁ, ㅂ, ㅅ, ㆁ'의 8개 자음만을 적는 **팔종성가족용법(八終聲可足用)**이 적용되었습니다. 팔종성가족용법(八終聲可足用)은 초성 8자(ㄱ,ㄴ,ㄷ,ㄹ,ㅁ,ㅂ,ㅅ,ㆁ)만 받침으로 사용해도 가히 족하다는 규정으로 종성부용초성에 대한 구체적인 규정이라 할 수 있습니다. 이 규정에 따른 표기는 『훈민정음 해례』나 『언해』에 나타납니다. 훈민정음 창제 당시에는 원칙이 '종성부용초성'이었고, '8종성가족용'이 허용되었습니다.

원칙	허용
곶	곳
깊고	깁고
사맞디	사맛디

(2) 음운

현대 국어에는 없는 자음 'ㅸ', 'ㅿ', 'ㆆ'과 모음 'ㆍ' 등이 존재했습니다. 'ㅸ'은 훈민정음 창제 직후 소멸되었습니다.

[예] 고ᄫᅡ서(>고와서), 아ᅀᆞ(>아우), 훈민정ᅙᅳᆷ(훈민정음), ᄒᆞ다(>하다)

'ㅂ'계(ㅳ, ㅄ, ㅶ, ㅷ)와 'ㅄ'계(ㅴ, ㅵ)의 어두 자음군[39]이 존재했습니다. 이들은 대부분 근대 국어 시기에 된소리로 바뀌었습니다.

[예] ᄡᆞᆯ(>쌀, 米), ᄣᅢ(>때, 時)

'ㆍ'가 있어서 현대 국어보다 모음 조화가 비교적 잘 지켜졌습니다.

[예] ᄒᆞ야

성조(聲調)가 있었고 그것이 방점(傍點)으로 표기되었습니다. 성조는 글자의 왼쪽에 방점을 찍어 음의 높낮이를 표시한 것으로, 16세기 말엽에 완전히 소멸되었습니다.

종류	개수	소리
평성	0	낮은 소리
거성	1	높은 소리
상성	2	처음은 낮고 나중이 높은 소리
입성	0~2	종성이 'ㄱ, ㄷ, ㅂ, ㅅ'으로 끝나는 음절은 빨리 끝을 닫음.

[예] 나랏·말:ᄊᆞ·미(>나라의 말이)

39) **어두 자음군**: 단어의 첫머리에 오는 둘 또는 그 이상의 자음의 연속체. 중세 국어의 'ᄭᅮᆷ'의 'ㅺ', 'ᄯᅡ(地)'의 'ㅼ', 'ᄲᅳᆯ'의 'ㅽ', 'ᄠᅳᆮ'의 'ㅳ', 'ᄡᆞᆯ'의 'ㅄ', 'ᄢᅮᆯ'의 'ㅴ', 'ᄣᅢ'의 'ㅵ' 따위

(3) 문법

주체 높임, 객체 높임, 상대 높임을 모두 선어말 어미를 통해 표현했습니다. 주체 높임 선어말 어미 '-시-, -샤-'가 사용되었는데, '-시-'는 자음 어미 앞에서, '-샤-'는 모음 어미 앞에서 사용되었습니다.

> 예 가시니 / 가샤오딕

객체 높임 선어말 어미는 '-솝-, -줍-, -숩-'이 사용되었는데, '-솝-'은 어간 끝소리가 'ㄱ, ㅂ, ㅅ, ㅎ'일 때, '-줍-'은 어간의 끝소리가 'ㄷ, ㅌ, ㅈ, ㅊ'일 때, '-숩-'은 어간의 끝소리가 울림소리일 때 사용되었습니다.

> 예 막솝거늘 / 듣줍고 / 보숩건대

객체 높임 선어말 어미 '-솝-, -줍-, -숩-'이 모음 앞에서는 '-솔-, -줄-, -술-'으로 바뀌었습니다.

> 예 부텻긔 받조톨 고지라

상대 높임 선어말 어미 '-이-'와 '-잇-'이 사용되었는데, '-이-'는 평서형일 때, '-잇-'은 의문형일 때 사용되었습니다.

> 예 ᄒᆞᄂᆞ이다 / ᄒᆞᄂᆞ니잇가

주격 조사는 주로 '이'가 사용되었는데, 주격 조사 '이'는 환경에 따라 '이, ㅣ, 영형태(∅)'로 실현되었습니다. '이'는 자음 뒤에서, 'ㅣ'는 모음 'ㅣ' 또는 반모음 'ㅣ' 이외의 모음 뒤에서, '영형태(∅)'는 모음 'ㅣ' 또는 반모음 'ㅣ' 뒤에서 사용되었습니다.

> 예 말ᄊᆞ미(말ᄊᆞᆷ+이) / 부톄(부텨+ㅣ) / 불휘(불휘+∅)

목적격 조사는 '올/을, 를/를, ㄹ'로 실현되었습니다. '올/을'은 선행 체언이 자음으로 끝날 때, '를/를'은 선행 체언이 모음으로 끝날 때, 'ㄹ'은 선행 체언이 ㅣ모음으로 끝날 때 사용되었습니다.

> 예 바블(밥+올), 쁘들(뜯+을) / 나를(나+를), 너를(너+를) / 머릴(머리+ㄹ)

관형격 조사는 '익/의' 계열과 'ㅅ'계열이 존재했습니다. '익/의' 계열은 평칭의 유정 명사일 때 사용되었습니다.

> 예 사스믹(사슴+익) 갖 → 사슴의 가죽 / 거부븨(거붑+의) 터리 → 거북의 털이

관형격 조사 'ㅅ'계열은 높임의 유정 명사일 때, 무정 명사일 때 사용되었습니다.

> 예 부텻(부텨+ㅅ) 모미 → 부처의 몸이 / 나못(나모+ㅅ) 불휘 → 나무의 뿌리

호격 조사로 높임의 뜻을 나타내는 '하'가 있었습니다.

> 예 님금하 아릭쇼셔

주어가 1인칭일 때는 선어말 어미 '-오-'가 나타납니다.

> 예 닐고라(닑+오+라)

의문문에는 설명 의문문과 판정 의문문이 있었습니다. 의문사에 대한 대답을 요구하는 설명 의문문은 체언 뒤에 바로 의문 보조사 '고/오'가 붙거나,

'-뇨', '-료' 등의 종결 어미에 의해 실현되었습니다.

> 예 이 <u>엇던</u> 사름<u>고</u> / <u>므슴</u> 마를 니르<u>느뇨</u>

가부(可否)를 묻는 판정 의문문은 체언 뒤에 바로 의문 보조사 '가/아'가 붙거나, '-녀', '-려' 등의 종결 어미에 의해 실현되었습니다.

> 예 이 ᄯᆞ리 너희 죵<u>가</u> / 져므며 늘구미 잇<u>ᄂ녀</u>

(4) 어휘

한자어가 침투하여 고유어와의 경쟁이 계속되었습니다.

> 예 뫼-산(山), 슈룹-우산(雨傘)

한자어 이외에도 몽골어, 여진어 등에서 어휘가 차용되기도 하였습니다.

> 예 보라매, 숑골매

【핵심체크】 문자의 운용	
연서 (連書)	훈민정음에서, 순경음(脣輕音)을 표기하기 위하여 순음자(脣音字) 밑에 'ㅇ'을 이어 쓰는 일. 'ㅱ', 'ㅸ', 'ㆄ', 'ㅹ' 따위가 있음.
병서 (竝書)	훈민정음에서, 초성자 두 글자 또는 세 글자를 가로로 나란히 붙여 쓰는 일. 각자 병서 'ㄲ, ㄸ' 따위와 합용 병서 'ㄼ, ㅴ' 따위가 있음.
부서 (附書)	훈민정음에서, 중성(中聲)인 모음은 초성(初聲)의 아래나 오른쪽에 붙여 쓰는 일.
성음 (成音)	훈민정음에서, 낱글자(음운)는 반드시 합해져야 음절이 된다는 규정.

축소	의미 영역이 좁아지는 경우 예 얼굴 : 모습 > 낯
확대	의미 영역이 넓어지는 경우 예 박 : 표주박 > 여러 가지 그릇
이동	다른 것으로 바뀌는 경우 예 어리다 : 어리석다 > 나이가 적다

3. 근대 국어

17세기 초에 이르면 우리말은 점차 현대 국어와 가까운 모습을 보이게 됩니다. 한글 사용이 점차 확대되어 일상적인 언어생활과 문학 작품의 창작 등에도 한글이 광범위하게 사용됩니다. 한글이 가장 광범위하게 활용된 분야는 언간(諺簡)이라는 편지글입니다.

(1) 표기

받침으로 8종성을 적던 중세 국어와 달리 7종성만을 적었습니다. **7종성법**은 'ㄱ, ㄴ, ㄹ, ㅁ, ㅂ, ㅅ, ㆁ'의 자음으로 모든 받침을 표기할 수 있다는 종성법입니다. 8종성에서 7종성으로 줄어든 이유는 17세기 말부터 'ㄷ'과 'ㅅ'의 받침이 구별되지 않아 'ㄷ'을 'ㅅ'으로 통일하여 표기했기 때문입니다.

> 예 ᄀᆞᆺ혼(같은)

중세의 이어적기 표기가 현대의 끊어적기 표기로 가는 과도기로 거듭적기 표기가 나타납니다.

> 예 니믈(이어적기) > 님믈(거듭적기) > 님을(끊어적기)

(2) 음운

'ㅿ'이 16세기부터 약화되다가 없어집니다. 'ㆁ'이 종성에서만 나타나고 표기도 'ㅇ'으로 바뀌고, 'ㅄ'계, 'ㅄ'계 어두 자음군이 사라지면서 된소리로 바뀝니다.

> 예 · ᄆᆞᅀᆞᆯ > ᄆᆞ을 > ᄆᆞ을 > 마을, 어버ᅀᅵ > 어버이
>
> · 바올 > 방올(방울)

- ᄣᅢ〉새(때), ᄠᅳᆮ〉ᄯᅳᆮ(뜻)

거센소리되기와 된소리되기가 나타나고, 두음법칙의 변화가 나타납니다. 모음 'ㅣ'나 반모음 'ㅣ'앞에 오는 어두의 'ㄴ'이 탈락되기 시작합니다. 그리고 17~18세기에 구개음화가 점진적으로 나타납니다.

    예 고키리〉코키리(코끼리), 곳〉쏫(꽃) / 님금〉임금 / 티다〉치다

종성에서 발음되는 자음의 종류가 7개(ㄱ,ㄴ,ㄷ,ㄹ,ㅁ,ㅂ,ㅇ)로 줄어들고, 중세 국어 당시 이중 모음이었던 'ㅐ,ㅔ'가 단모음화하여 8개의 단모음 체계 (ㅡ, ㅣ, ㅏ, ㅓ, ㅗ, ㅜ, ㅐ, ㅔ)가 됩니다. 19세기에는 'ㅚ,ㅟ'의 단모음화가 일어납니다.

'ㆍ'가 점차 음가를 잃게 됩니다. 'ㆍ'가 16세기부터 둘째 음절 이하에서 주로 'ㅡ'로 바뀌고, 18세기 무렵 첫째 음절에서 'ㅏ'로 바뀌게 됩니다. 'ㆍ'의 소멸로 모음조화가 문란해집니다.

    예 ᄀᆞᄅᆞ치다〉ᄀᆞ르치다〉가르치다

17세기 말에는 원순모음화가 일어납니다. 원순 모음화는 양순음 'ㅂ·ㅃ·ㅍ·ㅁ' 다음에서 평순 모음 'ㅡ'가 원순 모음 'ㅜ'로 바뀌는 음운 현상입니다. 중세국어 '믈[水]·블[火]·플[草]'이 17세기 말엽 이후 '물·불·풀'로 바뀐 것이 원순 모음화의 예입니다.

성조가 사라져 더 이상 방점을 표기하지 않았습니다.

(3) 문법

주격 조사 '가'가 생겨나서 '이'와 구별되어 사용되었습니다.

    예 빅가 올 거시니(배가 올 것이니)

주어가 1인칭일 때 선어말 어미 '-오-'가 기능을 잃게 됩니다. 'ㅿ'이 사라지면서 규칙 활용이었던 것이 'ㅅ'불규칙 활용으로 변합니다.

   예 지서>지어

객체 높임 선어말 어미 '-ᅀᆞᆸ-, -ᄌᆞᆸ-, -ᅀᆞᆸ-'이 화자의 겸양을 나타내는 선어말 어미 '-ᄉᆞ오-, -ᄌᆞ오-, -오-'로 변화하고, 과거 시제 선어말 어미 '-앗-, -엇-'이 확립됩니다.

(4) 어휘

한자어가 점차 늘어가고 고유어와 한자어의 경쟁이 계속되며, 고유어가 사라지기도 합니다.

   예 ᄀᆞ룸>강(江), 뫼>산(山)

근대 문물이 도입되면서 외래어의 유입이 많아집니다.

부록1
한글맞춤법

문화체육관광부고시 제2017-12호(2017. 3. 28.)

부록 1

한글 맞춤법

제1장 총칙

제1항 한글 맞춤법은 표준어를 소리대로 적되, 어법에 맞도록 함을 원칙으로 한다.

제2항 문장의 각 단어는 띄어 씀을 원칙으로 한다.

제3항 외래어는 '외래어 표기법'에 따라 적는다.

제4항 한글 자모의 수는 스물넉 자로 하고, 그 순서와 이름은 다음과 같이 정한다.

ㄱ(기역)	ㄴ(니은)	ㄷ(디귿)	ㄹ(리을)	ㅁ(미음)
ㅂ(비읍)	ㅅ(시옷)	ㅇ(이응)	ㅈ(지읒)	ㅊ(치읓)
ㅋ(키읔)	ㅌ(티읕)	ㅍ(피읖)	ㅎ(히읗)	
ㅏ(아)	ㅑ(야)	ㅓ(어)	ㅕ(여)	ㅗ(오)
ㅛ(요)	ㅜ(우)	ㅠ(유)	ㅡ(으)	ㅣ(이)

[붙임 1] 위의 자모로써 적을 수 없는 소리는 두 개 이상의 자모를 어울러서 적되, 그 순서와 이름은 다음과 같이 정한다.

ㄲ(쌍기역)　ㄸ(쌍디귿)　ㅃ(쌍비읍)　ㅆ(쌍시옷)

ㅉ(쌍지읒)

ㅐ(애)	ㅒ(얘)	ㅔ(에)	ㅖ(예)	ㅘ(와)	ㅙ(왜)
ㅚ(외)	ㅝ(워)	ㅞ(웨)	ㅟ(위)	ㅢ(의)	

[붙임 2] 사전에 올릴 적의 자모 순서는 다음과 같이 정한다.

자음:　ㄱ　ㄲ　ㄴ　ㄷ　ㄸ　ㄹ　ㅁ　ㅂ
　　　ㅃ　ㅅ　ㅆ　ㅇ　ㅈ　ㅉ　ㅊ　ㅋ
　　　ㅌ　ㅍ　ㅎ

모음:　ㅏ　ㅐ　ㅑ　ㅒ　ㅓ　ㅔ　ㅕ　ㅖ
　　　ㅗ　ㅘ　ㅙ　ㅚ　ㅛ　ㅜ　ㅝ　ㅞ
　　　ㅟ　ㅠ　ㅡ　ㅢ　ㅣ

제3장 소리에 관한 것

제1절 된소리

제5항 한 단어 안에서 뚜렷한 까닭 없이 나는 된소리는 다음 음절의 첫소리를 된소리로 적는다.

1. 두 모음 사이에서 나는 된소리

소쩍새	어깨	오빠	으뜸	아끼다
기쁘다	깨끗하다	어떠하다	해쓱하다	가끔
거꾸로	부썩	어찌	이따금	

2. 'ㄴ, ㄹ, ㅁ, ㅇ' 받침 뒤에서 나는 된소리

산뜻하다	잔뜩	살짝	훨씬	담뿍
움찔	몽땅	엉뚱하다		

다만, 'ㄱ, ㅂ' 받침 뒤에서 나는 된소리는, 같은 음절이나 비슷한 음절이 겹쳐 나는 경우가 아니면 된소리로 적지 아니한다.

국수	깍두기	딱지	색시	싹둑(~싹둑)
법석	갑자기	몹시		

제2절 구개음화

제6항 'ㄷ, ㅌ' 받침 뒤에 종속적 관계를 가진 '-이(-)'나 '-히-'가 올 적에는 그 'ㄷ, ㅌ'이 'ㅈ, ㅊ'으로 소리 나더라도 'ㄷ, ㅌ'으로 적는다.(ㄱ을 취하고, ㄴ을 버림.)

ㄱ	ㄴ		ㄱ	ㄴ
맏이	마지		핥이다	할치다

해돋이	해도지		걷히다	거치다
굳이	구지		닫히다	다치다
같이	가치		묻히다	무치다
끝이	끄치			

제3절 'ㄷ' 소리 받침

제7항 'ㄷ' 소리로 나는 받침 중에서 'ㄷ'으로 적을 근거가 없는 것은 'ㅅ'으로 적는다.

덧저고리	돗자리	엇셈	웃어른	핫옷
무릇	사뭇	얼핏	자칫하면	뭇[衆]
옛	첫	헛		

제4절 모음

제8항 '계, 례, 몌, 폐, 혜'의 'ㅖ'는 'ㅔ'로 소리 나는 경우가 있더라도 'ㅖ'로 적는다.(ㄱ을 취하고, ㄴ을 버림.)

ㄱ	ㄴ		ㄱ	ㄴ
계수(桂樹)	게수		혜택(惠澤)	헤택
사례(謝禮)	사레		계집	게집
연몌(連袂)	연메		핑계	핑게
폐품(廢品)	페품		계시다	게시다

다만, 다음 말은 본음대로 적는다.

| 게송(偈頌) | 게시판(揭示板) | 휴게실(休憩室) |

제9항 '의'나, 자음을 첫소리로 가지고 있는 음절의 'ㅢ'는 'ㅣ'로 소리 나는 경우가 있더라도 'ㅢ'로 적는다.(ㄱ을 취하고, ㄴ을 버림.)

ㄱ	ㄴ		ㄱ	ㄴ
의의(意義)	의이		닁큼	닝큼
본의(本義)	본이		띄어쓰기	띠어쓰기
무늬[紋]	무니		씌어	씨어
보늬	보니		틔어	티어
오늬	오니		희망(希望)	히망
하늬바람	하니바람		희다	히다
늴리리	닐리리		유희(遊戲)	유히

제5절 두음 법칙

제10항 한자음 '녀, 뇨, 뉴, 니'가 단어 첫머리에 올 적에는, 두음 법칙에 따라 '여, 요, 유, 이'로 적는다.(ㄱ을 취하고, ㄴ을 버림.)

ㄱ	ㄴ		ㄱ	ㄴ
여자(女子)	녀자		유대(紐帶)	뉴대
연세(年歲)	년세		이토(泥土)	니토
요소(尿素)	뇨소		익명(匿名)	닉명

다만, 다음과 같은 의존 명사에서는 '냐, 녀' 음을 인정한다.

냥(兩)   냥쭝(兩-)   년(年)(몇 년)

[붙임 1] 단어의 첫머리 이외의 경우에는 본음대로 적는다.

남녀(男女)   당뇨(糖尿)   결뉴(結紐)   은닉(隱匿)

[붙임 2] 접두사처럼 쓰이는 한자가 붙어서 된 말이나 합성어에서, 뒷말의 첫소리가 'ㄴ' 소리로 나더라도 두음 법칙에 따라 적는다.

　　신여성(新女性)　　　공염불(空念佛)　　　남존여비(男尊女卑)

[붙임 3] 둘 이상의 단어로 이루어진 고유 명사를 붙여 쓰는 경우에도 붙임 2에 준하여 적는다.

　　한국여자대학　　　　대한요소비료회사

제11항 한자음 '랴, 려, 례, 료, 류, 리'가 단어의 첫머리에 올 적에는, 두음 법칙에 따라 '야, 여, 예, 요, 유, 이'로 적는다.(ㄱ을 취하고, ㄴ을 버림.)

ㄱ	ㄴ		ㄱ	ㄴ
양심(良心)	량심		용궁(龍宮)	룡궁
역사(歷史)	력사		유행(流行)	류행
예의(禮儀)	례의		이발(理髮)	리발

다만, 다음과 같은 의존 명사는 본음대로 적는다.

　　리(里): 몇 리냐?

　　리(理): 그럴 리가 없다.

[붙임 1] 단어의 첫머리 이외의 경우에는 본음대로 적는다.

개량(改良)	선량(善良)	수력(水力)	협력(協力)
사례(謝禮)	혼례(婚禮)	와룡(臥龍)	쌍룡(雙龍)
하류(下流)	급류(急流)	도리(道理)	진리(眞理)

다만, 모음이나 'ㄴ' 받침 뒤에 이어지는 '렬, 률'은 '열, 율'로 적는다.(ㄱ을 취하고, ㄴ을 버림.)

ㄱ	ㄴ		ㄱ	ㄴ
나열(羅列)	나렬		분열(分裂)	분렬

치열(齒列)	치렬		선열(先烈)	선렬
비열(卑劣)	비렬		진열(陳列)	진렬
규율(規律)	규률		선율(旋律)	선률
비율(比率)	비률		전율(戰慄)	전률
실패율(失敗率)	실패률		백분율(百分率)	백분률

[붙임 2] 외자로 된 이름을 성에 붙여 쓸 경우에도 본음대로 적을 수 있다.

신립(申砬)　　　　최린(崔麟)　　　　채륜(蔡倫)　　　　하륜(河崙)

[붙임 3] 준말에서 본음으로 소리 나는 것은 본음대로 적는다.

국련(국제 연합)　　　　　　　한시련(한국 시각 장애인 연합회)

[붙임 4] 접두사처럼 쓰이는 한자가 붙어서 된 말이나 합성어에서, 뒷말의 첫소리가 'ㄴ' 또는 'ㄹ' 소리로 나더라도 두음 법칙에 따라 적는다.

역이용(逆利用)　　　　　　연이율(年利率)　　　　　열역학(熱力學)

해외여행(海外旅行)

[붙임 5] 둘 이상의 단어로 이루어진 고유 명사를 붙여 쓰는 경우나 십진법에 따라 쓰는 수(數)도 붙임 4에 준하여 적는다.

서울여관　　신흥이발관　육천육백육십육(六千六百六十六)

제12항 한자음 '라, 래, 로, 뢰, 루, 르'가 단어의 첫머리에 올 적에는, 두음 법칙에 따라 '나, 내, 노, 뇌, 누, 느'로 적는다.(ㄱ을 취하고, ㄴ을 버림.)

ㄱ	ㄴ		ㄱ	ㄴ
낙원(樂園)	락원		뇌성(雷聲)	뢰성
내일(來日)	래일		누각(樓閣)	루각
노인(老人)	로인		능묘(陵墓)	릉묘

[붙임 1] 단어의 첫머리 이외의 경우에는 본음대로 적는다.

쾌락(快樂)	극락(極樂)	거래(去來)	왕래(往來)
부로(父老)	연로(年老)	지뢰(地雷)	낙뢰(落雷)
고루(高樓)	광한루(廣寒樓)	동구릉(東九陵)	가정란(家庭欄)

[붙임 2] 접두사처럼 쓰이는 한자가 붙어서 된 단어는 뒷말을 두음 법칙에 따라 적는다.

내내월(來來月)　　상노인(上老人)　　중노동(重勞動)

비논리적(非論理的)

제6절 겹쳐 나는 소리

제13항 한 단어 안에서 같은 음절이나 비슷한 음절이 겹쳐 나는 부분은 같은 글자로 적는다.(ㄱ을 취하고, ㄴ을 버림.)

ㄱ	ㄴ		ㄱ	ㄴ
딱딱	딱닥		꼿꼿하다	꼿곳하다
쌕쌕	쌕색		놀놀하다	놀롤하다
씩씩	씩식		눅눅하다	눙눅하다
똑딱똑딱	똑닥똑닥		밋밋하다	민밋하다
쓱싹쓱싹	쓱삭쓱삭		싹싹하다	싹삭하다
연연불망(戀戀不忘)	연련불망		쌉쌀하다	쌉살하다
유유상종(類類相從)	유류상종		씁쓸하다	씁슬하다
누누이(屢屢-)	누루이		짭짤하다	짭잘하다

제4장 형태에 관한 것

제1절 체언과 조사

제14항 체언은 조사와 구별하여 적는다.

떡이	떡을	떡에	떡도	떡만
손이	손을	손에	손도	손만
팔이	팔을	팔에	팔도	팔만
밤이	밤을	밤에	밤도	밤만
집이	집을	집에	집도	집만
옷이	옷을	옷에	옷도	옷만
콩이	콩을	콩에	콩도	콩만
낮이	낮을	낮에	낮도	낮만
꽃이	꽃을	꽃에	꽃도	꽃만
밭이	밭을	밭에	밭도	밭만
앞이	앞을	앞에	앞도	앞만
밖이	밖을	밖에	밖도	밖만
넋이	넋을	넋에	넋도	넋만
흙이	흙을	흙에	흙도	흙만
삶이	삶을	삶에	삶도	삶만
여덟이	여덟을	여덟에	여덟도	여덟만
곬이	곬을	곬에	곬도	곬만
값이	값을	값에	값도	값만

제15항 용언의 어간과 어미는 구별하여 적는다.

먹다	먹고	먹어	먹으니
신다	신고	신어	신으니
믿다	믿고	믿어	믿으니
울다	울고	울어	(우니)
넘다	넘고	넘어	넘으니
입다	입고	입어	입으니
웃다	웃고	웃어	웃으니
찾다	찾고	찾아	찾으니
좇다	좇고	좇아	좇으니
같다	같고	같아	같으니
높다	높고	높아	높으니
좋다	좋고	좋아	좋으니
깎다	깎고	깎아	깎으니
앉다	앉고	앉아	앉으니
많다	많고	많아	많으니
늙다	늙고	늙어	늙으니
젊다	젊고	젊어	젊으니
넓다	넓고	넓어	넓으니
훑다	훑고	훑어	훑으니
읊다	읊고	읊어	읊으니
옳다	옳고	옳아	옳으니
없다	없고	없어	없으니
있다	있고	있어	있으니

[붙임 1] 두 개의 용언이 어울려 한 개의 용언이 될 적에, 앞말의 본뜻이 유지되고 있는 것은 그 원형을 밝히어 적고, 그 본뜻에서 멀어진 것은 밝히어 적지 아니한다.

(1) 앞말의 본뜻이 유지되고 있는 것

넘어지다   늘어나다   늘어지다   돌아가다   되짚어가다

들어가다   떨어지다   벌어지다   엎어지다   접어들다

틀어지다   흩어지다

(2) 본뜻에서 멀어진 것

드러나다   사라지다   쓰러지다

[붙임 2] 종결형에서 사용되는 어미 '-오'는 '요'로 소리 나는 경우가 있더라도 그 원형을 밝혀 '오'로 적는다.(ㄱ을 취하고, ㄴ을 버림.)

ㄱ	ㄴ
이것은 책이오.	이것은 책이요.
이리로 오시오.	이리로 오시요.
이것은 책이 아니오.	이것은 책이 아니요.

[붙임 3] 연결형에서 사용되는 '이요'는 '이요'로 적는다.(ㄱ을 취하고, ㄴ을 버림.)

ㄱ	ㄴ
이것은 책이요, 저것은 붓이요, 또 저것은 먹이다.	이것은 책이오, 저것은 붓이오, 또 저것은 먹이다.

제16항 어간의 끝음절 모음이 'ㅏ, ㅗ'일 때에는 어미를 '-아'로 적고, 그 밖의 모음일 때에는 '-어'로 적는다.

1. '-아'로 적는 경우

나아   나아도   나아서

막아	막아도	막아서
얇아	얇아도	얇아서
돌아	돌아도	돌아서
보아	보아도	보아서

2. '-어'로 적는 경우

개어	개어도	개어서
겪어	겪어도	겪어서
되어	되어도	되어서
베어	베어도	베어서
쉬어	쉬어도	쉬어서
저어	저어도	저어서
주어	주어도	주어서
피어	피어도	피어서
희어	희어도	희어서

제17항 어미 뒤에 덧붙는 조사 '요'는 '요'로 적는다.

읽어	읽어요
참으리	참으리요
좋지	좋지요

제18항 다음과 같은 용언들은 어미가 바뀔 경우, 그 어간이나 어미가 원칙에 벗어나면 벗어나는 대로 적는다.

1. 어간의 끝 'ㄹ'이 줄어질 적

| 갈다: | 가니 | 간 | 갑니다 | 가시다 | 가오 |

놀다:	노니	논	놉니다	노시다	노오
불다:	부니	분	붑니다	부시다	부오
둥글다:	둥그니	둥근	둥급니다	둥그시다	둥그오
어질다:	어지니	어진	어집니다	어지시다	어지오

[붙임] 다음과 같은 말에서도 'ㄹ'이 준 대로 적는다.

| 마지못하다 | 마지않다 | (하)다마다 | (하)자마자 |
| (하)지 마라 | (하)지 마(아) | | |

2. 어간의 끝 'ㅅ'이 줄어질 적

긋다:	그어	그으니	그었다
낫다:	나아	나으니	나았다
잇다:	이어	이으니	이었다
짓다:	지어	지으니	지었다

3. 어간의 끝 'ㅎ'이 줄어질 적

그렇다:	그러니	그럴	그러면	그러오
까맣다:	까마니	까말	까마면	까마오
동그랗다:	동그라니	동그랄	동그라면	동그라오
퍼렇다:	퍼러니	퍼럴	퍼러면	퍼러오
하얗다:	하야니	하얄	하야면	하야오

4. 어간의 끝 'ㅜ, ㅡ'가 줄어질 적

푸다:	퍼	펐다		뜨다:	떠	떴다
끄다:	꺼	껐다		크다:	커	컸다
담그다:	담가	담갔다		고프다:	고파	고팠다
따르다:	따라	따랐다		바쁘다:	바빠	바빴다

5. 어간의 끝 'ㄷ'이 'ㄹ'로 바뀔 적

걷다[步]:	걸어	걸으니	걸었다
듣다[聽]:	들어	들으니	들었다
묻다[問]:	물어	물으니	물었다
싣다[載]:	실어	실으니	실었다

6. 어간의 끝 'ㅂ'이 'ㅜ'로 바뀔 적

깁다:	기워	기우니	기웠다
굽다[炙]:	구워	구우니	구웠다
가깝다:	가까워	가까우니	가까웠다
괴롭다:	괴로워	괴로우니	괴로웠다
맵다:	매워	매우니	매웠다
무겁다:	무거워	무거우니	무거웠다
밉다:	미워	미우니	미웠다
쉽다:	쉬워	쉬우니	쉬웠다

다만, '돕-, 곱-'과 같은 단음절 어간에 어미 '-아'가 결합되어 '와'로 소리 나는 것은 '-와'로 적는다.

돕다[助]:	도와	도와서	도와도	도왔다
곱다[麗]:	고와	고와서	고와도	고왔다

7. '하다'의 활용에서 어미 '-아'가 '-여'로 바뀔 적

하다:	하여	하여서	하여도	하여라	하였다

8. 어간의 끝음절 '르' 뒤에 오는 어미 '-어'가 '-러'로 바뀔 적

이르다[至]:	이르러	이르렀다
노르다:	노르러	노르렀다
누르다:	누르러	누르렀다
푸르다:	푸르러	푸르렀다

9. 어간의 끝음절 '르'의 '_'가 줄고, 그 뒤에 오는 어미 '-아/-어'가 '-라/-러'로 바뀔 적

가르다:	갈라	갈랐다		부르다:	불러	불렀다
거르다:	걸러	걸렀다		오르다:	올라	올랐다
구르다:	굴러	굴렀다		이르다:	일러	일렀다
벼르다:	별러	별렀다		지르다:	질러	질렀다

제3절 접미사가 붙어서 된 말

제19항 어간에 '-이'나 '-음/-ㅁ'이 붙어서 명사로 된 것과 '-이'나 '-히'가 붙어서 부사로 된 것은 그 어간의 원형을 밝히어 적는다.

1. '-이'가 붙어서 명사로 된 것

| 길이 | 깊이 | 높이 | 다듬이 | 땀받이 | 달맞이 |
| 먹이 | 미닫이 | 벌이 | 벼훑이 | 살림살이 | 쇠붙이 |

2. '-음/-ㅁ'이 붙어서 명사로 된 것

| 걸음 | 묶음 | 믿음 | 얼음 | 엮음 | 울음 |
| 웃음 | 졸음 | 죽음 | 앎 | | |

3. '-이'가 붙어서 부사로 된 것

같이   굳이   길이   높이   많이   실없이

좋이   짓궂이

4. '-히'가 붙어서 부사로 된 것

밝히   익히   작히

다만, 어간에 '-이'나 '-음'이 붙어서 명사로 바뀐 것이라도 그 어간의 뜻과 멀어진 것은 원형을 밝히어 적지 아니한다.

굽도리   다리[髢]   목거리(목병) 무녀리

코끼리   거름(비료)   고름[膿]   노름(도박)

[붙임] 어간에 '-이'나 '-음' 이외의 모음으로 시작된 접미사가 붙어서 다른 품사로 바뀐 것은 그 어간의 원형을 밝히어 적지 아니한다.

(1) 명사로 바뀐 것

귀머거리   까마귀   너머   뜨더귀   마감

마개   마중   무덤   비렁뱅이   쓰레기

올가미   주검

(2) 부사로 바뀐 것

거뭇거뭇   너무   도로   뜨덤뜨덤   바투

불긋불긋   비로소   오긋오긋   자주   차마

(3) 조사로 바뀌어 뜻이 달라진 것

나마   부터   조차

제20항 명사 뒤에 '-이'가 붙어서 된 말은 그 명사의 원형을 밝히어 적는다.

1. 부사로 된 것

곳곳이 낱낱이 몫몫이 샅샅이 앞앞이 집집이

2. 명사로 된 것

곰배팔이 바둑이 삼발이 애꾸눈이
육손이 절뚝발이/절름발이

[붙임] '-이' 이외의 모음으로 시작된 접미사가 붙어서 된 말은 그 명사의 원형을 밝히어 적지 아니한다.

꼬락서니 끄트머리 모가치 바가지 바깥
사타구니 싸라기 이파리 지붕 지푸라기 짜개

제21항 명사나 혹은 용언의 어간 뒤에 자음으로 시작된 접미사가 붙어서 된 말은 그 명사나 어간의 원형을 밝히어 적는다.

1. 명사 뒤에 자음으로 시작된 접미사가 붙어서 된 것
값지다 홑지다 넋두리 빛깔 옆댕이 잎사귀

2. 어간 뒤에 자음으로 시작된 접미사가 붙어서 된 것

낚시 늙정이 덮개 뜯게질
갉작갉작하다 갉작거리다 뜯적거리다 뜯적뜯적하다
굵다랗다 굵직하다 깊숙하다 넓적하다
높다랗다 늙수그레하다 얽죽얽죽하다

다만, 다음과 같은 말은 소리대로 적는다.

(1) 겹받침의 끝소리가 드러나지 아니하는 것

할짝거리다	널따랗다	널찍하다	말끔하다
말쑥하다	말짱하다	실쭉하다	실큼하다
얄따랗다	얄팍하다	짤따랗다	짤막하다
실컷			

(2) 어원이 분명하지 아니하거나 본뜻에서 멀어진 것

넙치	올무	골막하다	납작하다

제22항 용언의 어간에 다음과 같은 접미사들이 붙어서 이루어진 말들은 그 어간을 밝히어 적는다.

1. '-기-, -리-, -이-, -히-, -구-, -우-, -추-, -으키-, -이키-, -애-'가 붙는 것

맡기다	옮기다	웃기다	쫓기다	뚫리다
울리다	낚이다	쌓이다	핥이다	굳히다
굽히다	넓히다	앉히다	얽히다	잡히다
돋구다	솟구다	돋우다	갖추다	곧추다
맞추다	일으키다	돌이키다	없애다	

다만, '-이-, -히-, -우-'가 붙어서 된 말이라도 본뜻에서 멀어진 것은 소리대로 적는다.

도리다(칼로 ~)	드리다(용돈을 ~)	고치다
바치다(세금을 ~)	부치다(편지를 ~)	거두다
미루다	이루다	

2. '-치-, -뜨리-, -트리-'가 붙는 것

놓치다   덮치다   떠받치다   받치다   밭치다

부딪치다   뻗치다   엎치다   부딪뜨리다/부딪트리다

쏟뜨리다/쏟트리다 젖뜨리다/젖트리다

찢뜨리다/찢트리다 흩뜨리다/흩트리다

[붙임] '-업-, -읍-, -브-'가 붙어서 된 말은 소리대로 적는다.

미덥다   우습다   미쁘다

제23항 '-하다'나 '-거리다'가 붙는 어근에 '-이'가 붙어서 명사가 된 것은 그 원형을 밝히어 적는다.(ㄱ을 취하고, ㄴ을 버림.)

ㄱ	ㄴ		ㄱ	ㄴ
깔쭉이	깔쭈기		살살이	살사리
꿀꿀이	꿀꾸리		쌕쌕이	쌕쌔기
눈깜짝이	눈깜짜기		오뚝이	오뚜기
더펄이	더퍼리		코납작이	코납자기
배불뚝이	배불뚜기		푸석이	푸서기
삐죽이	삐주기		홀쭉이	홀쭈기

[붙임] '-하다'나 '-거리다'가 붙을 수 없는 어근에 '-이'나 또는 다른 모음으로 시작되는 접미사가 붙어서 명사가 된 것은 그 원형을 밝히어 적지 아니한다.

개구리	귀뚜라미	기러기	깍두기	꽹과리
날라리	누더기	동그라미	두드러기	딱따구리
매미	부스러기	뻐꾸기	얼루기	칼싹두기

제24항 '-거리다'가 붙을 수 있는 시늉말 어근에 '-이다'가 붙어서 된 용언은 그 어근을 밝히어 적는다.(ㄱ을 취하고, ㄴ을 버림.)

ㄱ	ㄴ		ㄱ	ㄴ
깜짝이다	깜짜기다		속삭이다	속사기다
꾸벅이다	꾸버기다		숙덕이다	숙더기다
끄덕이다	끄더기다		울먹이다	울머기다
뒤척이다	뒤처기다		움직이다	움지기다
들먹이다	들머기다		지껄이다	지꺼리다
망설이다	망서리다		퍼덕이다	퍼더기다
번득이다	번드기다		허덕이다	허더기다
번쩍이다	번쩌기다		헐떡이다	헐떠기다

제25항 '-하다'가 붙는 어근에 '-히'나 '-이'가 붙어서 부사가 되거나, 부사에 '-이'가 붙어서 뜻을 더하는 경우에는 그 어근이나 부사의 원형을 밝히어 적는다.

1. '-하다'가 붙는 어근에 '-히'나 '-이'가 붙는 경우

급히	꾸준히	도저히	딱히	어렴풋이	깨끗이

[붙임] '-하다'가 붙지 않는 경우에는 소리대로 적는다.

갑자기	반드시(꼭)	슬며시

2. 부사에 '-이'가 붙어서 역시 부사가 되는 경우

곰곰이	더욱이	생긋이	오뚝이	일찍이	해죽이

제26항 '-하다'나 '-없다'가 붙어서 된 용언은 그 '-하다'나 '-없다'를 밝히어 적는다.

1. '-하다'가 붙어서 용언이 된 것

딱하다   숱하다   착하다   텁텁하다   푹하다

2. '-없다'가 붙어서 용언이 된 것

부질없다   상없다   시름없다   열없다   하염없다

제4절 합성어 및 접두사가 붙은 말

제27항 둘 이상의 단어가 어울리거나 접두사가 붙어서 이루어진 말은 각각 그 원형을 밝히어 적는다.

국말이	꺾꽂이	꽃잎	끝장	물난리
밑천	부엌일	싫증	웃안	웃옷
젖몸살	첫아들	칼날	팥알	헛웃음
홀아비	홑몸	흙내		
값없다	겉늙다	굶주리다	낮잡다	맞먹다
받내다	벋놓다	빗나가다	빛나다	새파랗다
샛노랗다	시꺼멓다	싯누렇다	엇나가다	엎누르다
엿듣다	옻오르다	짓이기다	헛되다	

[붙임 1] 어원은 분명하나 소리만 특이하게 변한 것은 변한 대로 적는다.

할아버지   할아범

[붙임 2] 어원이 분명하지 아니한 것은 원형을 밝히어 적지 아니한다.

골병   골탕   끌탕   며칠   아재비

오라비   업신여기다   부리나케

[붙임 3] '이[齒, 虱]'가 합성어나 이에 준하는 말에서 '니' 또는 '리'로 소리 날 때에는 '니'로 적는다.

간니	덧니	사랑니	송곳니	앞니
어금니	윗니	젖니	톱니	틀니
가랑니	머릿니			

제28항 끝소리가 'ㄹ'인 말과 딴 말이 어울릴 적에 'ㄹ' 소리가 나지 아니하는 것은 아니 나는 대로 적는다.

다달이(달-달-이)	따님(딸-님)	마되(말-되)
마소(말-소)	무자위(물-자위)	바느질(바늘-질)
부삽(불-삽)	부손(불-손)	싸전(쌀-전)
여닫이(열-닫이)	우짖다(울-짖다)	화살(활-살)

제29항 끝소리가 'ㄹ'인 말과 딴 말이 어울릴 적에 'ㄹ' 소리가 'ㄷ' 소리로 나는 것은 'ㄷ'으로 적는다.

반짇고리(바느질~)	사흗날(사흘~)	삼짇날(삼질~)
섣달(설~)	숟가락(술~)	이튿날(이틀~)
잗주름(잘~)	푿소(풀~)	섣부르다(설~)
잗다듬다(잘~)	잗다랗다(잘~)	

제30항 사이시옷은 다음과 같은 경우에 받치어 적는다.

1. 순우리말로 된 합성어로서 앞말이 모음으로 끝난 경우

(1) 뒷말의 첫소리가 된소리로 나는 것

고랫재	귓밥	나룻배	나뭇가지	냇가
댓가지	뒷갈망	맷돌	머릿기름	모깃불

못자리	바닷가	뱃길	볏가리	부싯돌
선짓국	쇳조각	아랫집	우렁잇속	잇자국
잿더미	조갯살	찻집	쳇바퀴	킷값
핏대	햇볕	혓바늘		

(2) 뒷말의 첫소리 'ㄴ, ㅁ' 앞에서 'ㄴ' 소리가 덧나는 것

| 멧나물 | 아랫니 | 텃마당 | 아랫마을 | 뒷머리 |
| 잇몸 | 깻묵 | 냇물 | 빗물 | |

(3) 뒷말의 첫소리 모음 앞에서 'ㄴㄴ' 소리가 덧나는 것

| 도리깻열 | 뒷윷 | 두렛일 | 뒷일 | 뒷입맛 |
| 베갯잇 | 욧잇 | 깻잎 | 나뭇잎 | 댓잎 |

2. 순우리말과 한자어로 된 합성어로서 앞말이 모음으로 끝난 경우

(1) 뒷말의 첫소리가 된소리로 나는 것

귓병	머릿방	뱃병	봇둑	사잣밥
샛강	아랫방	자릿세	전셋집	찻잔
찻종	촛국	콧병	탯줄	텃세
핏기	햇수	횟가루	횟배	

(2) 뒷말의 첫소리 'ㄴ, ㅁ' 앞에서 'ㄴ' 소리가 덧나는 것

| 곗날 | 제삿날 | 훗날 | 툇마루 | 양칫물 |

(3) 뒷말의 첫소리 모음 앞에서 'ㄴㄴ' 소리가 덧나는 것

| 가욋일 | 사삿일 | 예삿일 | 훗일 | |

3. 두 음절로 된 다음 한자어

| 곳간(庫間) | 셋방(貰房) | 숫자(數字) | 찻간(車間) |
| 툇간(退間) | 횟수(回數) | | |

제31항 두 말이 어울릴 적에 'ㅂ' 소리나 'ㅎ' 소리가 덧나는 것은 소리대로 적는다.

1. 'ㅂ' 소리가 덧나는 것

댑싸리(대ㅂ싸리)	멥쌀(메ㅂ쌀)	볍씨(벼ㅂ씨)
입때(이ㅂ때)	입쌀(이ㅂ쌀)	접때(저ㅂ때)
좁쌀(조ㅂ쌀)	햅쌀(해ㅂ쌀)	

2. 'ㅎ' 소리가 덧나는 것

머리카락(머리ㅎ가락)	살코기(살ㅎ고기)	수캐(수ㅎ개)
수컷(수ㅎ것)	수탉(수ㅎ닭)	안팎(안ㅎ밖)
암캐(암ㅎ개)	암컷(암ㅎ것)	암탉(암ㅎ닭)

제5절 준말

제32항 단어의 끝모음이 줄어지고 자음만 남은 것은 그 앞의 음절에 받침으로 적는다.

(본말)	(준말)
기러기야	기럭아
어제그저께	엊그저께
어제저녁	엊저녁
가지고, 가지지	갖고, 갖지
디디고, 디디지	딛고, 딛지

제33항 체언과 조사가 어울려 줄어지는 경우에는 준 대로 적는다.

(본말)	(준말)
그것은	그건
그것이	그게

그것으로	그걸로
나는	난
나를	날
너는	넌
너를	널
무엇을	뭣을/무얼/뭘
무엇이	뭣이/무에

제34항 모음 'ㅏ, ㅓ'로 끝난 어간에 '-아/-어, -았-/-었-'이 어울릴 적에는 준 대로 적는다.

(본말)	(준말)		(본말)	(준말)
가아	가		가았다	갔다
나아	나		나았다	났다
타아	타		타았다	탔다
서어	서		서었다	섰다
켜어	켜		켜었다	켰다
펴어	펴		펴었다	폈다

[붙임 1] 'ㅐ, ㅔ' 뒤에 '-어, -었-'이 어울려 줄 적에는 준 대로 적는다.

(본말)	(준말)		(본말)	(준말)
개어	개		개었다	갰다
내어	내		내었다	냈다
베어	베		베었다	벴다
세어	세		세었다	셌다

[붙임 2] '하여'가 한 음절로 줄어서 '해'로 될 적에는 준 대로 적는다.

(본말)	(준말)		(본말)	(준말)

(본말)	(준말)		(본말)	(준말)
하여	해	|	하였다	했다
더하여	더해	|	더하였다	더했다
흔하여	흔해	|	흔하였다	흔했다

제35항 모음 'ㅗ, ㅜ'로 끝난 어간에 '-아/-어, -았-/-었-'이 어울려 'ㅘ/ㅝ, 왔/웠'으로 될 적에는 준 대로 적는다.

(본말)	(준말)		(본말)	(준말)
꼬아	꽈	|	꼬았다	꽜다
보아	봐	|	보았다	봤다
쏘아	쏴	|	쏘았다	쐈다
두어	둬	|	두었다	뒀다
쑤어	쒀	|	쑤었다	쒔다
주어	줘	|	주었다	줬다

[붙임 1] '놓아'가 '놔'로 줄 적에는 준 대로 적는다.

[붙임 2] 'ㅚ' 뒤에 '-어, -었-'이 어울려 'ㅙ, 왰'으로 될 적에도 준 대로 적는다.

(본말)	(준말)		(본말)	(준말)
괴어	괘	|	괴었다	괬다
되어	돼	|	되었다	됐다
뵈어	봬	|	뵈었다	뵀다
쇠어	쇄	|	쇠었다	쇘다
쐬어	쐐	|	쐬었다	쐤다

제36항 ' ㅣ' 뒤에 '-어'가 와서 'ㅕ'로 줄 적에는 준 대로 적는다.

(본말)	(준말)		(본말)	(준말)
가지어	가져		가지었다	가졌다
견디어	견뎌		견디었다	견뎠다
다니어	다녀		다니었다	다녔다
막히어	막혀		막히었다	막혔다
버티어	버텨		버티었다	버텼다
치이어	치여		치이었다	치였다

제37항 'ㅏ, ㅕ, ㅗ, ㅜ, ㅡ'로 끝난 어간에 '-이-'가 와서 각각 'ㅐ, ㅖ, ㅚ, ㅟ, ㅢ'로 줄 적에는 준 대로 적는다.

(본말)	(준말)		(본말)	(준말)
싸이다	쌔다		누이다	뉘다
펴이다	폐다		뜨이다	띄다
보이다	뵈다		쓰이다	씌다

제38항 'ㅏ, ㅗ, ㅜ, ㅡ' 뒤에 '-이어'가 어울려 줄어질 적에는 준 대로 적는다.

(본말)	(준말)			(본말)	(준말)	
싸이어	쌔어	싸여		뜨이어	띄어	
보이어	뵈어	보여		쓰이어	씌어	쓰여
쏘이어	쐬어	쏘여		트이어	틔어	트여
누이어	뉘어	누여				

제39항 어미 '-지' 뒤에 '않-'이 어울려 '-잖-'이 될 적과 '-하지' 뒤에 '않-'이 어울려 '-찮-'이 될 적에는 준 대로 적는다.

(본말)	(준말)		(본말)	(준말)
그렇지 않은	그렇잖은		만만하지 않다	만만찮다
적지 않은	적잖은		변변하지 않다	변변찮다

제40항 어간의 끝음절 '하'의 'ㅏ'가 줄고 'ㅎ'이 다음 음절의 첫소리와 어울려 거센소리로 될 적에는 거센소리로 적는다.

(본말)	(준말)		(본말)	(준말)
간편하게	간편케		다정하다	다정타
연구하도록	연구토록		정결하다	정결타
가하다	가타		흔하다	흔타

[붙임 1] 'ㅎ'이 어간의 끝소리로 굳어진 것은 받침으로 적는다.

않다	않고	않지	않든지
그렇다	그렇고	그렇지	그렇든지
아무렇다	아무렇고	아무렇지	아무렇든지
어떻다	어떻고	어떻지	어떻든지
이렇다	이렇고	이렇지	이렇든지
저렇다	저렇고	저렇지	저렇든지

[붙임 2] 어간의 끝음절 '하'가 아주 줄 적에는 준 대로 적는다.

(본말)	(준말)		(본말)	(준말)
거북하지	거북지		넉넉하지 않다	넉넉지 않다
생각하건대	생각건대		못하지 않다	못지않다
생각하다 못해	생각다 못해		섭섭하지 않다	섭섭지 않다

깨끗하지 않다   깨끗지 않다| | 익숙하지 않다   익숙지 않다

[붙임 3] 다음과 같은 부사는 소리대로 적는다.

결단코   결코   기필코   무심코   아무튼   요컨대

정녕코   필연코   하마터면   하여튼   한사코

제5장 띄어쓰기

제1절 조사

제41항 조사는 그 앞말에 붙여 쓴다.

꽃이	꽃마저	꽃밖에	꽃에서부터	꽃으로만
꽃이나마	꽃이다	꽃입니다	꽃처럼	어디까지나
거기도	멀리는	웃고만		

제2절 의존 명사, 단위를 나타내는 명사 및 열거하는 말 등

제42항 의존 명사는 띄어 쓴다.

아는 것이 힘이다.	나도 할 수 있다.
먹을 만큼 먹어라.	아는 이를 만났다.
네가 뜻한 바를 알겠다.	그가 떠난 지가 오래다.

제43항 단위를 나타내는 명사는 띄어 쓴다.

한 개	차 한 대	금 서 돈	소 한 마리
옷 한 벌	열 살	조기 한 손	연필 한 자루
버선 한 죽	집 한 채	신 두 켤레	북어 한 쾌

다만, 순서를 나타내는 경우나 숫자와 어울리어 쓰이는 경우에는 붙여 쓸 수 있다.

두시 삼십분 오초	제일과	삼학년
육층	1446년 10월 9일	2대대
16동 502호	제1실습실	80원
10개	7미터	

제44항 수를 적을 적에는 '만(萬)' 단위로 띄어 쓴다.

십이억 삼천사백오십육만 칠천팔백구십팔

12억 3456만 7898

제45항 두 말을 이어 주거나 열거할 적에 쓰이는 다음의 말들은 띄어 쓴다.

국장 겸 과장	열 내지 스물	청군 대 백군
책상, 걸상 등이 있다	이사장 및 이사들	사과, 배, 귤 등등
사과, 배 등속	부산, 광주 등지	

제46항 단음절로 된 단어가 연이어 나타날 적에는 붙여 쓸 수 있다.

좀더 큰것	이말 저말	한잎 두잎

제3절 보조 용언

제47항 보조 용언은 띄어 씀을 원칙으로 하되, 경우에 따라 붙여 씀도 허용한다.(ㄱ을 원칙으로 하고, ㄴ을 허용함.)

ㄱ	ㄴ
불이 꺼져 간다.	불이 꺼져간다.
내 힘으로 막아 낸다.	내 힘으로 막아낸다.
어머니를 도와 드린다.	어머니를 도와드린다.
그릇을 깨뜨려 버렸다.	그릇을 깨뜨려버렸다.
비가 올 듯하다.	비가 올듯하다.
그 일은 할 만하다.	그 일은 할만하다.
일이 될 법하다.	일이 될법하다.
비가 올 성싶다.	비가 올성싶다.
잘 아는 척한다.	잘 아는척한다.

다만, 앞말에 조사가 붙거나 앞말이 합성 용언인 경우, 그리고 중간에 조사가 들어갈 적에는 그 뒤에 오는 보조 용언은 띄어 쓴다.

잘도 놀아만 나는구나!　　　　　　책을 읽어도 보고…….

네가 덤벼들어 보아라.　　　　　　이런 기회는 다시없을 듯하다.

그가 올 듯도 하다.　　　　　　　　잘난 체를 한다.

제4절 고유 명사 및 전문 용어

제48항 성과 이름, 성과 호 등은 붙여 쓰고, 이에 덧붙는 호칭어, 관직명 등은 띄어 쓴다.

김양수(金良洙)　　　　　서화담(徐花潭)　　　　　채영신 씨

최치원 선생　　　　　　박동식 박사　　　　　　충무공 이순신 장군

다만, 성과 이름, 성과 호를 분명히 구분할 필요가 있을 경우에는 띄어 쓸 수 있다.

남궁억/남궁 억　　　　　　　　　　독고준/독고 준

황보지봉(皇甫芝峰)/황보 지봉

제49항 성명 이외의 고유 명사는 단어별로 띄어 씀을 원칙으로 하되, 단위별로 띄어 쓸 수 있다. (ㄱ을 원칙으로 하고, ㄴ을 허용함.)

ㄱ	ㄴ
대한 중학교	대한중학교
한국 대학교 사범 대학	한국대학교 사범대학

제50항 전문 용어는 단어별로 띄어 씀을 원칙으로 하되, 붙여 쓸 수 있다.(ㄱ을 원칙으로 하고, ㄴ을 허용함.)

ㄱ	ㄴ
만성 골수성 백혈병	만성골수성백혈병
중거리 탄도 유도탄	중거리탄도유도탄

제6장 그 밖의 것

제51항 부사의 끝음절이 분명히 '이'로만 나는 것은 '-이'로 적고, '히'로만 나거나 '이'나 '히'로 나는 것은 '-히'로 적는다.

1. '이'로만 나는 것

가붓이	깨끗이	나붓이	느긋이	둥긋이
따뜻이	반듯이	버젓이	산뜻이	의젓이
가까이	고이	날카로이	대수로이	번거로이
많이	적이	헛되이		
겹겹이	번번이	일일이	집집이	틈틈이

2. '히'로만 나는 것

극히	급히	딱히	속히	작히
족히	특히	엄격히	정확히	

3. '이, 히'로 나는 것

솔직히	가만히	간편히	나른히	무단히
각별히	소홀히	쓸쓸히	정결히	과감히
꼼꼼히	심히	열심히	급급히	답답히
섭섭히	공평히	능히	당당히	분명히
상당히	조용히	간소히	고요히	도저히

제52항 한자어에서 본음으로도 나고 속음으로도 나는 것은 각각 그 소리에 따라 적는다.

(본음으로 나는 것)	(속음으로 나는 것)
승낙(承諾)	수락(受諾), 쾌락(快諾), 허락(許諾)

만난(萬難)　　　　　　　　　곤란(困難), 논란(論難)

안녕(安寧)　　　　　　　　　의령(宜寧), 회령(會寧)

분노(忿怒)　　　　　　　　　대로(大怒), 희로애락(喜怒哀樂)

토론(討論)　　　　　　　　　의논(議論)

오륙십(五六十)　　　　　　　오뉴월, 유월(六月)

목재(木材)　　　　　　　　　모과(木瓜)

십일(十日)　　　　　　　　　시방정토(十方淨土), 시왕(十王), 시월(十月)

팔일(八日)　　　　　　　　　초파일(初八日)

제53항 다음과 같은 어미는 예사소리로 적는다.(ㄱ을 취하고, ㄴ을 버림.)

ㄱ	ㄴ
-(으)ㄹ거나	-(으)ㄹ꺼나
-(으)ㄹ걸	-(으)ㄹ껄
-(으)ㄹ게	-(으)ㄹ께
-(으)ㄹ세	-(으)ㄹ쎄
-(으)ㄹ세라	-(으)ㄹ쎄라
-(으)ㄹ수록	-(으)ㄹ쑤록
-(으)ㄹ시	-(으)ㄹ씨
-(으)ㄹ지	-(으)ㄹ찌
-(으)ㄹ지니라	-(으)ㄹ찌니라
-(으)ㄹ지라도	-(으)ㄹ찌라도
-(으)ㄹ지어다	-(으)ㄹ찌어다
-(으)ㄹ지언정	-(으)ㄹ찌언정
-(으)ㄹ진대	-(으)ㄹ찐대
-(으)ㄹ진저	-(으)ㄹ찐저
-올시다	-올씨다

다만, 의문을 나타내는 다음 어미들은 된소리로 적는다.

  -(으)ㄹ까?   -(으)ㄹ꼬?   -(스)ㅂ니까?

  -(으)리까?   -(으)ㄹ쏘냐?

제54항 다음과 같은 접미사는 된소리로 적는다.(ㄱ을 취하고, ㄴ을 버림.)

ㄱ	ㄴ		ㄱ	ㄴ
심부름꾼	심부름군		귀때기	귓대기
익살꾼	익살군		볼때기	볼대기
일꾼	일군		판자때기	판잣대기
장꾼	장군		뒤꿈치	뒷굼치
장난꾼	장난군		팔꿈치	팔굼치
지게꾼	지겟군		이마빼기	이맛배기
때깔	땟갈		코빼기	콧배기
빛깔	빛갈		객쩍다	객적다
성깔	성갈		겸연쩍다	겸연적다

제55항 두 가지로 구별하여 적던 다음 말들은 한 가지로 적는다.(ㄱ을 취하고, ㄴ을 버림.)

ㄱ	ㄴ
맞추다(입을 맞춘다. 양복을 맞춘다.)	마추다
뻗치다(다리를 뻗친다. 멀리 뻗친다.)	뻐치다

제56항 '-더라, -던'과 '-든지'는 다음과 같이 적는다.

1. 지난 일을 나타내는 어미는 '-더라, -던'으로 적는다.(ㄱ을 취하고, ㄴ을 버림.)

ㄱ	ㄴ
지난겨울은 몹시 춥더라.	지난겨울은 몹시 춥드라.

깊던 물이 얕아졌다.   깊든 물이 얕아졌다.

그렇게 좋던가?   그렇게 좋든가?

그 사람 말 잘하던데!   그 사람 말 잘하든데!

얼마나 놀랐던지 몰라.   얼마나 놀랐든지 몰라.

2. 물건이나 일의 내용을 가리지 아니하는 뜻을 나타내는 조사와 어미는 '(-)든지'로 적는다.(ㄱ을
취하고, ㄴ을 버림.)

ㄱ   ㄴ

배든지 사과든지 마음대로 먹어라.   배던지 사과던지 마음대로 먹어라.

가든지 오든지 마음대로 해라.   가던지 오던지 마음대로 해라.

제57항 다음 말들은 각각 구별하여 적는다.

가름   둘로 가름.

갈음   새 책상으로 갈음하였다.

거름   풀을 썩힌 거름.

걸음   빠른 걸음.

거치다   영월을 거쳐 왔다.

걷히다   외상값이 잘 걷힌다.

걷잡다   걷잡을 수 없는 상태.

겉잡다   겉잡아서 이틀 걸릴 일.

그러므로(그러니까)   그는 부지런하다. 그러므로 잘 산다.

그럼으로(써)   그는 열심히 공부한다. 그럼으로(써) 은혜에

보답한다.

(그렇게 하는 것으로)

노름   노름판이 벌어졌다.
놀음(놀이)   즐거운 놀음.

느리다   진도가 너무 느리다.
늘이다   고무줄을 늘인다.
늘리다   수출량을 더 늘린다.

다리다   옷을 다린다.
달이다   약을 달인다.

다치다   부주의로 손을 다쳤다.
닫히다   문이 저절로 닫혔다.
닫치다   문을 힘껏 닫쳤다.

마치다   벌써 일을 마쳤다.
맞히다   여러 문제를 더 맞혔다.

목거리   목거리가 덧났다.
목걸이   금목걸이, 은목걸이.

바치다   나라를 위해 목숨을 바쳤다.
받치다   우산을 받치고 간다.
                                            책받침을 받친다.

받히다   쇠뿔에 받혔다.

밭치다   술을 체에 밭친다.

반드시   약속은 반드시 지켜라.

반듯이   고개를 반듯이 들어라.

부딪치다   차와 차가 마주 부딪쳤다.

부딪히다   마차가 화물차에 부딪혔다.

부치다   힘이 부치는 일이다.

                               편지를 부친다.

                               논밭을 부친다.

                               빈대떡을 부친다.

                               식목일에 부치는 글.

                               회의에 부치는 안건.

                               인쇄에 부치는 원고.

                               삼촌 집에 숙식을 부친다.

붙이다   우표를 붙인다.

                               책상을 벽에 붙였다.

                               흥정을 붙인다.

                               불을 붙인다.

                               감시원을 붙인다.

                               조건을 붙인다.

                               취미를 붙인다.

                               별명을 붙인다.

| 시키다 | 일을 시킨다. |
| 식히다 | 끓인 물을 식힌다. |

아름	세 아름 되는 둘레.
알음	전부터 알음이 있는 사이.
앎	앎이 힘이다.

| 안치다 | 밥을 안친다. |
| 앉히다 | 윗자리에 앉힌다. |

| 어름 | 두 물건의 어름에서 일어난 현상. |
| 얼음 | 얼음이 얼었다. |

| 이따가 | 이따가 오너라. |
| 있다가 | 돈은 있다가도 없다. |

| 저리다 | 다친 다리가 저린다. |
| 절이다 | 김장 배추를 절인다. |

조리다	생선을 조린다. 통조림, 병조림.
졸이다	마음을 졸인다.
주리다	여러 날을 주렸다.
줄이다	비용을 줄인다.

| 하노라고 | 하노라고 한 것이 이 모양이다. |
| 하느라고 | 공부하느라고 밤을 새웠다. |

-느니보다(어미)   나를 찾아오느니보다 집에 있거라.

-는 이보다(의존 명사)   오는 이가 가는 이보다 많다.

-(으)리만큼(어미)   나를 미워하리만큼 그에게 잘못한 일이 없
다.

-(으)ㄹ 이만큼(의존 명사)   찬성할 이도 반대할 이만큼이나 많을 것이다.

-(으)러(목적)   공부하러 간다.

-(으)려(의도)   서울 가려 한다.

(으)로서(자격)   사람으로서 그럴 수는 없다.

(으)로써(수단)   닭으로써 꿩을 대신했다.

-(으)므로(어미)   그가 나를 믿으므로 나도 그를 믿는다.

(-ㅁ, -음)으로(써)(조사)   그는 믿음으로(써) 산 보람을 느꼈다.

문법을 알아야 세상이 보인다!

부록2
표준어 규정

문화체육관광부고시 제2017-13호(2017. 3. 28.)

표준어 규정

제1부 표준어 사정 원칙

제1장 총칙

제1항 표준어는 교양 있는 사람들이 두루 쓰는 현대 서울말로 정함을 원칙으로 한다.

제2항 외래어는 따로 사정한다.

제2장 발음 변화에 따른 표준어 규정

제1절 자음

제3항 다음 단어들은 거센소리를 가진 형태를 표준어로 삼는다.(ㄱ을 표준어로 삼고, ㄴ을 버림.)

ㄱ	ㄴ	비 고
끄나풀	끄나불	
나팔-꽃	나발-꽃	
녘	녁	동~, 들~, 새벽~, 동틀 ~.
부엌	부억	
살-쾡이	삵-괭이	
칸	간	1. ~막이, 빈~, 방 한 ~. 2. '초가삼간, 윗간'의 경우에는 '간'임.
털어-먹다	떨어-먹다	재물을 다 없애다.

제4항 다음 단어들은 거센소리로 나지 않는 형태를 표준어로 삼는다.(ㄱ을 표준어로 삼고, ㄴ을 버림.)

ㄱ	ㄴ	비 고
가을-갈이	가을-카리	
거시기	거시키	
분침	푼침	

제5항 어원에서 멀어진 형태로 굳어져서 널리 쓰이는 것은, 그것을 표준어로 삼는다.(ㄱ을 표준어로 삼고, ㄴ을 버림.)

ㄱ	ㄴ	비 고
강낭-콩	강남-콩	
고삿	고샅	겉~, 속~.
사글-세	삭월-세	'월세'는 표준어임.
울력-성당	위력-성당	떼를 지어서 으르고 협박하는 일.

다만, 어원적으로 원형에 더 가까운 형태가 아직 쓰이고 있는 경우에는, 그것을 표준어로 삼는다. (ㄱ을 표준어로 삼고, ㄴ을 버림.)

ㄱ	ㄴ	비 고
갈비	가리	~구이, ~찜, 갈빗-대.
갓모	갈모	1. 사기 만드는 물레 밑 고리. 2. '갈모'는 갓 위에 쓰는, 유지로 만든 우비.
굴-젓	구-젓	
말-곁	말-겻	
물-수란	물-수랄	
밀-뜨리다	미-뜨리다	
적-이	저으기	적이-나, 적이나-하면.
휴지	수지	

제6항 다음 단어들은 의미를 구별함이 없이, 한 가지 형태만을 표준어로 삼는다.(ㄱ을 표준어로 삼고, ㄴ을 버림.)

ㄱ	ㄴ	비 고
돌	돐	생일, 주기.
둘-째	두-째	'제2, 두 개째'의 뜻.
셋-째	세-째	'제3, 세 개째'의 뜻.
넷-째	네-째	'제4, 네 개째'의 뜻.
빌리다	빌다	1. 빌려주다, 빌려 오다. 2. '용서를 빌다'는 '빌다'임.

다만, '둘째'는 십 단위 이상의 서수사에 쓰일 때에 '두째'로 한다.

ㄱ	ㄴ	비 고
열두-째		열두 개째의 뜻은 '열둘째'로.
스물두-째		스물두 개째의 뜻은 '스물둘째'로.

제7항 수컷을 이르는 접두사는 '수-'로 통일한다.(ㄱ을 표준어로 삼고, ㄴ을 버림.)

ㄱ	ㄴ	비 고
수-꿩	수-퀑/숫-꿩	'장끼'도 표준어임.
수-나사	숫-나사	
수-놈	숫-놈	
수-사돈	숫-사돈	
수-소	숫-소	'황소'도 표준어임.
수-은행나무	숫-은행나무	

다만 1. 다음 단어에서는 접두사 다음에서 나는 거센소리를 인정한다. 접두사 '암-'이 결합되는 경우에도 이에 준한다.(ㄱ을 표준어로 삼고, ㄴ을 버림.)

ㄱ	ㄴ	비 고
수-캉아지	숫-강아지	
수-캐	숫-개	
수-컷	숫-것	
수-키와	숫-기와	
수-탉	숫-닭	
수-탕나귀	숫-당나귀	
수-톨쩌귀	숫-돌쩌귀	
수-퇘지	숫-돼지	
수-평아리	숫-병아리	

다만 2. 다음 단어의 접두사는 '숫-'으로 한다.(ㄱ을 표준어로 삼고, ㄴ을 버림.)

ㄱ	ㄴ	비 고
숫-양	수-양	
숫-염소	수-염소	
숫-쥐	수-쥐	

제2절 모음

제8항 양성 모음이 음성 모음으로 바뀌어 굳어진 다음 단어는 음성 모음 형태를 표준어로 삼는다.(ㄱ을 표준어로 삼고, ㄴ을 버림.)

ㄱ	ㄴ	비 고
깡충-깡충	깡총-깡총	큰말은 '껑충껑충'임.
-둥이	-동이	←童-이. 귀-, 막-, 선-, 쌍-, 검-, 바람-, 흰-.
발가-숭이	발가-송이	센말은 '빨가숭이', 큰말은 '벌거숭이, 뻘거숭이'임.

보퉁이	보퉁이	
봉죽	봉족	←奉足. ~꾼, ~들다.
뻗정-다리	뻗장-다리	
아서, 아서라	앗아, 앗아라	하지 말라고 금지하는 말.
오뚝-이	오똑-이	부사도 '오뚝-이'임.
주추	주초	←柱礎. 주춧-돌.

다만, 어원 의식이 강하게 작용하는 다음 단어에서는 양성 모음 형태를 그대로 표준어로 삼는다. (ㄱ을 표준어로 삼고, ㄴ을 버림.)

ㄱ	ㄴ	비 고
부조(扶助)	부주	~금, 부좃-술.
사돈(査頓)	사둔	밭~, 안~.
삼촌(三寸)	삼춘	시~, 외~, 처~.

제9항 'ㅣ' 역행 동화 현상에 의한 발음은 원칙적으로 표준 발음으로 인정하지 아니하되, 다만 다음 단어들은 그러한 동화가 적용된 형태를 표준어로 삼는다.(ㄱ을 표준어로 삼고, ㄴ을 버림.)

ㄱ	ㄴ	비 고
-내기	-나기	서울-, 시골-, 신출-, 풋-.
냄비	남비	
동댕이-치다	동당이-치다	

[붙임 1] 다음 단어는 'ㅣ' 역행 동화가 일어나지 아니한 형태를 표준어로 삼는다.(ㄱ을 표준어로 삼고, ㄴ을 버림.)

ㄱ	ㄴ	비 고
아지랑이	아지랭이	

[붙임 2] 기술자에게는 '-장이', 그 외에는 '-쟁이'가 붙는 형태를 표준어로 삼는다.(ㄱ을 표준어로
삼고, ㄴ을 버림.)

ㄱ	ㄴ	비 고
미장이	미쟁이	
유기장이	유기쟁이	
멋쟁이	멋장이	
소금쟁이	소금장이	
담쟁이-덩굴	담장이-덩굴	
골목쟁이	골목장이	
발목쟁이	발목장이	

제10항 다음 단어는 모음이 단순화한 형태를 표준어로 삼는다.(ㄱ을 표준어로 삼고, ㄴ을 버림.)

ㄱ	ㄴ	비 고
괴팍-하다	괴퍅-하다/괴팩-하다	
-구먼	-구면	
미루-나무	미류-나무	←美柳~.
미륵	미력	←彌勒. ~보살, ~불, 돌~.
여느	여늬	
온-달	왼-달	만 한 달.
으레	으례	
케케-묵다	켸켸-묵다	
허우대	허위대	
허우적-허우적	허위적-허위적	허우적-거리다.

제11항 다음 단어에서는 모음의 발음 변화를 인정하여, 발음이 바뀌어 굳어진 형태를 표준어로
삼는다.(ㄱ을 표준어로 삼고, ㄴ을 버림.)

ㄱ	ㄴ	비 고
-구려	-구료	
깍쟁이	깍정이	1. 서울~, 알~, 찰~.
		2. 도토리, 상수리 등의 받침은 '깍정이'임.
나무라다	나무래다	

미수	미시	미숫-가루.
바라다	바래다	'바램[所望]'은 비표준어임.
상추	상치	~쌈.
시러베-아들	실업의-아들	
주책	주착	←主着. ~망나니, ~없다.
지루-하다	지리-하다	←支離.
튀기	트기	
허드레	허드래	허드렛-물, 허드렛-일.
호루라기	호루루기	

제12항 '웃-' 및 '윗-'은 명사 '위'에 맞추어 '윗-'으로 통일한다.(ㄱ을 표준어로 삼고, ㄴ을 버림.)

ㄱ	ㄴ	비 고
윗-넓이	웃-넓이	
윗-눈썹	웃-눈썹	
윗-니	웃-니	
윗-당줄	웃-당줄	
윗-덧줄	웃-덧줄	
윗-도리	웃-도리	
윗-동아리	웃-동아리	준말은 '윗동'임.
윗-막이	웃-막이	
윗-머리	웃-머리	
윗-목	웃-목	
윗-몸	웃-몸	~ 운동.
윗-바람	웃-바람	
윗-배	웃-배	
윗-벌	웃-벌	
윗-변	웃-변	수학 용어.
윗-사랑	웃-사랑	
윗-세장	웃-세장	
윗-수염	웃-수염	
윗-입술	웃-입술	
윗-잇몸	웃-잇몸	
윗-자리	웃-자리	

윗-중방	웃-중방	

다만 1. 된소리나 거센소리 앞에서는 '위-'로 한다.(ㄱ을 표준어로 삼고, ㄴ을 버림.)

ㄱ	ㄴ	비 고
위-짝	웃-짝	
위-쪽	웃-쪽	
위-채	웃-채	
위-층	웃-층	
위-치마	웃-치마	
위-턱	웃-턱	~구름[上層雲].
위-팔	웃-팔	

다만 2. '아래, 위'의 대립이 없는 단어는 '웃-'으로 발음되는 형태를 표준어로 삼는다.(ㄱ을 표준어로 삼고, ㄴ을 버림.)

ㄱ	ㄴ	비 고
웃-국	윗-국	
웃-기	윗-기	
웃-돈	윗-돈	
웃-비	윗-비	~걷다.
웃-어른	윗-어른	
웃-옷	윗-옷	

제13항 한자 '구(句)'가 붙어서 이루어진 단어는 '귀'로 읽는 것을 인정하지 아니하고, '구'로 통일한다.(ㄱ을 표준어로 삼고, ㄴ을 버림.)

ㄱ	ㄴ	비 고
구법(句法)	귀법	
구절(句節)	귀절	
구점(句點)	귀점	
결구(結句)	결귀	

경구(警句)	경귀	
경인구(警人句)	경인귀	
난구(難句)	난귀	
단구(短句)	단귀	
단명구(短命句)	단명귀	
대구(對句)	대귀	~법(對句法).
문구(文句)	문귀	
성구(成句)	성귀	~어(成句語).
시구(詩句)	시귀	
어구(語句)	어귀	
연구(聯句)	연귀	
인용구(引用句)	인용귀	
절구(絕句)	절귀	

다만, 다음 단어는 '귀'로 발음되는 형태를 표준어로 삼는다.(ㄱ을 표준어로 삼고, ㄴ을 버림.)

ㄱ	ㄴ	비 고
귀-글	구-글	
글-귀	글-구	

제3절 준말

제14항 준말이 널리 쓰이고 본말이 잘 쓰이지 않는 경우에는, 준말만을 표준어로 삼는다.(ㄱ을 표준어로 삼고, ㄴ을 버림.)

ㄱ	ㄴ	비 고
귀찮다	귀치 않다	
김	기음	~매다.
똬리	또아리	
무	무우	~강즙, ~말랭이, ~생채, 가랑~, 갓~, 왜~, 총각~.
미다	무이다	1. 털이 빠져 살이 드러나다.

		2. 찢어지다.
뱀	배암	
뱀-장어	배암-장어	
빔	비음	설~, 생일~.
샘	새암	~바르다, ~바리.
생-쥐	새앙-쥐	
솔개	소리개	
온-갖	온-가지	
장사-치	장사-아치	

제15항 준말이 쓰이고 있더라도, 본말이 널리 쓰이고 있으면 본말을 표준어로 삼는다.(ㄱ을 표준어로 삼고, ㄴ을 버림.)

ㄱ	ㄴ	비 고
경황-없다	경-없다	
궁상-떨다	궁-떨다	
귀이-개	귀-개	
낌새	낌	
낙인-찍다	낙-하다/낙-치다	
내왕-꾼	냉-꾼	
돗-자리	돗	
뒤웅-박	뒝-박	
뒷물-대야	뒷-대야	
마구-잡이	막-잡이	
맵자-하다	맵자다	모양이 제격에 어울리다.
모이	모	
벽-돌	벽	
부스럼	부럼	정월 보름에 쓰는 '부럼'은 표준어임.
살얼음-판	살-판	
수두룩-하다	수둑-하다	
암-죽	암	
어음	엄	

일구다	일다	
죽-살이	죽-살	
퇴박-맞다	퇴-맞다	
한통-치다	통-치다	

[붙임] 다음과 같이 명사에 조사가 붙은 경우에도 이 원칙을 적용한다.(ㄱ을 표준어로 삼고, ㄴ을 버림.)

ㄱ	ㄴ	비 고
아래-로	알-로	

제16항 준말과 본말이 다 같이 널리 쓰이면서 준말의 효용이 뚜렷이 인정되는 것은, 두 가지를 다 표준어로 삼는다.(ㄱ은 본말이며, ㄴ은 준말임.)

ㄱ	ㄴ	비 고
거짓-부리	거짓-불	작은말은 '가짓부리, 가짓불'임.
노을	놀	저녁~.
막대기	막대	
망태기	망태	
머무르다	머물다	모음 어미가 연결될 때에는 준말의 활용형을 인정하지 않음.
서두르다	서둘다	
서투르다	서툴다	
석새-삼베	석새-베	
시-누이	시-뉘/시-누	
오-누이	오-뉘/오-누	
외우다	외다	외우며, 외워 : 외며, 외어.
이기죽-거리다	이죽-거리다	
찌꺼기	찌끼	'찌꺽지'는 비표준어임.

제4절 단수 표준어

제17항 비슷한 발음의 몇 형태가 쓰일 경우, 그 의미에 아무런 차이가 없고, 그중 하나가 더 널리 쓰이면, 그 한 형태만을 표준어로 삼는다.(ㄱ을 표준어로 삼고, ㄴ을 버림.)

ㄱ	ㄴ	비 고
거든-그리다	거둥-그리다	1. 거든하게 거두어 싸다.
		2. 작은말은 '가든-그리다'임.
구어-박다	구워-박다	사람이 한 군데에서만 지내다.
귀-고리	귀엣-고리	
귀-띔	귀-틤	
귀-지	귀에-지	
까딱-하면	까땍-하면	
꼭두-각시	꼭둑-각시	
내색	나색	감정이 나타나는 얼굴빛.
내숭-스럽다	내흉-스럽다	
냠냠-거리다	얌냠-거리다	냠냠-하다.
냠냠-이	얌냠-이	
너[四]	네	~ 돈, ~ 말, ~ 발, ~ 푼.
넉[四]	너/네	~ 냥, ~ 되, ~ 섬, ~ 자.
다다르다	다닫다	
댑-싸리	대-싸리	
더부룩-하다	더뿌룩-하다/듬뿌룩-	
-던	하다	선택, 무관의 뜻을 나타내는 어미는 '-든'임.
-던가	-든	
-던걸	-든가	가-든(지) 말-든(지), 보-든(가) 말-든(가).
-던고	-든걸	
-던데	-든고	
-던지	-든데	
-(으)려고	-든지	
-(으)려야	-(으)ㄹ려고/-(으)ㄹ라고	
	-(으)ㄹ려야/-(으)ㄹ래	

	야	
망가-뜨리다	망그-뜨리다	
멸치	며루치/메리치	'반빗' 노릇을 하는 사람. 찬비(饌婢).
반빗-아치	반비-아치	'반비'는 밥 짓는 일을 맡은 계집종.
보습	보십/보섭	
본새	뵌새	'봉선화'도 표준어임.
봉숭아	봉숭화	'뺨'의 비속어임.
뺨-따귀	뺌-따귀/뺨-따구니	두 조각으로 가르다.
뻐개다[斫]	뻐기다	뽐내다.
뻐기다[誇]	뻐개다	
사자-탈	사지-탈	
상-판대기	쌍-판대기	~ 돈, ~ 말, ~ 발, ~ 푼.
서[三]	세/석	~ 냥, ~ 되, ~ 섬, ~ 자.
석[三]	세	
설령(設令)	서령	먹습니다, 갔습니다, 없습니다, 있습니다,
-습니다	-읍니다	좋습니다.
		모음 뒤에는 '-ㅂ니다'임.
시름-시름	시늠-시늠	
쓱벅-쓱벅	썸벅-썸벅	
아궁이	아궁지	
아내	안해	
어-중간	어지-중간	
오금-팽이	오금-탱이	돼지 부르는 소리.
오래-오래	도래-도래	
-올시다	-올습니다	
옹골-차다	공골-차다	작은말은 '오도카니'임.
우두커니	우두머니	
잠-투정	잠-투세/잠-주정	발~, 손~.
재봉-틀	자봉-틀	
짓-무르다	짓-물다	'짚북더기'도 비표준어임.

표준어 규정

짚-북데기	짚-북세기	편(便). 이~, 그~, 저~.
쪽	짝	다만, '아무-짝'은 '짝'임.
		'천정부지(天井不知)'는 '천정'임.
천장(天障)	천정	
코-맹맹이	코-맹녕이	
흉-업다	흉-헙다	

제5절 복수 표준어

제18항 다음 단어는 ㄱ을 원칙으로 하고, ㄴ도 허용한다.

ㄱ	ㄴ	비고
네	예	
쇠-	소-	-가죽, -고기, -기름, -머리, -뼈.
괴다	고이다	물이 ~, 밑을 ~.
꾀다	꼬이다	어린애를 ~, 벌레가 ~.
쐬다	쏘이다	바람을 ~.
죄다	조이다	나사를 ~.
쬐다	쪼이다	볕을 ~.

제19항 어감의 차이를 나타내는 단어 또는 발음이 비슷한 단어들이 다 같이 널리 쓰이는 경우에는, 그 모두를 표준어로 삼는다.(ㄱ, ㄴ을 모두 표준어로 삼음.)

ㄱ	ㄴ	비 고
거슴츠레-하다	게슴츠레-하다	
고까	꼬까	~신, ~옷.
고린-내	코린-내	
교기(驕氣)	갸기	교만한 태도.
구린-내	쿠린-내	
꺼림-하다	께름-하다	
나부랭이	너부렁이	

제3장 어휘 선택의 변화에 따른 표준어 규정

제1절 고어

제20항 사어(死語)가 되어 쓰이지 않게 된 단어는 고어로 처리하고, 현재 널리 사용되는 단어를 표준어로 삼는다.(ㄱ을 표준어로 삼고, ㄴ을 버림.)

ㄱ	ㄴ	비 고
난봉	봉	
낭떠러지	낭	
설거지-하다	설겆다	
애달프다	애닲다	
오동-나무	머귀-나무	
자두	오얏	

제2절 한자어

제21항 고유어 계열의 단어가 널리 쓰이고 그에 대응되는 한자어 계열의 단어가 용도를 잃게 된 것은, 고유어 계열의 단어만을 표준어로 삼는다.(ㄱ을 표준어로 삼고, ㄴ을 버림.)

ㄱ	ㄴ	비 고
가루-약	말-약	
구들-장	방-돌	
길품-삯	보행-삯	
까막-눈	맹-눈	
꼭지-미역	총각-미역	
나뭇-갓	시장-갓	
늙-다리	노-닥다리	
두껍-닫이	두껍-창	
떡-암죽	병-암죽	
마른-갈이	건-갈이	

마른-빨래	건-빨래	
메-찰떡	반-찰떡	
박달-나무	배달-나무	
밥-소라	식-소라	큰 놋그릇.
사래-논	사래-답	묘지기나 마름이 부쳐 먹는
사래-밭	사래-전	땅.
삯-말	삯-마	
성냥	화곽	
솟을-무늬	솟을-문(~紋)	
외-지다	벽-지다	
움-파	동-파	
잎-담배	잎-초	
잔-돈	잔-전	
조-당수	조-당죽	
죽데기	피-죽	'죽더기'도 비표준어임.
지겟-다리	목-발	지게 동발의 양쪽 다리.
짐-꾼	부지-군(負持-)	
푼-돈	분-전/푼-전	
흰-말	백-말/부루-말	'백마'는 표준어임.
흰-죽	백-죽	

제22항 고유어 계열의 단어가 생명력을 잃고 그에 대응되는 한자어 계열의 단어가 널리 쓰이면, 한자어 계열의 단어를 표준어로 삼는다.(ㄱ을 표준어로 삼고, ㄴ을 버림.)

ㄱ	ㄴ	비 고
개다리-소반	개다리-밥상	
겸-상	맞-상	
고봉-밥	높은-밥	
단-벌	홑-벌	
마방-집	마바리-집	馬房~.
민망-스럽다/면구-스럽다	민주-스럽다	
방-고래	구들-고래	

ㄱ	ㄴ	
부항-단지	뜸-단지	
산-누에	멧-누에	
산-줄기	멧-줄기/멧-발	
수-삼	무-삼	
심-돋우개	불-돋우개	
양-파	둥근-파	
어질-병	어질-머리	
윤-달	군-달	
장력-세다	장성-세다	
제석	젯-돗	
총각-무	알-무/알타리-무	
칫-솔	잇-솔	
포수	총-댕이	

제3절 방언

제23항 방언이던 단어가 표준어보다 더 널리 쓰이게 된 것은, 그것을 표준어로 삼는다. 이 경우, 원래의 표준어는 그대로 표준어로 남겨 두는 것을 원칙으로 한다.(ㄱ을 표준어로 삼고, ㄴ도 표준어로 남겨 둠.)

ㄱ	ㄴ	비고
멍게	우렁쉥이	
물-방개	선두리	
애-순	어린-순	

제24항 방언이던 단어가 널리 쓰이게 됨에 따라 표준어이던 단어가 안 쓰이게 된 것은, 방언이던 단어를 표준어로 삼는다.(ㄱ을 표준어로 삼고, ㄴ을 버림.)

ㄱ	ㄴ	비 고
귀밑-머리	귓-머리	
까-뭉개다	까-무느다	

막상 빈대-떡 생인-손 역-겹다 코-주부	마기 빈자-떡 생안-손 역-스럽다 코-보	준말은 '생-손'임.

제4절 단수 표준어

제25항 의미가 똑같은 형태가 몇 가지 있을 경우, 그중 어느 하나가 압도적으로 널리 쓰이면, 그 단어만을 표준어로 삼는다.(ㄱ을 표준어로 삼고, ㄴ을 버림.)

ㄱ	ㄴ	비 고
-게끔	-게시리	
겸사-겸사	겸지-겸지/겸두-겸두	
고구마	참-감자	
고치다	낫우다	병을 ~.
골목-쟁이	골목-자기	
광주리	광우리	
괴통	호구	자루를 박는 부분.
국-물	멀-국/말-국	
군-표	군용-어음	
길-잡이	길-앞잡이	'길라잡이'도 표준어임.
까치-발	까치-다리	선반 따위를 받치는 물건.
꼬창-모	말뚝-모	꼬챙이로 구멍을 뚫으면서 심는 모.
나룻-배	나루	'나루[津]'는 표준어임.
납-도리	민-도리	
농-지거리	기롱-지거리	다른 의미의 '기롱지거리'는 표준어임.
다사-스럽다	다사-하다	간섭을 잘하다.
다오	다구	이리 ~.

담배-꽁초	담배-꼬투리/담배-꽁치/담배-꽁추	
담배-설대	대-설대	
대장-일	성냥-일	
뒤져-내다	뒤어-내다	
뒤통수-치다	뒤꼭지-치다	
등-나무	등-칡	
등-때기	등-떠리	'등'의 낮은말.
등잔-걸이	등경-걸이	
떡-보	떡-충이	
똑딱-단추	딸꼭-단추	
매-만지다	우미다	
먼-발치	먼-발치기	
며느리-발톱	뒷-발톱	
명주-붙이	주-사니	
목-메다	목-맺히다	
밀짚-모자	보릿짚-모자	
바가지	열-바가지/열-박	
바람-꼭지	바람-고다리	튜브의 바람을 넣는 구멍에 붙은, 쇠로 만든 꼭지.
반-나절	나절-가웃	
반두	독대	그물의 한 가지.
버젓-이	뉘연-히	
본-받다	법-받다	
부각	다시마-자반	
부끄러워-하다	부끄리다	
부스러기	부스럭지	
부지깽이	부지팽이	
부항-단지	부항-항아리	부스럼에서 피고름을 빨아내기 위하여 부항을 붙이는 데 쓰는, 자그마한 단지.
붉으락-푸르락	푸르락-붉으락	
비켜-덩이	옆-사리미	김맬 때에 흙덩이를 옆으로 빼내는 일, 또는 그 흙덩이.

빙충-이	빙충-맞이	작은말은 '뱅충이'.
빠-뜨리다	빠-치다	'빠트리다'도 표준어임.
뻣뻣-하다	왜긋다	
뽐-내다	느물다	
사로-잠그다	사로-채우다	자물쇠나 빗장 따위를 반 정도만 걸어 놓다.
살-풀이	살-막이	
상투-쟁이	상투-꼬부랑이	상투 튼 이를 놀리는 말.
새앙-손이	생강-손이	
샛-별	새벽-별	
선-머슴	풋-머슴	
섭섭-하다	애운-하다	
속-말	속-소리	국악 용어 '속소리'는 표준어임.
손목-시계	팔목-시계/팔뚝-시계	
손-수레	손-구루마	'구루마'는 일본어임.
쇠-고랑	고랑-쇠	
수도-꼭지	수도-고동	
숙성-하다	숙-지다	
순대	골-집	
술-고래	술-꾸러기/술-부대/술-보/술-푸대	
식은-땀	찬-땀	
신기-롭다	신기-스럽다	'신기-하다'도 표준어임.
쌍동-밤	쪽-밤	
쏜살-같이	쏜살-로	
아주	영판	
안-걸이	안-낚시	씨름 용어.
안다미-씌우다	안다미-시키다	제가 담당할 책임을 남에게 넘기다.
안쓰럽다	안-슬프다	
안절부절-못하다	안절부절-하다	
앉은뱅이-저울	앉은-저울	
알-사탕	구슬-사탕	
암-내	곁땀-내	

부록2

앞-지르다	따라-먹다	
애-벌레	어린-벌레	
얕은-꾀	물탄-꾀	
언뜻	편뜻	
언제나	노다지	
얼룩-말	워라-말	
열심-히	열심-으로	
입-담	말-담	
자배기	너벅지	
전봇-대	전선-대	
쥐락-펴락	펴락-쥐락	
-지만	-지만서도	←-지마는.
짓고-땡	지어-땡/짓고-땡이	
짧은-작	짜른-작	
찹-쌀	이-찹쌀	
청대-콩	푸른-콩	
칡-범	갈-범	

제5절 복수 표준어

제26항 한 가지 의미를 나타내는 형태 몇 가지가 널리 쓰이며 표준어 규정에 맞으면, 그 모두를 표준어로 삼는다.

복수 표준어	비 고
가는-허리/잔-허리	
가락-엿/가래-엿	
가뭄/가물	
가엾다/가엽다	가엾어/가여워, 가엾은/가여운.
감감-무소식/감감-소식	
개수-통/설거지-통	'설겆다'는 '설거지하다'로.
개숫-물/설거지-물	
갱-엿/검은-엿	

-거리다/-대다	가물-, 출렁-.
거위-배/횟-배	
것/해	내 ~, 네 ~, 뉘 ~.
게을러-빠지다/게을러-터지다	
고깃-간/푸줏-간	'고깃-관, 푸줏-관, 다림-방'은 비표준어임.
곰곰/곰곰-이	
관계-없다/상관-없다	
교정-보다/준-보다	
구들-재/구재	
귀퉁-머리/귀퉁-배기	'귀퉁이'의 비어임.
극성-떨다/극성-부리다	
기세-부리다/기세-피우다	
기승-떨다/기승-부리다	
깃-저고리/배내-옷/배냇-저고리	
꼬까/때때/고까	~신, ~옷.
꼬리-별/살-별	
꽃-도미/붉-돔	
나귀/당-나귀	
날-걸/세-뿔	윷판의 쨀밭 다음의 셋째 밭.
내리-글씨/세로-글씨	
넝쿨/덩굴	'덩쿨'은 비표준어임.
녘/쪽	동~, 서~.
눈-대중/눈-어림/눈-짐작	
느리-광이/느림-보/늘-보	
늦-모/마냥-모	←만이앙-모.
다기-지다/다기-차다	
다달-이/매-달	
-다마다/-고말고	
다박-나룻/다박-수염	
닭의-장/닭-장	
댓-돌/툇-돌	
덧-창/겉-창	
독장-치다/독판-치다	
동자-기둥/쪼구미	

부록2

돼지-감자/뚱딴지	
되우/된통/되게	
두동-무니/두동-사니	윷놀이에서, 두 동이 한데 어울려 가는 말.
뒷-갈망/뒷-감당	
뒷-말/뒷-소리	
들락-거리다/들랑-거리다	
들락-날락/들랑-날랑	
딴-전/딴-청	
땅-콩/호-콩	
땔-감/땔-거리	
-뜨리다/-트리다	깨-, 떨어-, 쏟-.
뜬-것/뜬-귀신	
마룻-줄/용총-줄	돛대에 매어 놓은 줄. '이어줄'은 비표준어임.
마-파람/앞-바람	
만장-판/만장-중(滿場中)	
만큼/만치	
말-동무/말-벗	
매-갈이/매-조미	
매-통/목-매	
먹-새/먹음-새	'먹음-먹이'는 비표준어임.
멀찌감치/멀찌가니/멀찍-이	
멱-통/산-멱/산-멱통	
면-치레/외면-치레	
모-내다/모-심다	모-내기, 모-심기.
모쪼록/아무쪼록	
목판-되/모-되	
목화-씨/면화-씨	
무심-결/무심-중	
물-봉숭아/물-봉선화	
물-부리/빨-부리	
물-심부름/물-시중	
물추리-나무/물추리-막대	
물-타작/진-타작	
민둥-산/벌거숭이-산	

밑-층/아래-층	
바깥-벽/밭-벽	
바른/오른[右]	~손, ~쪽, ~편.
발-모가지/발-목쟁이	'발목'의 비속어임.
버들-강아지/버들-개지	
벌레/버러지	'벌거지, 벌러지'는 비표준어임.
변덕-스럽다/변덕-맞다	
보-조개/볼-우물	
보통-내기/여간-내기/예사-내기	'행-내기'는 비표준어임.
볼-따구니/볼-퉁이/볼-때기	'볼'의 비속어임.
부침개-질/부침-질/지짐-질	'부치개-질'은 비표준어임.
불똥-앉다/등화-지다/등화-앉다	
불-사르다/사르다	
비발/비용(費用)	
뾰두라지/뾰루지	
살-쾡이/삵	삵-피.
삽살-개/삽사리	
상두-꾼/상여-꾼	'상도-꾼, 향도-꾼'은 비표준어임.
상-씨름/소-걸이	
생/새앙/생강	
생-뿔/새앙-뿔/생강-뿔	'쇠뿔'의 형용.
생-철/양-철	1. '서양철'은 비표준어임. 2. '生鐵'은 '무쇠'임.
서럽다/섧다	'설다'는 비표준어임.
서방-질/화냥-질	
성글다/성기다	
-(으)세요/-(으)셔요	
송이/송이-버섯	
수수-깡/수숫-대	
술-안주/안주	
-스레하다/-스름하다	거무-, 발그-.
시늉-말/흉내-말	
시새/세사(細沙)	
신/신발	

신주-보/독보(櫝褓)	
심술-꾸러기/심술-쟁이	
쏨쓰레-하다/쏨쓰름-하다	
아귀-세다/아귀-차다	
아래-위/위-아래	
아무튼/어떻든/어쨌든/하여튼/여하튼	
앉음-새/앉음-앉음	
알은-척/알은-체	
애-갈이/애벌-갈이	
애꾸눈-이/외눈-박이	'외대-박이, 외눈-퉁이'는 비표준어임.
양념-감/양념-거리	
어금버금-하다/어금지금-하다	
어기여차/어여차	
어림-잡다/어림-치다	
어이-없다/어처구니-없다	
어저께/어제	
언덕-바지/언덕-배기	
얼렁-뚱땅/엄벙-뗑	
여왕-벌/장수-벌	
여쭈다/여쭙다	
여태/입때	
여태-껏/이제-껏/입때-껏	'여직'은 비표준어임.
역성-들다/역성-하다	'여직-껏'은 비표준어임.
연-달다/잇-달다	'편역-들다'는 비표준어임.
엿-가락/엿-가래	
엿-기름/엿-길금	
엿-반대기/엿-자박	
오사리-잡놈/오색-잡놈	
옥수수/강냉이	'오합-잡놈'은 비표준어임.
왕골-기직/왕골-자리	~떡, ~묵, ~밥, ~튀김.
외겹-실/외올-실/홑-실	
외손-잡이/한손-잡이	'홑겹-실, 올-실'은 비표준어임.
욕심-꾸러기/욕심-쟁이	
우레/천둥	

우지/울-보	우렛-소리/천둥-소리.
을러-대다/을러-메다	
의심-스럽다/의심-쩍다	
-이에요/-이어요	
이틀-거리/당-고금	학질의 일종임.
일일-이/하나-하나	
일찌감치/일찌거니	
입찬-말/입찬-소리	
자리-옷/잠-옷	
자물-쇠/자물-통	
장가-가다/장가-들다	'서방-가다'는 비표준어임.
재롱-떨다/재롱-부리다	
제-가끔/제-각기	
좀-처럼/좀-체	'좀-체로, 좀-해선, 좀-해'는 비표준어임.
줄-꾼/줄-잡이	
중신/중매	
짚-단/짚-못	
쪽/편	오른~, 왼~.
차차/차츰	
책-씻이/책-거리	
척/체	모르는 ~, 잘난 ~.
천연덕-스럽다/천연-스럽다	
철-따구니/철-딱서니/철-딱지	'철-때기'는 비표준어임.
추어-올리다/추어-주다	'추켜-올리다'는 비표준어임.
축-가다/축-나다	
침-놓다/침-주다	
통-꼭지/통-젖	통에 붙은 손잡이.
파자-쟁이/해자-쟁이	점치는 이.
편지-투/편지-틀	
한턱-내다/한턱-하다	
해웃-값/해웃-돈	'해우-차'는 비표준어임.
혼자-되다/홀로-되다	
흠-가다/흠-나다/흠-지다	

부록2

제2부 표준 발음법

제1장 총칙

제1항 표준 발음법은 표준어의 실제 발음을 따르되, 국어의 전통성과 합리성을 고려하여 정함을 원칙으로 한다.

제2장 자음과 모음

제2항 표준어의 자음은 다음 19개로 한다.

ㄱ ㄲ ㄴ ㄷ ㄸ ㄹ ㅁ ㅂ ㅃ ㅅ ㅆ ㅇ ㅈ ㅉ ㅊ ㅋ ㅌ ㅍ ㅎ

제3항 표준어의 모음은 다음 21개로 한다.

ㅏ ㅐ ㅑ ㅒ ㅓ ㅔ ㅕ ㅖ ㅗ ㅘ ㅙ ㅚ ㅛ ㅜ ㅝ ㅞ ㅟ ㅠ ㅡ ㅢ ㅣ

제4항 'ㅏ ㅐ ㅓ ㅔ ㅗ ㅚ ㅜ ㅟ ㅡ ㅣ'는 단모음(單母音)으로 발음한다.

[붙임] 'ㅚ, ㅟ'는 이중 모음으로 발음할 수 있다.

제5항 'ㅑ ㅒ ㅕ ㅖ ㅘ ㅙ ㅛ ㅝ ㅞ ㅠ ㅢ'는 이중 모음으로 발음한다.

다만 1. 용언의 활용형에 나타나는 '져, 쪄, 쳐'는 [저, 쩌, 처]로 발음한다.

가지어→가져[가저]　　　찌어→쪄[쩌]　　　다치어→다쳐[다처]

다만 2. '예, 례' 이외의 'ㅖ'는 [ㅔ]로도 발음한다.

계집[계:집/게:집]	계시다[계:시다/게:시다]
시계[시계/시게](時計)	연계[연계/연게](連繫)
몌별[몌별/메별](袂別)	개폐[개폐/개페](開閉)
혜택[혜:택/헤:택](惠澤)	지혜[지혜/지헤](智慧)

다만 3. 자음을 첫소리로 가지고 있는 음절의 'ㅢ'는 [ㅣ]로 발음한다.

늴리리　　닁큼　　무늬　　띄어쓰기　　씌어

틔어　　희어　　희떱다　희망　　유희

다만 4. 단어의 첫음절 이외의 '의'는 [ㅣ]로, 조사 '의'는 [ㅔ]로 발음함도 허용한다.

주의[주의/주이]   협의[혀븨/혀비]

우리의[우리의/우리에]   강의의[강:의의/강:이에]

제3장 음의 길이

제6항 모음의 장단을 구별하여 발음하되, 단어의 첫음절에서만 긴소리가 나타나는 것을 원칙으로
한다.

 (1)   눈보라[눈ː보라] 말씨[말ː씨] 밤나무[밤ː나무]

         많다[만ː타]   멀리[멀ː리] 벌리다[벌ː리다]

 (2)   첫눈[천눈]   참말[참말] 쌍동밤[쌍동밤]

         수많이[수ː마니] 눈멀다[눈멀다] 떠벌리다[떠벌리다]

다만, 합성어의 경우에는 둘째 음절 이하에서도 분명한 긴소리를 인정한다.

  반신반의[반ː신바ː늬/반ː신바ː니]   재삼재사[재ː삼재ː사]

[붙임] 용언의 단음절 어간에 어미 '-아/-어'가 결합되어 한 음절로 축약되는 경우에도 긴소리로
발음한다.

  보아→봐[봐ː]   기어→겨[겨ː]   되어→돼[돼ː]

  두어→둬[둬ː]   하여→해[해ː]

다만, '오아→와, 지어→져, 찌어→쪄, 치어→쳐' 등은 긴소리로 발음하지 않는다.

제7항 긴소리를 가진 음절이라도, 다음과 같은 경우에는 짧게 발음한다.

1. 단음절인 용언 어간에 모음으로 시작된 어미가 결합되는 경우

  감다[감ː따] — 감으니[가므니]   밟다[밥ː따] — 밟으면[발브면]

  신다[신ː따] — 신어[시너]   알다[알ː다] — 알아[아라]

다만, 다음과 같은 경우에는 예외적이다.

　　끌다[끌:다] — 끌어[끄:러]　　　　　떫다[떨:따] — 떫은[떨:븐]

　　벌다[벌:다] — 벌어[버:러]　　　　　썰다[썰:다] — 썰어[써:러]

　　없다[업:따] — 없으니[업:쓰니]

2. 용언 어간에 피동, 사동의 접미사가 결합되는 경우

　　감다[감:따] — 감기다[감기다]　　　　꼬다[꼬:다] — 꼬이다[꼬이다]

　　밟다[밥:따] — 밟히다[발피다]

다만, 다음과 같은 경우에는 예외적이다.

　　끌리다[끌:리다]　　　　　벌리다[벌:리다]　　　　　없애다[업:쌔다]

[붙임] 다음과 같은 복합어에서는 본디의 길이에 관계없이 짧게 발음한다.

　　밀-물　　　　　　썰-물　　　　　　쏜-살-같이　　　　작은-아버지

제4장 받침의 발음

제8항 받침소리로는 'ㄱ, ㄴ, ㄷ, ㄹ, ㅁ, ㅂ, ㅇ'의 7개 자음만 발음한다.

제9항 받침 'ㄲ, ㅋ', 'ㅅ, ㅆ, ㅈ, ㅊ, ㅌ', 'ㅍ'은 어말 또는 자음 앞에서 각각 대표음 [ㄱ, ㄷ, ㅂ]으로 발음한다.

닦다[닥따]	키읔[키윽]	키읔과[키윽꽈]	옷[옫]
웃다[욷:따]	있다[읻따]	젖[젇]	빚다[빋따]
꽃[꼳]	쫓다[쫃따]	솥[솓]	뱉다[밷:따]
앞[압]	덮다[덥따]		

제10항 겹받침 'ㄳ', 'ㄵ', 'ㄼ, ㄽ, ㄾ', 'ㅄ'은 어말 또는 자음 앞에서 각각 [ㄱ, ㄴ, ㄹ, ㅂ]으로 발음한다.

넋[넉]	넋과[넉꽈]	앉다[안따]	여덟[여덜]
넓다[널따]	외곬[외골]	핥다[할따]	값[갑]
없다[업:따]			

다만, '밟-'은 자음 앞에서 [밥]으로 발음하고, '넓-'은 다음과 같은 경우에 [넙]으로 발음한다.

(1)	밟다[밥:따]	밟소[밥:쏘]	밟지[밥:찌]
	밟는[밥:는→밤:는]	밟게[밥:께]	밟고[밥:꼬]
(2)	넓-죽하다[넙쭈카다]	넓-둥글다[넙뚱글다]	

제11항 겹받침 'ㄺ, ㄻ, ㄿ'은 어말 또는 자음 앞에서 각각 [ㄱ, ㅁ, ㅂ]으로 발음한다.

닭[닥]	흙과[흑꽈]	맑다[막따]	늙지[늑찌]
삶[삼:]	젊다[점:따]	읊고[읍꼬]	읊다[읍따]

다만, 용언의 어간 말음 'ㄹ'은 'ㄱ' 앞에서 [ㄹ]로 발음한다.

맑게[말께]　　　　　　　묽고[물꼬]　　　　　　　얽거나[얼꺼나]

제12항 받침 'ㅎ'의 발음은 다음과 같다.

1. 'ㅎ(ㄶ, ㅀ)' 뒤에 'ㄱ, ㄷ, ㅈ'이 결합되는 경우에는, 뒤 음절 첫소리와 합쳐서 [ㅋ, ㅌ, ㅊ]으로
   발음한다.
   놓고[노코]　　　　　　좋던[조:턴]　　　　　　쌓지[싸치]
   많고[만:코]　　　　　　않던[안턴]　　　　　　닳지[달치]

[붙임 1] 받침 'ㄱ(ㄺ), ㄷ, ㅂ(ㄼ), ㅈ(ㄵ)'이 뒤 음절 첫소리 'ㅎ'과 결합되는 경우에도, 역시 두
음을 합쳐서 [ㅋ, ㅌ, ㅍ, ㅊ]으로 발음한다.
　　각하[가카]　　　　먹히다[머키다]　　　밝히다[발키다]　　　맏형[마텽]
　　좁히다[조피다]　　넓히다[널피다]　　　꽂히다[꼬치다]　　　앉히다[안치다]

[붙임 2] 규정에 따라 'ㄷ'으로 발음되는 'ㅅ, ㅈ, ㅊ, ㅌ'의 경우에도 이에 준한다.
　　옷 한 벌[오탄벌]　　　　　　　　낮 한때[나탄때]
　　꽃 한 송이[꼬탄송이]　　　　　　숱하다[수타다]

2. ㅎ(ㄶ, ㅀ)' 뒤에 'ㅅ'이 결합되는 경우에는, 'ㅅ'을 [ㅆ]으로 발음한다.
　　닿소[다:쏘]　　　　　　많소[만:쏘]　　　　　　싫소[실쏘]

3. 'ㅎ' 뒤에 'ㄴ'이 결합되는 경우에는, [ㄴ]으로 발음한다.
　　놓는[논는]　　　　　　　　　　쌓네[싼네]

[붙임] 'ㄶ, ㅀ' 뒤에 'ㄴ'이 결합되는 경우에는, 'ㅎ'을 발음하지 않는다.

    않네[안네]   않는[안는]   뚫네[뚤네→뚤레]   뚫는[뚤는→뚤른]

* '뚫네[뚤네→뚤레], 뚫는[뚤는→뚤른]'에 대해서는 제20항 참조.

4. 'ㅎ(ㄶ, ㅀ)' 뒤에 모음으로 시작된 어미나 접미사가 결합되는 경우에는, 'ㅎ'을 발음하지 않는다.

    낳은[나은]   놓아[노아]   쌓이다[싸이다]   많아[마:나]

    않은[아는]   닳아[다라]   싫어도[시러도]

제13항 홑받침이나 쌍받침이 모음으로 시작된 조사나 어미, 접미사와 결합되는 경우에는, 제 음가대로 뒤 음절 첫소리로 옮겨 발음한다.

    깎아[까까]   옷이[오시]   있어[이써]   낮이[나지]

    꽂아[꼬자]   꽃을[꼬츨]   쫓아[쪼차]   밭에[바테]

    앞으로[아프로]   덮이다[더피다]

제14항 겹받침이 모음으로 시작된 조사나 어미, 접미사와 결합되는 경우에는, 뒤엣것만을 뒤 음절 첫소리로 옮겨 발음한다.(이 경우, 'ㅅ'은 된소리로 발음함.)

    넋이[넉씨]   앉아[안자]   닭을[달글]   젊어[절머]

    곬이[골씨]   핥아[할타]   읊어[을퍼]   값을[갑쓸]

    없어[업:써]

제15항 받침 뒤에 모음 'ㅏ, ㅓ, ㅗ, ㅜ, ㅟ' 들로 시작되는 실질 형태소가 연결되는 경우에는, 대표음으로 바꾸어서 뒤 음절 첫소리로 옮겨 발음한다.

    밭 아래[바다래]   늪 앞[느밥]   젖어미[저더미]

    맛없다[마덥따]   겉옷[거돋]   헛웃음[허두슴]

꽃 위[꼬뒤]

다만, '맛있다, 멋있다'는 [마싣따], [머싣따]로도 발음할 수 있다.

[붙임] 겹받침의 경우에는, 그중 하나만을 옮겨 발음한다.

넋 없다[너겁따]　　　　　닭 앞에[다가페]　　　　　값어치[가버치]

값있는[가빈는]

제16항 한글 자모의 이름은 그 받침소리를 연음하되, 'ㄷ, ㅈ, ㅊ, ㅋ, ㅌ, ㅍ, ㅎ'의 경우에는 특별히 다음과 같이 발음한다.

디귿이[디그시]　　　　　디귿을[디그슬]　　　　　디귿에[디그세]

지읒이[지으시]　　　　　지읒을[지으슬]　　　　　지읒에[지으세]

치읓이[치으시]　　　　　치읓을[치으슬]　　　　　치읓에[치으세]

키읔이[키으기]　　　　　키읔을[키으글]　　　　　키읔에[키으게]

티읕이[티으시]　　　　　티읕을[티으슬]　　　　　티읕에[티으세]

피읖이[피으비]　　　　　피읖을[피으블]　　　　　피읖에[피으베]

히읗이[히으시]　　　　　히읗을[히으슬]　　　　　히읗에[히으세]

제5장 음의 동화

제17항 받침 'ㄷ, ㅌ(ㄾ)'이 조사나 접미사의 모음 'ㅣ'와 결합되는 경우에는, [ㅈ, ㅊ]으로 바꾸어서 뒤 음절 첫소리로 옮겨 발음한다.

곧이듣다[고지듣따]	굳이[구지]	미닫이[미:다지]
땀받이[땀바지]	밭이[바치]	벼훑이[벼훌치]

[붙임] 'ㄷ' 뒤에 접미사 '히'가 결합되어 '티'를 이루는 것은 [치]로 발음한다.

굳히다[구치다]	닫히다[다치다]	묻히다[무치다]

제18항 받침 'ㄱ(ㄲ, ㅋ, ㄳ, ㄺ), ㄷ(ㅅ, ㅆ, ㅈ, ㅊ, ㅌ, ㅎ), ㅂ(ㅍ, ㄼ, ㄿ, ㅄ)'은 'ㄴ, ㅁ' 앞에서 [ㅇ, ㄴ, ㅁ]으로 발음한다.

먹는[멍는]	국물[궁물]	깎는[깡는]	키읔만[키응만]
몫몫이[몽목씨]	긁는[긍는]	흙만[흥만]	닫는[단는]
짓는[진:는]	옷맵시[온맵씨]	있는[인는]	맞는[만는]
젖멍울[전멍울]	쫓는[쫀는]	꽃망울[꼰망울]	붙는[분는]
놓는[논는]	잡는[잠는]	밥물[밤물]	앞마당[암마당]
밟는[밤:는]	읊는[음는]	없는[엄:는]	

[붙임] 두 단어를 이어서 한 마디로 발음하는 경우에도 이와 같다.

책 넣는다[챙넌는다]	흙 말리다[흥말리다]	옷 맞추다[온맏추다]
밥 먹는다[밤멍는다]	값 매기다[감매기다]	

제19항 받침 'ㅁ, ㅇ' 뒤에 연결되는 'ㄹ'은 [ㄴ]으로 발음한다.

담력[담:녁]	침략[침:냑]	강릉[강능]	항로[항:노]
대통령[대:통녕]			

[붙임] 받침 'ㄱ, ㅂ' 뒤에 연결되는 'ㄹ'도 [ㄴ]으로 발음한다.

    막론[막논→망논]   석류[석뉴→성뉴]   협력[협녁→혐녁]

    법리[법니→범니]

제20항 'ㄴ'은 'ㄹ'의 앞이나 뒤에서 [ㄹ]로 발음한다.

  (1)   난로[날:로]   신라[실라]   천리[철리]

                  광한루[광:할루]   대관령[대:괄령]

  (2)   칼날[칼랄]   물난리[물랄리]   줄넘기[줄럼끼]

                  할는지[할른지]

[붙임] 첫소리 'ㄴ'이 'ㅀ', 'ㄾ' 뒤에 연결되는 경우에도 이에 준한다.

    닳는[달른]   뚫는[뚤른]   핥네[할레]

다만, 다음과 같은 단어들은 'ㄹ'을 [ㄴ]으로 발음한다.

    의견란[의:견난]   임진란[임:진난]   생산량[생산냥]

    결단력[결딴녁]   공권력[공꿘녁]   동원령[동:원녕]

    상견례[상견녜]   횡단로[횡단노]   이원론[이:원논]

    입원료[이붠뇨]   구근류[구근뉴]

제21항 위에서 지적한 이외의 자음 동화는 인정하지 않는다.

    감기[감:기](×[강:기])   옷감[옫깜](×[옥깜])

    있고[읻꼬](×[익꼬])   꽃길[꼳낄](×[꼭낄])

    젖먹이[전머기](×[점머기])   문법[문뻡](×[뭄뻡])

    꽃밭[꼳빧](×[꼽빧])

제22항 다음과 같은 용언의 어미는 [어]로 발음함을 원칙으로 하되, [여]로 발음함도 허용한다.

되어[되어/되여]   피어[피어/피여]

[붙임] '이오, 아니오'도 이에 준하여 [이요, 아니요]로 발음함을 허용한다.

제6장 경음화

제23항 받침 'ㄱ(ㄲ, ㅋ, ㄳ, ㄺ), ㄷ(ㅅ, ㅆ, ㅈ, ㅊ, ㅌ), ㅂ(ㅍ, ㄼ, ㄿ, ㅄ)' 뒤에 연결되는 'ㄱ, ㄷ, ㅂ, ㅅ, ㅈ'은 된소리로 발음한다.

국밥[국빱]	깎다[깍따]	넋받이[넉빠지]	삯돈[삭똔]
닭장[닥짱]	칡범[칙뻠]	뻗대다[뻗때다]	옷고름[옫꼬름]
있던[읻떤]	꽂고[꼳꼬]	꽃다발[꼳따발]	낯설다[낟썰다]
밭갈이[받까리]	솥전[솓쩐]	곱돌[곱똘]	덮개[덥깨]
옆집[엽찝]	넓죽하다[넙쭈카다]	읊조리다[읍쪼리다]	값지다[갑찌다]

제24항 어간 받침 'ㄴ(ㄵ), ㅁ(ㄻ)' 뒤에 결합되는 어미의 첫소리 'ㄱ, ㄷ, ㅅ, ㅈ'은 된소리로 발음한다.

신고[신ː꼬]	껴안다[껴안따]	앉고[안꼬]	얹다[언따]
삼고[삼ː꼬]	더듬지[더듬찌]	닮고[담ː꼬]	젊지[점ː찌]

다만, 피동, 사동의 접미사 '-기-'는 된소리로 발음하지 않는다.

안기다	감기다	굶기다	옮기다

제25항 어간 받침 'ㄼ, ㄾ' 뒤에 결합되는 어미의 첫소리 'ㄱ, ㄷ, ㅅ, ㅈ'은 된소리로 발음한다.

넓게[널께]	핥다[할따]	훑소[훌쏘]	떫지[떨ː찌]

제26항 한자어에서, 'ㄹ' 받침 뒤에 연결되는 'ㄷ, ㅅ, ㅈ'은 된소리로 발음한다.

갈등[갈뜽]	발동[발똥]	절도[절또]	말살[말쌀]
불소[불쏘](弗素)	일시[일씨]	갈증[갈쯩]	물질[물찔]
발전[발쩐]	몰상식[몰쌍식]	불세출[불쎄출]	

다만, 같은 한자가 겹쳐진 단어의 경우에는 된소리로 발음하지 않는다.

　　　허허실실[허허실실](虛虛實實)　　　　　　절절-하다[절절하다](切切-)

제27항 관형사형 ‘-(으)ㄹ’ 뒤에 연결되는 ‘ㄱ, ㄷ, ㅂ, ㅅ, ㅈ’은 된소리로 발음한다.

　　할 것을[할꺼슬]　　　　　갈 데가[갈떼가]　　　　　　할 바를[할빠를]

　　할 수는[할쑤는]　　　　　할 적에[할쩌게]　　　　　　갈 곳[갈꼳]

　　할 도리[할또리]　　　　　만날 사람[만날싸람]

다만, 끊어서 말할 적에는 예사소리로 발음한다.

[붙임] ‘-(으)ㄹ’로 시작되는 어미의 경우에도 이에 준한다.

　　할걸[할껄]　　　　　　　할밖에[할빠께]　　　　　　할세라[할쎄라]

　　할수록[할쑤록]　　　　　할지라도[할찌라도]　　　　할지언정[할찌언정]

　　할진대[할찐대]

제28항 표기상으로는 사이시옷이 없더라도, 관형격 기능을 지니는 사이시옷이 있어야 할(휴지
가 성립되는) 합성어의 경우에는, 뒤 단어의 첫소리 ‘ㄱ, ㄷ, ㅂ, ㅅ, ㅈ’을 된소리로 발음한다.

　　문-고리[문꼬리]　　　　　눈-동자[눈똥자]　　　　　신-바람[신빠람]

　　산-새[산쌔]　　　　　　　손-재주[손째주]　　　　　길-가[길까]

　　물-동이[물똥이]　　　　　발-바닥[발빠닥]　　　　　굴-속[굴:쏙]

　　술-잔[술짠]　　　　　　　바람-결[바람껼]　　　　　그믐-달[그믐딸]

　　아침-밥[아침빱]　　　　　잠-자리[잠짜리]　　　　　강-가[강까]

　　초승-달[초승딸]　　　　　등-불[등뿔]　　　　　　　창-살[창쌀]

　　강-줄기[강쭐기]

제7장 음의 첨가

제29항 합성어 및 파생어에서, 앞 단어나 접두사의 끝이 자음이고 뒤 단어나 접미사의 첫음절이 '이, 야, 여, 요, 유'인 경우에는, 'ㄴ' 음을 첨가하여 [니, 냐, 녀, 뇨, 뉴]로 발음한다.

솜-이불[솜:니불]	홑-이불[혼니불]	막-일[망닐]
삯-일[상닐]	맨-입[맨닙]	꽃-잎[꼰닙]
내복-약[내:봉냑]	한-여름[한녀름]	남존-여비[남존녀비]
신-여성[신녀성]	색-연필[생년필]	직행-열차[지캥녈차]
늑막-염[능망념]	콩-엿[콩녇]	담-요[담:뇨]
눈-요기[눈뇨기]	영업-용[영엄뇽]	식용-유[시굥뉴]
백분-율[백뿐뉼]	밤-윷[밤:뉻]	

다만, 다음과 같은 말들은 'ㄴ' 음을 첨가하여 발음하되, 표기대로 발음할 수 있다.

이죽-이죽[이중니죽/이주기죽]	야금-야금[야금냐금/야그먀금]
검열[검:녈/거:멸]	욜랑-욜랑[욜랑뇰랑/욜랑욜랑]
금융[금늉/그뮹]	

[붙임 1] 'ㄹ' 받침 뒤에 첨가되는 'ㄴ' 음은 [ㄹ]로 발음한다.

들-일[들:릴]	솔-잎[솔립]	설-익다[설릭따]
물-약[물략]	불-여우[불려우]	서울-역[서울력]
물-엿[물렫]	휘발-유[휘발류]	유들-유들[유들류들]

[붙임 2] 두 단어를 이어서 한 마디로 발음하는 경우에도 이에 준한다.

한 일[한닐]	옷 입다[온닙따]	서른여섯[서른녀섣]
3 연대[삼년대]	먹은 엿[머근녇]	할 일[할릴]
잘 입다[잘립따]	스물여섯[스물려섣]	1 연대[일련대]

먹을 엿[머글렫]

다만, 다음과 같은 단어에서는 'ㄴ(ㄹ)' 음을 첨가하여 발음하지 않는다.

    6·25[유기오]   3·1절[사밀쩔]   송별-연[송ː벼련]

    등-용문[등용문]

제30항 사이시옷이 붙은 단어는 다음과 같이 발음한다.

1. 'ㄱ, ㄷ, ㅂ, ㅅ, ㅈ'으로 시작하는 단어 앞에 사이시옷이 올 때는 이들 자음만을 된소리로 발음하는 것을 원칙으로 하되, 사이시옷을 [ㄷ]으로 발음하는 것도 허용한다.

    냇가[내ː까/낻ː까]   샛길[새ː낄/샏ː낄]

    빨랫돌[빨래똘/빨랟똘]   콧등[코뜽/콛뜽]

    깃발[기빨/긷빨]   대팻밥[대ː패빱/대ː팯빱]

    햇살[해쌀/핻쌀]   뱃속[배쏙/밷쏙]

    뱃전[배쩐/밷쩐]   고갯짓[고개찓/고갣찓]

2. 사이시옷 뒤에 'ㄴ, ㅁ'이 결합되는 경우에는 [ㄴ]으로 발음한다.

    콧날[콛날→콘날]   아랫니[아랟니→아랜니]

    툇마루[퇻ː마루→퇸ː마루]   뱃머리[밷머리→밴머리]

3. 사이시옷 뒤에 '이' 음이 결합되는 경우에는 [ㄴㄴ]으로 발음한다.

    베갯잇[베갣닏→베갠닏]   깻잎[깯닙→깬닙]

    나뭇잎[나묻닙→나문닙]   도리깻열[도리깯녈→도리깬녈]

    뒷윷[뒫ː늍→뒨ː늍]